Critique du droit politique hégélien

DU MÊME AUTEUR
AUX ÉDITIONS ALLIA

Le Caractère fétiche de la marchandise et son secret
Contribution à la critique de la philosophie du droit de Hegel
Critique de l'économie politique

KARL MARX

Critique du droit politique hégélien

Manuscrit de 1842-1843

Traduit et présenté par
KOSTAS PAPAIOANNOU

IDEM • VELLE
AC • IDEM • NOLLE

ÉDITIONS ALLIA
16, RUE CHARLEMAGNE, PARIS IVe
2010

La présente traduction, par Kostas Papaioannou, du *Manuscrit de 1842-1843* de Karl Marx a d'abord paru sous le titre *Critique de l'État hégélien* à l'Union Générale d'Édition, 10-18, en 1976, précédée par une présentation du traducteur intitulée "Hegel et Marx : l'interminable débat". Cette traduction a ensuite été reprise, sous le titre de *Critique du droit politique hégélien*, dans les *Écrits de jeunesse* de Karl Marx (Paris, Quai Voltaire, 1994), en incluant la même présentation. C'est sous ce dernier titre que nous publions aujourd'hui le texte de Karl Marx, avec la préface de Kostas Papaioannou.

HEGEL ET MARX : L'INTERMINABLE DÉBAT

LE texte qu'on va lire – un chef-d'œuvre de polémique philosophique, ou de philosophie polémique – a été écrit par Marx en 1842 ou, plus probablement, en juillet-octobre 1843, lors de son séjour à Kreuznach [1]. Comme la plupart des écrits théoriques de Marx – les *Manuscrits de 1844*, *L'Idéologie allemande* (1845-1846), les *Grundrisse* de 1857-1858, l'histoire des *Théories sur la plus-value* (1862-1863), les tomes II et III du *Capital* –, notre manuscrit est resté inachevé [2] et n'a été publié qu'en 1927 par le grand érudit D. Riazanov (une des innombrables victimes de Staline) [3]. Pourtant, ce texte incomplet, alourdi par le jargon jeune-hégélien, d'une lecture parfois exagérément difficile, est passionnant aussi bien par la forme que par le contenu. Marx commente paragraphe par paragraphe la section de la *Philosophie du Droit* où Hegel traite de la Constitution ("L'État au plan interne") : son commentaire peut être considéré comme exemplaire. Ensuite, c'est dans ce texte que Marx donne pour la première fois la mesure de sa dialectique révolutionnaire : une ligne droite va de la "vraie démocratie" annoncée dans notre manuscrit (p. 77) au "dépérissement de l'État" proclamé par le "socialisme scientifique" (ou prétendu tel) des écrits de maturité. Enfin, l'objet du dialogue Marx-Hegel ("vraie démocratie" ou État bureaucratique avec représentation populaire ?) est immanent à la nature même des sociétés modernes. Pour le moment, c'est Hegel qui a été le moins

1. Le premier feuillet (quatre pages) a été perdu, de sorte que le manuscrit n'a ni titre ni date.

2. À plusieurs endroits, Marx a laissé des pages blanches qu'il voulait remplir plus tard.

3. Dans *Marx-Engels Gesamtausgabe* (titre abrégé : *MEGA*), I, I / I, p. 403-553. En 1932 a paru une autre édition, légèrement différente de la première, par S. Landshut et J.-P. Mayer (Marx, *Die Frühschriften* I, Leipzig / Stuttgart, Kroener, 1932, p. 20-187). Pour notre traduction, nous avons utilisé le *MEGA* en tenant compte de la dernière édition du manuscrit dans *Marx-Engels Werke* (titre abrégé : *MEW*), I, Berlin, Dietz, 1961), p. 203-333.

démenti par le "tribunal de l'histoire". Mais si le "dépérissement de l'État" n'a abouti qu'au Léviathan totalitaire, la "vraie démocratie" n'a pas cessé de hanter les rêves des hommes d'aujourd'hui. Et elle continuera à les hanter – aussi longtemps que les libertés dites formelles leur permettront de vouloir mériter leurs rêves.

Mais revenons à Marx. Au moment où il entreprit de rédiger sa critique de la conception hégélienne de l'État, il était encore loin de soupçonner que son *opus magnum* serait consacré à la "critique de l'économie politique". En revanche, Hegel avait, dès 1798, rencontré la "bête sauvage" du capitalisme, et c'est après avoir *achevé* sa critique de la société bourgeoise qu'il a formulé sa théorie de l'État. Raison de plus de commencer par lui.

I. HEGEL ET LA DIALECTIQUE SOCIALE

DÈS le début du siècle, à une époque donc où triomphaient les "harmonies économiques", Hegel, qui a lu et commenté Stewart et Adam Smith, décrit avec une stupéfiante perspicacité les contradictions qui déchirent ce qu'il appelle la "civilisation industrielle". Si sa philosophie du travail et de la technique fonde et explicite celles de Saint-Simon, Proudhon et Marx, ses réflexions sur la division du travail, la différenciation et la lutte des classes, l'accumulation des richesses, le paupérisme, l'argent et l'aliénation du monde des marchandises, décrit dans le meilleur style marxien comme "*ein sich in sich bewegendes Leben des Toten* [1]", annoncent à plus d'un titre la problématique du socialisme : en fait, c'est dans les *Grundrisse* de 1857-1858 et dans *Le Capital* que Marx a retrouvé toute la richesse des analyses hégéliennes.

La société civile lui apparaît comme un produit spécifique de la modernité : par opposition aux sociétés politiques et

1. *Realphilosophie*, I (1804-1805), p. 240 : "la vie mouvante en elle-même de la matière morte". Ce sont presque les termes de Marx parlant du "monde ensorcelé" des marchandises.

militaires du passé, la société bourgeoise moderne a pu se séparer complètement de l'État et constituer une réalité autonome entièrement fondée sur des rapports privés. L'individu a cessé d'être une "ombre irréelle" comme il était dans les cités antiques, dans les despotismes orientaux et dans les sociétés traditionnelles (que Hegel appelle "substantielles"). Il s'est affirmé et s'est développé dans tous les domaines car "le principe des États modernes a cette forme immense et cette profondeur : le principe de la subjectivité peut s'achever et se pousser jusqu'à la complète extrémité de la particularité personnelle et est en même temps ramené à l'unité substantielle [1]".

TRAVAIL ET INDUSTRIE

La société civile se présente d'emblée comme fondée sur le travail : Hegel parle de l' "*Arbeitswesen der bürgerlichen Gesellschaft*" [2]. Les classes qui la constituent reposent entièrement sur la division du travail et se définissent exclusivement par des critères économiques. Hegel emploie indistinctement les termes *Stände* (états, ordres) et *Klassen* pour désigner ces classes purement économiques qui venaient à peine de se dégager de la gangue des anciennes sociétés d'ordres. "Les divers *Stände*, dit-il dans la *Propédeutique* (1808), sont les différences concrètes selon lesquelles les individus se répartissent en classes, et qui reposent avant tout sur l'inégalité de richesses, de relations et d'éducation – différences qui découlent en partie de l'inégalité de naissance" (§ 198). Dans l'*Encyclopédie* (§ 527, Remarque), il dira que "l'histoire des Constitutions est l'histoire de la formation de ces classes, des rapports de droit des individus avec elles, des rapports de ces classes entre elles et avec leur centre" (l'État).

La société moderne est fondée sur le travail ; plus précisément, elle est la première société où le travail humain atteint

1. *Philosophie du droit*, 1820, § 260.

2. *Ibid.*, § 251.

sa perfection. Nous avons vu ailleurs [1] comment Hegel a été amené à voir dans le travail l'incarnation même de la "négativité" divine. L'homme est vraiment *the toolmaking animal* parce que c'est la constitution de l'outil qui lui permet de manifester sa nature négative. Si le travail est simplement "dirigé contre la matière morte, l'outil est essentiellement la mort même [2]" : c'est cette agression rendue automatique et permanente par la machine qui représente aux yeux de Hegel la "médiation" par laquelle s'effectue la véritable synthèse du sujet et de l'objet...

Hegel connaissait bien les vertus libératrices de la machine : dans l'*Encyclopédie* et dans la *Philosophie du droit*, il envisage même la possibilité d'une "automation" totale qui éliminerait complètement l'homme du travail. Mais ce qui le fascine dans le machinisme, ce n'est pas l'*otium* ensoleillé des Anciens, mais le rang élevé que la machine occupe dans l'action cosmique de la négativité. Dans la machine, il voit avant tout "l'inquiétude du subjectif, du Concept, posée en dehors du sujet [3]". Angoisse matérialisée et automatisée, la machine exprime aussi la puissance de la "ruse de la Raison". Car, grâce à la technique, "l'activité propre de la nature, l'élasticité des ressorts, l'eau, le vent sont utilisés pour accomplir dans leur être sensible quelque chose de tout différent de ce qu'ils voulaient ; leur activité aveugle est transformée en son contraire, en une activité téléologique... L'instinct se retire ici entièrement du travail. Il laisse la nature s'user, il regarde tranquillement et il dirige le tout avec très peu de peine : ruse. La large face de la force est attaquée par la pointe de la ruse. C'est l'honneur de la ruse affrontée à la force que de prendre la force par un côté tel qu'elle se tourne contre elle-même... [4]".

C'est cette dernière définition de la révolution technologique que retiendra Marx *dans ses écrits de maturité*. Parlant,

1. *Cf.* notre Introduction à notre traduction de *La Raison dans l'Histoire*, Paris, U.G.E. 10/18, 1965.

2. *Realphilosophie*, I, p. 237.

3. *System der Sittlichkeit*, 1803. Dans *Schriften zur Politik*, Leipzig, Felix Meiner, 1923, p. 434.

4. *Realphilosophie*, II (1805-1806), Hambourg, Felix Meiner, 1932, p. 198-199.

dans les *Grundrisse* de 1857-1858, de la "grande influence civilisatrice du capital", il dit que celui-ci a "haussé" la société à un niveau en regard duquel toutes les époques antérieures font figure de formes "infantiles", marquées par "l'idolâtrie de la nature". Or, grâce à la révolution industrielle, "la nature devient enfin un pur objet pour l'homme, une simple affaire d'utilité ; elle n'est plus tenue pour une puissance en soi. L'intelligence théorique de ses lois autonomes apparaît simplement comme une *ruse* pour la subordonner aux besoins humains soit comme objet de consommation, soit comme moyen de production. En vertu de cette tendance, le capital aspire à dépasser les barrières et les préjugés nationaux aussi bien que la divinisation de la nature et la satisfaction des besoins existants, légués par le passé et enfermés dans les limites d'un contentement borné et dans la reproduction du mode de vie traditionnel. Il est destructif à l'égard de tout cela, il est en révolution permanente [1]".

LES CONTRADICTIONS DE LA SOCIÉTÉ BOURGEOISE

Triomphe de la *ruse*, la "civilisation industrielle" (Hegel emploie cette expression dans ses *Cours d'esthétique*, 1820-1829) entraîne la déshumanisation du travailleur et la soumission de la collectivité à un mécanisme aussi aveugle que le mécanisme naturel :

> "Ce que l'homme gagne sur la nature en se la soumettant toujours davantage contribue à le rendre d'autant plus faible. En faisant exploiter la nature par toutes sortes de machines, l'homme ne supprime pas la nécessité de son travail, mais il le repousse seulement et l'éloigne de la nature, et ainsi l'homme ne se tourne pas d'une manière vivante vers la nature en tant qu'elle est une nature vivante. Au contraire, le travail perd cette vitalité négative et le travail qui reste encore à l'homme devient de plus en plus mécanique. L'homme ne diminue le travail que pour l'ensemble, non pas pour les individus [les travailleurs] pour lesquels, au contraire, il l'accroît

1. *Grundrisse der Kritik der politischen Ökonomie*, Berlin, Dietz, 1953, p. 313.

plutôt, car plus le travail devient mécanique, moins il a de valeur et plus l'homme doit travailler de cette façon [1]."

Le travail devient "absolument mort, l'habileté de l'individu est infiniment limitée et la conscience de l'ouvrier est dégradée jusqu'au plus extrême abrutissement [2]". La division du travail limite le travailleur "à un point, et le travail est d'autant plus parfait qu'il est plus partiel [3]". "Par l'abstraction de son travail, l'ouvrier devient de plus en plus mécanique, indifférent, sans esprit. L'élément spirituel devient acte vide. La force du Soi réside dans une riche perception de l'ensemble. Or celle-ci disparaît." "Par hommes cultivés, dira-t-il plus tard, on doit entendre ceux qui peuvent faire tout ce que font les autres [4]." Or, le système industriel détruit la possibilité de toute culture pour l'ouvrier et "condamne la masse à un travail tout à fait indifférent, malsain et sans sécurité, ne faisant plus appel à l'habileté et aux capacités personnelles".

Cette "grande classe" est ensuite livrée à la pauvreté et à l'insécurité. "La baisse de la valeur du travail est proportionnelle à l'augmentation de la productivité du travail [5]." Ainsi "les fabriques et les manufactures fondent leur existence sur la misère d'une classe [6]", et "cette inégalité de la richesse et de la pauvreté devient le plus grand déchirement de la volonté, la révolte intérieure et la haine [7]". Ce qui apparaît ici, dit-il dans la *Philosophie du droit* (§ 245), c'est que, "malgré son excès de richesse, la société civile n'est pas assez riche, c'est-à-dire que dans sa richesse elle ne possède pas assez de biens pour payer tribut à l'excès de misère et à la plèbe qu'elle engendre". Et le paupérisme est encore aggravé par

1. *Realphilosophie*, I, p. 237.

2. *Ibid.*, p. 239.

3. *Realphilosophie*, II, p. 232.

4. *Philosophie du droit*, § 187. Marx citera ce passage dans *Le Capital*. Il est vraiment dommage qu'il n'ait pas connu les textes de la *Realphilosophie* (publiée pour la première fois en 1931).

5. *Realphilosophie*, I, p. 239.

6. *Realphilosophie*, II, p. 257.

7. *Ibid.*, p. 233.

l'insécurité permanente à laquelle est voué le travailleur car "la connexion des espèces singulières du travail avec toute la masse infinie des besoins" est non seulement quelque chose qui est "tout à fait impossible à embrasser du regard", mais elle s'est transformée "en une dépendance aveugle en sorte que, souvent, quelque chose qui a été fait dans un pays éloigné gêne subitement et rend superflu et inutilisable le travail de toute une classe d'hommes [1]".

Si, conformément à la théorie et la pratique du laisser-faire, laisser-aller, "aucune entrave ne gêne l'activité de la société civile, celle-ci se définit comme une croissance continue de la population et de l'industrie [2]". On assiste alors à la création d'une "double universalité" : "universalisation [généralisation] des moyens et des manières de satisfaire les besoins, universalisation de la dépendance mutuelle [*Zusammenhang*] que créent ces mêmes besoins" : tous les membres de la société deviennent solidaires les uns des autres pour la satisfaction de leurs besoins perpétuellement croissants. Or, "grâce à cette double universalité, d'une part augmente l'accumulation des richesses, tandis que, d'autre part, augmentent aussi le morcellement et la limitation du travail particulier et, par conséquent, la dépendance et la détresse de la classe attachée à ce travail. Aussi cette classe est-elle de plus en plus incapable de sentir et de jouir des autres libertés [3] et plus particulièrement des avantages spirituels de la société civile". Ainsi se crée la "plèbe" moderne (le prolétariat) : "une grande masse" non seulement tombée au-dessous du "minimum de subsistance considéré comme régulier et nécessaire pour un membre de la société", mais aussi "privée du sentiment du droit, de la légitimité et de l'honneur d'exister par sa propre activité et son propre travail [4]" ; c'est précisément

1. *Realphilosophie*, I, p. 239. – Dans *L'Idéologie allemande* (1846), Marx se référera au même exemple – et presque dans les mêmes termes – pour démontrer l'impossibilité de créer une société socialiste dans le cadre d'un seul pays.

2. *Philosophie du droit*, § 243.

3. *Philosophie du droit*, § 243. – Dans l'édition Gans (celle qui a été utilisée par Marx), on lit *Freiheiten* (libertés) ; dans les éditions ultérieures (Lasson, Nikolin), on lit *Fähigkeiten* (possibilités). Je préfère la lecture de Gans.

4. *Ibid.*, § 244.

la "formation" d'une telle masse prolétarisée qui "rend de plus en plus facile de concentrer en peu de mains des richesses disproportionnées". La misère cesse d'être naturelle et devient éminemment sociale : si le paysan traditionnel attend tout passivement de la nature, la "plèbe" industrielle est condamnée à se sentir "intérieurement révoltée contre les riches, contre la société, contre le régime". Car "elle n'a pas la dignité de trouver par le travail sa subsistance et cependant la demande comme un droit. L'homme ne peut affirmer aucun droit contre la nature ; mais dans la société la privation prend tout de suite la forme d'une injustice faite à telle classe".

Formellement, ce monde est le produit de la liberté, mais ce laisser-faire est en réalité la manifestation et l'œuvre d'une "aveugle nécessité", d'un "mouvement élémentaire et aveugle" qui s'élève au-dessus des hommes comme un *fatum* "qui les soutient ou les supprime spirituellement ou matériellement [1]". Les individus sont libres d'agir à leur guise, conformément à leur seul intérêt, mais le résultat de leur action est le règne d'une nécessité d'airain : "tout en étant indépendants [*für sich*] au sein de la totalité, les besoins et les jouissances obéissent à une nécessité et ils forment un système où tous dépendent de tous au point de vue des besoins matériels en travaillant et en accumulant pour eux : c'est ce qu'on appelle le système de l'économie politique [2]", science typiquement "moderne [3]" qui montre que ce "tourbillon de l'arbitraire [*Wimmeln von Willkür*] où apparemment tout est inconscient [*Gedankenlos*] et dépourvu d'unité [*Zerstreut*] est régi par une nécessité automatique [*die von selbst eintritt*]". "C'est un facteur de conciliation de découvrir dans la sphère des besoins le reflet de la rationalité", dit Hegel, mais, en même temps, c'est avec un véritable effroi qu'il évoque la "main invisible" d'Adam Smith : "C'est une puissance étrangère sur laquelle l'homme n'a aucun pouvoir et dont il dépend..., une puissance peu connaissable, invisible et incontrôlable... un destin inconscient et aveugle [4]." On croit

1. *Realphilosophie*, II, p. 231.
2. *Le Droit naturel*, 1802. Dans *Schriften zur Politik*, p. 369.
3. *Philosophie du Droit*, § 189, et Addition.
4. *System der Sittlichkeit*, 1803. *Op. cit.*, p. 488-489.

entendre Marx fulminer contre l'aliénation de l'homme dans l'économie de marché où la "puissance sociale" qui résulte de la division "inconsciente", "non planifiée" du travail se dresse contre les individus "comme une puissance étrangère, matérielle (le 'matérialiste' Marx n'aime pas les puissances 'matérielles'), qui nous domine, échappe à notre contrôle, contrecarre nos espérances, anéantit nos calculs" et s'impose "comme un *fatum* antique" qui agit "indépendamment de la volonté et de l'agitation des hommes, réglant même cette volonté et cette agitation... [1]".

Déchirée par la division du travail et l'opposition des classes, la société civile est incapable de constituer une authentique communauté ; elle est plutôt "la perte de la communauté" [*Verlust der Sittlichkeit* [2]]. En outre, aveuglée par le jeu des intérêts privés, elle est incapable de constituer un sujet universel : le retour à la démocratie au sens classique du terme est une chimère irréalisable. Ou, comme dit Hegel : "l'intérêt de l'Idée n'est pas présent dans la conscience des membres de la société civile [3]". Quelle est donc cette "Idée" que, à en croire Feuerbach et Marx, Hegel aurait eu le tort de "transformer en sujet [4]" ?

L'ÉTAT

Pour Hegel les véritables acteurs de l'histoire ne sont ni les "grands hommes" – instruments inconscients de la ruse de la Raison –, ni les "masses" – qui ne font que les suivre –, ni l'humanité, concept abstrait qui ne désigne qu'une espèce biologique parmi d'autres. L'Esprit universel (le *Weltgeist*, c'est-à-dire l'Esprit de l'espèce) n'existe et n'agit qu'à travers les peuples particuliers qui expriment, chacun à sa manière et selon l'étape du développement historique, l'humanité et l'universalité. Ces "peuples" ne sont pas des simples agrégats

1. Marx-Engels, *Die Deutsche Ideologie* [*L'Idéologie allemande*] (1845-1846), Berlin, Dietz, 1953, p. 29-31.

2. *Philosophie du droit*, § 181.

3. *Ibid.*, § 187.

4. *Cf. infra*, p. 45 sq.

d'individus, mais des organismes qui n'existent qu'en vertu d'une activité constante "d'idéalisation", d'unification et d'animation qui transforme les choses et les êtres en membres d'un tout organique et ramène les différences objectives à l'unité subjective. Pour Hegel, l'idéalisme n'est pas une théorie philosophique parmi d'autres, mais la manière d'être des vivants : le même "idéalisme" qui maintient "l'unité idéelle" des membres de l'organisme biologique se manifeste d'une manière infiniment plus significative dans la vie des peuples parce que ceux-ci sont de nature purement spirituelle et présupposent donc l'indépendance absolue des individus qui les composent. Aussi Hegel dira que "l'État le moins parfait, celui dont la réalité est le moins conforme à son concept, est encore Idée aussi longtemps qu'il existe [1]".

Pour désigner ce lien substantiel, supra-individuel, qui unit les individus et transforme un peuple en un tout organique, Hegel a employé successivement et simultanément plusieurs termes : *Volksgeist*, "Esprit réel", "Esprit objectif", *Sittlichkeit* (communauté ou éthique communautaire), *sittliche Idee*. Dans les sociétés archaïques, dans les civilisations orientales (le despotisme égalitaire chinois ou le système des castes hindou) où la communauté est tout et l'individu rien, l'Idée apparaît comme la "substance" dont les individus ne sont que les "accidents". Même les cités grecques – ce "paradis de l'esprit humain" – ignoraient la subjectivité et son droit "infini" : dans l'ordre apollinien des citoyens libres et égaux, la personne, le Soi n'était qu'une "ombre irréelle [2]". Aussi l'Esprit a-t-il dû "détruire la belle totalité communautaire" [*sittlich*] de la *Polis* antique et "perdre la félicité" qui la caractérisait. L'Esprit est devenu "aliéné", étranger à lui-même, "mais maintenant le Soi est sorti de son irréalité [3]". Sa réalisation progressive dans tous les domaines de la vie sociale sera désormais l'unique contenu de l'histoire, mais ce n'est que maintenant, après dix-huit siècles de christianisme, que "l'Idée" a acquis assez de "force" et de "profondeur" pour devenir

1. *Science de la Logique* (1812), II, Hambourg, Felix Meiner, 1963, p. 410.
2. *Phénoménologie de l'Esprit* (1807), Hambourg, Felix Meiner, 1952, p. 331.
3. *Ibid.*, p. 315 et 343.

vraiment "permissive" et reconnaître à la subjectivité le droit d'aller jusqu'à "l'extrême de son autonomie et de sa particularité [1]".

Comme dit Hegel avec sa profondeur habituelle, "le développement indépendant de la particularité est le moment qui, dans les États de l'Antiquité, apparaît comme le début de la corruption des mœurs et comme la raison dernière de leur déclin. Ces États sont encore bâtis sur le principe patriarcal ou religieux, ou bien sur celui d'une éthique communautaire plus spirituelle, mais plus simple. Ils ne pouvaient donc supporter en eux ni la scission ni la réflexion infinie de la conscience sur soi. Ils succombèrent à cette réflexion quand elle commença à se manifester, d'abord en esprit (Socrate), puis dans la réalité (Alcibiade), car leur principe encore trop simple ne possédait pas la force véritable et infinie" que possèdent les sociétés modernes dans lesquelles "l'unité laisse la contradiction de la raison se développer dans toute sa force pour surmonter cette contradiction, s'y maintenir et la maintenir en elle [2]".

Dans ce monde où triomphe l'individualisme, la communauté et son éthique [*Sittlichkeit*] n'existent plus que d'une manière "immédiate", inconsciente, inférieure : dans la famille, ses liens d'amour [3] et son économie communiste [4]. Mais, comme tout ce qui est "immédiat", la famille doit être "niée" ; aussi "la société civile déchire ce lien, aliène les membres de la famille les uns aux autres et les reconnaît comme des personnes indépendantes. À la place de la nature inorganique et du terroir paternel où l'individu avait sa subsistance, elle

1. *Philosophie du droit*, § 260.

2. *Philosophie du droit*, § 185.

3. Sur l'amour en tant que principe de la famille, *cf. infra*, note 8, p. 216.

4. Dans la famille, dit Hegel (*System der Sittlichkeit*, p. 444), "le travail est distribué selon la nature de chaque membre, mais le produit est commun ; chacun produit un excédent, mais il n'en est pas propriétaire. Le processus ne constitue pas un échange, mais est immédiatement, en soi et pour soi communautaire" (*gemeinschaftlich*). Dans la *Critique du programme de Gotha*, Marx emploie exactement les mêmes termes pour définir l'économie socialiste de l'avenir.

met son propre terrain et fait dépendre de sa contingence la subsistance de la famille entière. Ainsi l'individu est devenu le fils de la société civile [1]". Dans la Cité antique, l'individu sortait de la famille pour accéder directement aux *koina*, à l'État en tant qu'"affaire commune" des citoyens ; maintenant, entre la famille et la *res publica* s'interpose le monde économique qui représente la "perte de la communauté", le moment – *nécessaire* de la "scission" [*Entzweiung* [2]]. Ici le lien social n'existe que sous la forme de la "nécessité inconsciente" (la "main invisible" d'Adam Smith) qui transforme les agents économiques en "anneaux de la chaîne qui constitue le tout" (§ 187). Dans ce monde "atomisé" où règne le calcul égoïste, l'éthique communautaire n'apparaît que dans la corporation (Hegel vit encore à l'ère présyndicale), mais cela ne suffit pas : la société civile doit se subordonner à l'État qui représente le moment où la *Sittlichkeit*, l'"Idée" qui anime et unifie la vie de la communauté [*sittliche Idee*] et qui est comme "perdue" dans le monde économique, "retourne à soi" (§ 157) et devient une "réalité" (§ 257).

Hegel savait parfaitement que son État administratif – avec son monarque dépersonnalisé et les institutions d'Ancien Régime curieusement plaquées sur une économie hypermoderne (anglaise) – était loin de représenter le dernier mot de l'histoire. L'Amérique lui offrait "l'exemple durable d'une constitution républicaine [3]", et l'Amérique était pour lui "le pays de l'avenir", le pays où "dans les temps futurs se manifestera la gravité de l'histoire universelle". Ici l'État est résorbé dans la société civile. Centrée sur "l'homme privé et sa propension à acquérir et à gagner", la société américaine est "dominée par l'intérêt particulier qui ne s'occupe de l'intérêt général qu'en vue de sa propre jouissance". Mais il ne faut pas chanter victoire. L'État ne peut pas être le produit d'un "contrat social", encore moins une superstructure des relations économiques privées : le tout est antérieur aux parties et c'est cette antériorité qui fonde la réalité irréduc-

1. *Philosophie du droit*, § 238.

2. *Philosophie du droit*, § 256.

3. Pour ce qui suit, *cf. La Raison dans l'Histoire*, p. 237 sq.

tible de l'État. Tandis que Marx verra dans la démocratie américaine "l'exemple le plus achevé de l'État moderne [1]", Hegel note cette primauté de l'économie pour montrer que le "pays de l'avenir" n'est encore qu'au seuil de la véritable vie politique. L'État moderne, l'État bureaucratique élevé au-dessus de la société civile, présuppose l'action de trois facteurs qui n'existent pas *encore* en Amérique : la lutte des classes, la domination de la ville sur la campagne et la tension internationale. Or, la lutte des classes "ne menace pas encore" l'Amérique car l'écoulement de la population dans les plaines du Mississippi fait disparaître la "source principale du mécontentement" ("si les forêts de la Germanie étaient encore existantes, la Révolution française ne se serait pas produite" !). Ensuite, l'Amérique était encore un pays essentiellement agricole : les Américains ne ressentiront le besoin d'un État organique que lorsqu'ils seront "repliés en masse sur eux-mêmes vers les industries et le commerce urbains" (ce qui arriva un siècle plus tard). Enfin, si l'Amérique a pu donner pendant si longtemps l'image d'une société civile à l'état pur, c'est aussi à cause de son isolement économique et politique : il n'existait pas d'État voisin "contre lequel les États libres d'Amérique auraient à entretenir une armée permanente".

Dans la paix et la prospérité, les particularités "se pétrifient" et l'"Idée" n'est pas perçue comme telle ; mais l'histoire est essentiellement celle de la confrontation guerrière des nations, et c'est la primauté des relations internationales qui rend nécessaire la subordination de la société civile à l'État. La cruelle expérience de l'Allemagne avait enseigné à Hegel que "les peuples qui ne veulent pas supporter ou qui redoutent la souveraineté intérieure sont conquis par d'autres : leur liberté est morte de la peur de mourir [2]". C'est pourquoi "l'idéalisme de la souveraineté [3]", c'est-à-dire l'affirmation de l'antériorité et de la primauté du tout sur les parties, ne devient consciente que dans les moments de détresse inté-

1. Dans *L'Idéologie allemande*.

2. *Philosophie du droit*, § 324.

3. *Ibid.*, § 278. *Cf. infra*, p. 64 sq.

rieure et de guerre extérieure. Réinterprétant à la lumière des guerres napoléoniennes une pensée de Montesquieu [1], Hegel ira jusqu'à dire que la guerre est une condition de la "santé" de la communauté populaire, "de même que l'agitation des vents préserve les eaux des lacs de croupir".

Marx retrouvera ces accents quand il appellera l'Europe à la guerre salvatrice contre la Russie. Mais, jusqu'à la veille de la Révolution de 1848, il avait résolument évincé la problématique internationale de son horizon intellectuel. Et, en 1843, il était loin de soupçonner les liens latents qui le rattachaient à Hegel. Aussi est-ce contre le concept même du politique qu'il brandira "l'arme de la critique".

II. MARX ET LA CRITIQUE DE LA POLITIQUE

"SI TU es *poète*, je suis, moi, critique", écrivait Marx à Freiligrath (lettre du 29 février 1860) : l'œuvre tout entière de Marx est placée sous le signe de la "critique". Son *opus magnum* s'intitule *Le Capital – Critique de l'économie politique.* Dans sa jeunesse, il avait publié (fin 1844) une *Critique de la critique critique* (contre la "Sainte famille" jeune-hégélienne) et il avait rêvé tour à tour d'une critique de la religion, d'une critique de l'art, d'une critique de la morale, du droit, de la politique, etc., et finalement (à partir de 1844) d'une critique de l'économie politique. Dès 1844, comme il le dit dans la Préface des *Manuscrits de 1844* [2], il croyait qu'il allait bientôt publier ces différentes "critiques" "sous forme de brochures séparées" et il ajoutait que, "pour terminer", il tâcherait de "présenter dans un ouvrage spécial l'enchaînement de

1. "Il faut qu'une république redoute quelque chose, disait Montesquieu (*L'Esprit des lois*, livre VIII, chap. V). Chose singulière : plus les États (républicains) ont de sûreté, plus, comme des eaux trop tranquilles, ils sont sujets à se corrompre." Je remercie M. Alain Pons d'avoir attiré mon attention sur ce passage.

2. *Cf.* notre traduction [reprise dans Karl Marx, *Critique de l'économie politique. Manuscrits de 1844*, Paris, Allia, 2007, p. 35.]

l'ensemble [de ces critiques], le rapport des diverses parties entre elles et enfin la critique de l'interprétation spéculative de ces matières".

Dès ses tout premiers écrits philosophiques (notes pour sa thèse de doctorat, 1839), la "critique" est célébrée comme "flamme dévorante" et négativité révolutionnaire. "L'acte, dit-il, par lequel la philosophie se tourne vers le monde extérieur est la *critique*." Car "la praxis de la philosophie est elle-même théorique. C'est la *critique* qui mesure l'existence individuelle selon la mesure de l'essence et qui mesure la réalité particulière selon la mesure de l'Idée [1]". Quelle était donc cette "critique" dont Marx voudra porter la "flamme dévorante" jusqu'aux confins de la terre ?

LA CRITIQUE DE LA RELIGION : "CONDITION DE TOUTE CRITIQUE"

"Critique" était aussi le cri de guerre des jeunes hégéliens. Ayant supposé et postulé que l'illusion religieuse est la *source* et le *prototype* de toute illusion, ils n'avaient pas hésité à "englober les représentations métaphysiques, politiques, juridiques, morales et autres dans la sphère des représentations religieuses ou théologiques [2]". Si, aux yeux de Marx, ils représentaient un "progrès" par rapport à Hegel et la philosophie traditionnelle en général, c'était précisément parce qu'ils "critiquaient tout en le déclarant théologique". Toutes les valeurs traditionnelles, tous les domaines de l'expérience humaine furent déclarés irréels, inessentiels, étrangers à la "réalité véritable" de l'homme. Ainsi, par exemple, la conscience "morale, politique, juridique, etc." fut dénoncée comme une conscience d'essence "religieuse ou théologique", aussi illusoire que la conscience religieuse proprement dite. Aussi l'idée de l'homme "politique, moral, juridique", de l'homme tel qu'il se manifeste dans le domaine de la politique, de la morale, du droit, etc., et finalement (avec Stirner)

1. Dans *MEW*, *Ergänzungsband*, I, p. 327-328.
2. Marx-Engels, *Die Deutsche Ideologie*, p. 15.

l'idée de l'"homme" lui-même furent-elles mises entre guillemets et déclarées "théologiques" et aliénantes…

Marx qui, pendant son séjour à Berlin (1837-1841), s'était lié d'amitié avec Bruno Bauer, n'est pas resté insensible au "terrorisme" critique des jeunes hégéliens. Mais c'est Feuerbach qui est pour lui le véritable fondateur de la "critique", le véritable émancipateur de l'humanité [1]. C'est Feuerbach qui "acheva" la critique de la religion. Il démontra que dans la religion l'homme projette hors de lui sa véritable essence et se perd dans un monde fantastique qu'il a lui-même créé, mais qui le domine comme une puissance étrangère. L'homme est essentiellement un "être générique" (*Gattungswesen*), et le Dieu de la religion n'est autre que l'être générique de l'homme devenu étranger à lui-même et fixé dans une objectivité supra-humaine, transcendante. Comme chez Hegel, cette objectivation est une étape *nécessaire* : l'homme ne peut, *au début*, prendre conscience de la *perfection* de son *espèce* qu'en projetant son "être générique" au-delà de son être individuel. La religion, disait Feuerbach, "est la première conscience de soi de l'homme, et elle est indirecte" ; "l'homme projette d'abord son essence *hors* de lui-même *avant* de la retrouver *en* lui-même". Or, ce progrès de la conscience de soi est en même temps une perte de soi : la religion révèle à l'homme son essence mais, en la concentrant en Dieu, elle l'en dépouille. "Si l'essentiel dans la définition de Dieu est emprunté à l'homme, dit Feuerbach, l'homme sera dépouillé de tout ce qu'on donnera à Dieu. Pour que Dieu soit enrichi, l'homme devra être appauvri." Si l'homme projette sa propre perfection dans l'au-delà, c'est qu'il n'arrive pas *encore* à faire coïncider son être générique et son être individuel. En récupérant sa propre essence aliénée en Dieu, l'homme retrouvera complètement et définitivement son être générique qu'il séparait jusqu'alors de lui et deviendra lui-même "l'être suprême de

1. Pour ce qui suit, *cf.* notre Introduction à notre traduction des *Manuscrits de 1844* ["De la critique du ciel à la critique de la terre : l'itinéraire philosophique du jeune Marx", reprise en introduction à Karl Marx, *Critique de l'économie politique. Manuscrits de 1844*, Paris, Allia, 2007, p. 9 sq.]

l'homme [1]". Ainsi, dira Marx, "la critique de la religion aboutit à cet enseignement que l'homme est l'être suprême pour l'homme, c'est-à-dire à l'impératif catégorique de renverser tous les rapports sociaux qui font de l'homme un être humilié, asservi, abandonné, méprisable [2]".

Voici comment Marx a résumé le résultat général de la critique de la religion – critique qu'il considérait en 1844 comme "la preuve la plus évidente" du "radicalisme" et de "l'énergie pratique" de la "théorie allemande [3]" :

> "Le fondement de la critique de la religion est celui-ci : l'homme fait la religion, ce n'est pas la religion qui fait l'homme. La religion est en réalité la conscience et le sentiment de soi de l'homme qui, ou bien ne s'est pas encore trouvé, ou bien s'est déjà reperdu. Mais l'homme n'est pas un être abstrait, extérieur au monde réel. L'homme, c'est le monde de l'homme, l'État, la société. Cet État, cette société produisent la religion, une conscience inversée du monde parce qu'ils constituent eux-mêmes un monde à l'envers [4]."

C'est parce que l'homme n'accomplit pas son être véritable qu'il se projette dans le ciel vide de la religion : "La religion est la réalisation fantastique de l'être humain, parce que l'être humain ne possède pas de réalité véritable... La misère religieuse est, pour une part, l'expression de la misère réelle et, pour une autre, la protestation contre cette misère. La religion est le soupir de la créature accablée, l'âme d'un monde sans cœur, comme elle est l'esprit d'une situation sociale sans esprit." Mais nous sommes maintenant arrivés au stade de la démystification totale. Nous savons maintenant que, "dans la réalité fantastique du ciel", l'homme cherchait un Surhomme [*Ubermensch*] et qu'il n'a trouvé que son "propre reflet" : une "apparence trompeuse de lui-même", une ombre irréelle, un "homme inexistant" [*Unmensch*]. L'évanouissement de l'au-delà doit désormais inciter l'homme

1. Feuerbach, *L'Essence du christianisme*, 1841.
2. Marx, *Introduction à la Critique de la philosophie du droit de Hegel*, janvier 1844. *MEW*, I, p. 385.
3. *Ibid.*, p. 385.
4. *Ibid.*, p. 378-379.

à “établir la vérité de l’ici-bas” et à chercher sur terre sa “vraie réalité”. Désenchanté de ses vaines pérégrinations dans le ciel fantastique de la religion, l’homme devra apprendre à renoncer aux paradis illusoires et à se dresser contre un monde absurde [*verkehrte Welt*] qui, pour subsister, a besoin d’illusions et de “compléments” célestes. Car c’est l’incomplétude du monde terrestre qui pousse l’homme à chercher un “bonheur illusoire” dans la religion. Le “bonheur réel” présuppose la “suppression de la religion en tant que bonheur illusoire”, de même, la démystification de l’homme exige qu’il “abandonne une condition qui a besoin d’illusions”. Or, le monde religieux n’est qu’une partie du monde fantastique de l’irréalité humaine, et la religion n’est que la “forme sacrée” de l’illusion de l’au-delà. Il fallait donc dénoncer cette illusion “sous ses formes profanes”, pourchasser l’au-delà dans ses manifestations non religieuses, séculières. Ainsi, conclut Marx, “la critique du ciel se transforme en critique de la terre, la critique de la religion en critique du droit, la critique de la théologie en critique de la politique”.

Marx ne savait pas encore que son *opus magnum* serait placé sous le signe de la “critique de l’économie politique”. Ces lignes n’en contiennent pas moins l’essentiel de son projet philosophique : sa critique sera à la fois la critique de la conscience fausse des hommes et de la réalité qui engendre cette fausse conscience. C’est ainsi que, dans notre manuscrit, il oppose la “vraie critique philosophique” à ce qu’il appelle la “critique dogmatique vulgaire”. Celle-ci, dit-il, “lutte encore contre son contraire de la même manière qu’on réfutait jadis le dogme de la sainte Trinité par la contradiction de 1 et de 3. La vraie critique montre au contraire la genèse intérieure de la sainte Trinité dans le cerveau humain. Elle en décrit l’acte de naissance. C’est ainsi que la critique vraiment philosophique de la Constitution actuelle de l’État ne se contente pas de montrer que des contradictions existent, mais elle les explique, elle en comprend la genèse, la nécessité. Elle les prend dans leur signification propre [1]”.

1. *MEW*, I, p. 296. *Cf. infra*, p. 160.

Cela, Feuerbach l'avait déjà dit. Son seul défaut, dit Marx, c'est qu'il insiste "trop peu sur la politique [1]". La critique de la religion devait se compléter par la critique de la politique car "de même que la religion est la table des matières des luttes *théoriques* de l'humanité, l'État *politique* est la table des matières de ses luttes *pratiques*... Tout notre but ne peut consister, comme c'est d'ailleurs le cas de la critique feuerbachienne de la religion, qu'à donner une forme humaine consciente aux questions religieuses et politiques [2]".

LE CIEL POLITIQUE

C'est aux "questions politiques" que Marx consacrera l'essentiel de son activité "critique" aussi bien que pratique [3] pendant les années décisives 1842 et 1843. Une fois de plus, c'est à la critique feuerbachienne qu'il empruntera la *méthode* ainsi que les *concepts fondamentaux* dont il se servira dans ses principaux écrits théoriques : *Critique du droit politique hégélien* (été 1843), *La Question juive* (automne 1843), *Introduction à la critique de la philosophie du droit de Hegel* (fin 1843-janvier 1844). On retrouvera ce feuerbachisme dans ses écrits de 1844 : non seulement dans les Manuscrits économiques mais aussi dans la "critique de la politique" qu'il esquisse dans les seuls écrits qu'il ait publiés : *Notes marginales sur l'article "Le roi de Prusse et la réforme sociale"* (août 1844) et *La Sainte Famille – Critique de la Critique critique* (fin 1844-février 1845). Ce premier résultat de la "critique de la terre" devait être consigné dans l'ouvrage en deux tomes qu'il avait promis (début 1845) à l'éditeur Leske de Darmstadt et qui devait s'intituler *Critique de la politique et de l'économie politique*.

1. Lettre à Ruge, le 13 mars 1843. *MEW*, XXVII, p. 317.

2. Lettre à Ruge, septembre 1843. *MEW*, I, p. 346.

3. Rappelons que Marx était le rédacteur en chef de la *Gazette rhénane* depuis le 15 octobre 1842. Rappelons aussi que ce grand journal libéral fut interdit par la censure (le 31 mars 1843) sur l'ordre du gouvernement russe : c'est ce qu'on appelle aujourd'hui "finlandisation"...

Ainsi Marx compare constamment la “sphère politique” et la “sphère religieuse” pour montrer le caractère illusoire de la communauté politique. Feuerbach avait montré que dans la religion l’homme sépare son être générique de son être individuel et projette ses forces génériques dans un au-delà fantastique. Marx retrouve le même dualisme aliénant dans la scission spécifiquement moderne entre l’État et la société civile, entre le bourgeois et le citoyen, entre l’homme et le citoyen. L’État moderne s’est “abstrait” (séparé) de la société et s’il s’affirme comme la “Raison universelle qui s’oppose et transcende les sphères particulières [1]”, c’est parce que les intérêts particuliers se sont “abstraits” (séparés) de la communauté et l’ont dépouillée de tout contenu substantiel en s’érigeant en “entités indépendantes”. Cette “abstraction” universelle est un “produit de la modernité” : “l’abstraction de l’État comme tel est propre à l’époque moderne parce que l’abstraction de la vie privée est propre à l’époque moderne”, et ces deux “abstractions” sont les deux principales formes profanes de l’aliénation dont Feuerbach avait dénoncé la “forme sacrée”. D’une part, l’État politique est une réalisation *imaginaire* de l’être générique de l’homme ; d’autre part, l’homme privé de la société civile est un individu “abstrait”, aliéné parce qu’amputé de son être générique.

En ce sens, peu importe la forme monarchique ou républicaine de l’État : “la lutte entre la monarchie et la république est encore une lutte *à l’intérieur de l’État abstrait*”. La seule différence est la suivante : “La monarchie est l’expression achevée de cette aliénation, la république en est la négation à l’intérieur de sa propre sphère [2]”.

Examinons de plus près cette importante distinction.

CRITIQUE DU DESPOTISME

La monarchie – tout État non démocratique – représente la “forme achevée” de cette aliénation. C’est que “le principe

1. *Cf. infra*, p. 78-79.
2. *Cf. infra*, p. 79.

essentiel de la monarchie, c'est l'homme méprisé et méprisable, l'homme déshumanisé [1]". Montesquieu a eu "grand tort" de considérer l'honneur comme le principe de la monarchie et sa distinction entre monarchie, despotisme et tyrannie est superficielle car "ce sont là des noms d'une *seule et même* idée, ou tout au plus des variantes superficielles d'un même principe. Là où prédomine le principe monarchique, les hommes sont en minorité ; là où ce principe n'est pas contesté, l'homme n'existe pas...". Que dirait Marx de ces régimes d'unanimité "monolithique" où les contestataires sont enfermés dans des asiles psychiatriques quand ils ne sont purement et simplement exterminés dans les camps ?

En ce temps où cinq armées "marxistes-léninistes" fortes de plusieurs centaines de milliers de soldats ont envahi un pays non moins "marxiste-léniniste" sous le prétexte que le rétablissement de la liberté de la presse mettait en danger le "socialisme", il ne serait pas inutile de rappeler le fait que Marx a commencé sa carrière de publiciste par une dénonciation féroce de la censure. "Dans l'essence même de la censure, disait-il, il y a un vice fondamental que nulle loi ne peut corriger." C'est que "nul ne peut combattre la liberté ; il combat tout au plus la liberté des autres. La liberté est l'essence de l'homme, à un point tel que même ses adversaires la réalisent, bien qu'ils en combattent la réalité ; ils veulent s'approprier comme la parure la plus précieuse ce qu'ils ont rejeté comme la parure de la nature humaine. La liberté a toujours existé, mais tantôt comme privilège de quelques-uns, tantôt comme droit de tous [2]". L'existence de la censure signifie que la liberté de la presse qui est déniée à l'État est en fait réservée à une "partie de l'État : le gouvernement". "Il ne s'agit donc pas de savoir si la liberté de la presse doit exister, puisqu'elle existe de toute façon. Il s'agit de savoir si la liberté de la presse est le privilège de quelques individus ou le droit de l'esprit humain." En outre, la censure est une abstraction qui ne devient réelle que par le truchement des censeurs, "simples individus", auxquels l'État confère

1. Lettre à Ruge, mai 1843, *MEW*, I, p. 340.

2. *Débats sur la liberté de la presse*, avril-mai 1842, *MEW*, I, p. 50-51.

la "perfection de l'espèce [1]" – "simples mortels" que l'État transforme magiquement en "espions du cœur, en gens omniscients, en philosophes, théologiens, penseurs politiques, en oracles de Delphes".

"Imitez Pompée, disait Marx aux apologistes de la censure ; frappez la terre du pied, et de chaque bâtiment officiel jaillira Pallas Athênê armée de pied en cap [2]." C'est ce qui arriva de nos jours lorsque les "éminences encyclopédiques" qui peuplaient les bureaux de la censure prussienne se rassemblèrent en une personne collective, le Parti "marxiste-léniniste", auquel elles communiquèrent leur "compétence scientifique" universelle, lui permettant du même coup de monopoliser la "conscience de classe" et de s'ériger en "éducateur" de la société [3]. Comme s'il avait eu le pressentiment de cet aspect particulièrement odieux des totalitarismes modernes, un éditorialiste de la très réactionnaire *Gazette de Cologne* avait osé affirmer que "l'État n'est pas seulement un syndicat de défense des droits, mais aussi un véritable établissement d'éducation". L'État, répond Marx, ne peut vraiment éduquer ses citoyens qu'en "faisant d'eux de véritables membres de l'État, en transformant les buts individuels en buts généraux, l'instinct grossier en inclination morale, l'indépendance naturelle en liberté spirituelle, en faisant que l'individu s'épanouisse dans la vie de l'ensemble et que l'ensemble vive dans l'esprit de l'individu. Notre éditorialiste, par contre, fait de l'État, non une association d'hommes libres qui font mutuellement leur éducation, mais un troupeau d'adultes destinés à recevoir leur éducation d'en haut [4]". Trente ans plus tard, Marx emploiera presque les mêmes termes pour fustiger ses propres disciples coupables eux aussi d'avoir fait de l'État "l'éducateur du peuple" : "Une éducation du peuple par l'État est chose absolument condamnable… Il faut

1. *Remarques sur la nouvelle réglementation prussienne,* janvier-février 1842. *MEW*, I, p. 16. "Le censeur est un individu particulier, mais la presse s'élargit jusqu'à l'espèce" (*Gattung*), ajoute Marx.

2. *Ibid.*, p. 21.

3. *Cf.* notre essai *L'Idéologie froide*, Paris, Jean-Jacques Pauvert, 1967, p. 15 sq.

4. *L'Éditorial de la Gazette de Cologne*, juillet 1842. *MEW*, I, p. 95.

proscrire de l'école au même titre toute influence du gouvernement et de l'Église… C'est au contraire l'État qui a besoin d'être éduqué d'une rude manière par le peuple [1]."

L'autocratie représente un état d'aliénation "complète" parce que "*l'unité* de l'État aussi bien que sa *conscience*, sa *volonté* et son *activité*, le pouvoir *universel* de l'État, apparaissent nécessairement comme l'affaire *particulière* du souverain et *de ses serviteurs* [2]". C'est à ces serviteurs de l'État "séparé du peuple" que s'attaque Marx dans l'admirable chapitre qu'il consacre à la bureaucratie dans notre manuscrit.

CRITIQUE DE LA BUREAUCRATIE

Dans les régimes despotiques, l'unité de la société ne peut pas être l'œuvre de tous et de chacun ; aussi "*l'être spirituel de la société*", c'est-à-dire son unité, sa conscience et sa volonté, "*devient la propriété privée de la bureaucratie* [3]" : c'est à elle qu'incombent la défense et l'illustration du "*spiritualisme de l'État*" contre le "*matérialisme*" qui est censé régner dans la société civile. Or, l'analyse démontre que ce "spiritualisme" est solidaire de son contraire et se change constamment en "matérialisme grossier". En quoi consistent ce "spiritualisme" et ce "matérialisme" également "grossiers" et "abstraits" ? Et quel est le secret de leur identité ?

Tout d'abord, l'antithèse spiritualisme-matérialisme renvoie à l'antinomie spéculative entre l'universel et le particulier : la matière, disait Hegel, est le règne de la *Vereinzelung* ("atomisation", "singularisation"), de la *Zersplitterung* (dispersion), et l'élément matériel (*das Materielle*) se définit précisément par sa "résistance à l'unité du concept [4]". Au niveau de l'État, le "spiritualisme" se manifeste dans la prétention de la bureaucratie à l'*universalité* : gardienne de l'intérêt général abstraitement opposé aux intérêts particuliers, la bureaucratie

1. *Critique du Programme de Gotha*, MEW, XIX, p. 30-31.
2. *La Question juive*, MEW, I, p. 368.
3. *Cf. infra*, p. 100.
4. Hegel, *Encyclopédie*, § 376, *Zusatz*.

est censée combattre le "matérialisme", c'est-à-dire le particularisme des groupements privés représentés (dans la philosophie hégélienne et dans la réalité de l'époque) par les corporations.

En fait, la centralisation bureaucratique présuppose son contraire, à savoir le morcellement de la société en une multitude de sphères particulières mutuellement hostiles. En ce sens, "les corporations sont le matérialisme de la bureaucratie [1]", c'est-à-dire l'élément particulariste, centrifuge, sans lequel le "spiritualisme" de la bureaucratie, sa prétention à l'universel, serait impensable et impossible. De même, la bureaucratie est "le spiritualisme des corporations" puisqu'elle représente l'universel sans lequel le maintien des corporations dans leur cloisonnement et leur hostilité mutuelle serait également impensable et impossible : "chaque corporation *veut* la bureaucratie [réclame l'intervention de la bureaucratie] contre l'autre corporation, contre l'autre intérêt particulier". Bien sûr, *au début*, au moment de la naissance des États modernes, la bureaucratie lutte contre le particularisme des corporations, "mais dès que la vie réelle de l'État s'éveille et que la société civile, poussée par son propre besoin de rationalité (*Vernunftrieb*), s'affranchit des corporations, la bureaucratie essaie de les rétablir", car elle sait qu'elle ne saurait survivre à son adversaire : elle sait que "son spiritualisme disparaîtrait avec le matérialisme, son contraire". Pour défendre sa domination et son rôle d'arbitre, la bureaucratie doit constamment ressusciter son adversaire.

Ensuite, l'opposition spiritualisme-matérialisme renvoie à l'opposition classique entre la conscience et l'inconscience, le savoir et le non-savoir. Face au "matérialisme", c'est-à-dire à l'inconscience qui est censée régner dans la société civile, la bureaucratie se présente comme l'unique dépositaire du Savoir et de la compétence et son organisation hiérarchique se définit comme "hiérarchie du savoir [2]". Or, son savoir est purement formel et "vide", et son esprit est le contraire de l'esprit. Le principe de la science est le libre

1. *Cf. infra*, p. 98.

2. *Cf. infra*, p. 100.

examen tandis que le "principe de la science bureaucratique est l'*autorité*". L'esprit est liberté et spontanéité tandis que l'esprit de la bureaucratie est la routine mécanique, "l'idolâtrie de l'autorité" (le "culte de la personnalité", dirait-on aujourd'hui...) et l'"obéissance passive" ("monolithique"...). Aussi, "dans le sein même de la bureaucratie, le spiritualisme devient un *matérialisme grossier*, le matérialisme de l'obéissance passive, de la foi en l'autorité, le matérialisme d'un mécanisme réglé par des principes, des formules et des traditions fixes"...

D'autre part, la "science" de la bureaucratie exige le maintien de la société dans un état d'inconscience et d'ignorance. Si la censure a pour but d'empêcher la société de prendre conscience d'elle-même, le but de la bureaucratie est de transformer la vie sociale tout entière en secret d'État :

> "L'esprit de la bureaucratie est le *secret*, le *mystère*, gardé à l'intérieur de la bureaucratie par la hiérarchie, et à l'extérieur de la bureaucratie par sa nature de corporation fermée. Toute manifestation de l'esprit politique et de l'esprit civique apparaît donc à la bureaucratie comme une *trahison* envers son mystère."

Le "savoir imaginaire" dont se targue la bureaucratie ne peut s'affirmer que par le maintien forcé de la société dans un état d'ignorance et de léthargie ! Que dirait Marx s'il vivait aujourd'hui ? Les bureaucraties qui se réclament de son nom ont si bien combiné le culte du mystère et le "secret des affaires" tant reproché aux capitalistes qu'elles ont fini par transformer l'économie (y compris les statistiques des salaires réels et de l'échelle des rémunérations) aussi bien que la politique en un "livre cacheté avec sept sceaux [1]"...

Enfin, le "spiritualisme" de la bureaucratie se manifeste dans son "*jésuitisme*", dans sa tendance à traiter la société

1. Selon l'expression d'Eugène Varga (*Le Testament de Varga*, 1964, trad. fr. : Paris, Grasset, 1970, p. 71). "Le secret économique, dit Varga, a été la base de la bureaucratisation du pouvoir et de la constitution d'une hiérarchie du Parti" ; il cache "l'abîme existant entre la pauvreté excessive des travailleurs et l'aisance excessive de l'aristocratie". Il s'agit de l'aristocratie... "marxiste-léniniste".

comme une matière inerte, comme un simple objet de manipulation. Comme la bureaucratie croit tout savoir, elle veut aussi "tout faire", tout réglementer (tout planifier, dirait-on aujourd'hui...). "Son spiritualisme sordide apparaît dans le fait *qu'elle veut tout faire*, c'est-à-dire dans le fait qu'elle érige la *volonté* au rang d'une cause première [1]" : c'est le "volontarisme" que les "marxistes-léninistes" de nos jours reprochent aux hérétiques ou aux chefs défunts ou déchus...

À en croire Marx, la bureaucratie "veut rendre la vie aussi *matérielle que possible* [2]", car dans son imagination aussi bien que dans la réalité déchirée qu'elle incarne, "l'esprit de cette vie" a son siège hors de celle-ci, "dans une réalité séparée et autonomisée : la bureaucratie" : *der Geist dieses Lebens hat seine für sich abgesonderte Existenz in der Bürokratie*. "Matière" signifie ici la passivité et l'hétéronomie, tandis que "esprit" désigne l'activité et l'autonomie. Lorsque Marx écrit : "la bureaucratie considère la vie réelle comme une vie *matérielle*", il veut dire que la bureaucratie traite la société comme une matière passive, incapable de toute spontanéité et de toute initiative, dépourvue de toute finalité propre. Plus encore : la bureaucratie "doit rendre la vie aussi *matérielle* [= passive] que possible" : c'est ce qu'elle fait effectivement dans la mesure où elle "la transforme en objet de l'activité bureaucratique". Or, une fois de plus, ce "spiritualisme grossier" se change en son contraire et le "matérialisme grossier" de la bureaucratie apparaît dans le fait que l'appareil bureaucratique lui-même se révèle être un pur "mécanisme" dépourvu de toute capacité d'autonomie et d'initiative : chaque bureaucrate sait que sa propre vie est une "*vie matérielle*" (passive) "*car son esprit lui est prescrit* [par les autorités supérieures] ; *son but est situé hors de lui* [= est fixé par la hiérarchie] ; *sa réalité (Dasein) est la réalité* [impersonnelle et routinière] *du bureau. L'État* [le prétendu être spirituel de la société] *n'existe plus que sous la forme d'une multitude d'esprits bureaucratiques rigides, dont le lien est la subordination et l'obéissance passive*"...

1. *Cf. infra*, p. 101.

2. *Cf. infra*, p. 101.

À la racine de cette aliénation où "la vie réelle apparaît comme morte", se trouve la scission spécifiquement moderne entre les intérêts particuliers et l'intérêt général transformé en "intérêt particulier de la bureaucratie [1]". Aussi bien, "la suppression de la bureaucratie n'est possible que si l'intérêt général devient réellement l'intérêt particulier, ce qui ne peut se faire que si l'intérêt particulier devient réellement l'intérêt général [2]". Ce sera la tâche de la démocratie qui représente elle la "vraie unité de l'universel et du particulier [3]".

ÉLOGE ET LIMITES DE LA DÉMOCRATIE

La démocratie est "l'*énigme* résolue de toutes les Constitutions [4]" : de même, Marx dira plus tard que le communisme est "l'énigme résolue de l'histoire". Toute Constitution, même la plus autoritaire et théocratique, est en elle-même, "d'après son essence", un produit des hommes et de l'histoire, mais c'est seulement dans la démocratie que "la Constitution est non seulement *en soi*, d'après son *essence*, mais d'après son *existence*, d'après la réalité, constamment ramenée à son fond réel, à l'*homme réel*, au *peuple réel*, et posée comme son *œuvre propre*. La Constitution *apparaît* comme ce qu'elle *est*, un libre produit de l'homme". De même que le christianisme a révélé l'"essence de la religion", à savoir "l'homme déifié", de même la démocratie a révélé "l'essence de l'État", à savoir "l'homme socialisé" (*sozialisierte Mensch*). En ce sens, "la démocratie est à toutes les autres formes politiques comme le christianisme est à toutes les autres religions ; la démocratie est à toutes les autres formes politiques comme à son Ancien Testament".

Si Marx vivait aujourd'hui, il dirait qu'elle est au totalitarisme et au "monolithisme" de ses mystérieux disciples ce que le Nouveau Testament est au culte des pierres...

1. *Cf. infra*, p. 99.

2. *Cf. infra*, p. 102. Marx n'a pas attendu les anarchistes pour réclamer l'abolition de la bureaucratie.

3. *Cf. infra*, p. 76-77.

4. *Cf. infra*, p. 76.

"Dans la démocratie le principe *formel* est en même temps le principe *matériel*", dit Marx comme pour tourner en dérision les sophismes pseudo-marxistes sur les "libertés formelles". Les Français modernes ont eu raison de dire que "dans la vraie démocratie *l'État politique disparaît* [1]" car, en effet, "dans la démocratie l'*État abstrait* [= séparé du peuple] a cessé d'être l'élément dominant". Mais cette *vraie* démocratie n'est pas la république purement *politique*, laquelle représente "la démocratie à l'intérieur de la forme *abstraite* de l'État". Le citoyen de la république purement politique vit dans deux mondes qui se contredisent : le monde "céleste" de l'État où règne le prétendu "intérêt général" et où il croit affirmer sa "véritable universalité" et son "contenu générique [2]" et "l'existence terrestre de sa réalité".

C'est ce "dualisme entre la vie générique et la vie individuelle, entre la vie politique et la vie dans la société civile" que Marx dénonce dans *La Question juive*. La vie dans la société bourgeoise condamne l'homme à renoncer à son "être générique", à "se séparer de son être communautaire" (*Gemeinwesen*) pour mener une existence mutilée de *Teilwesen*, d'homme réduit à une parcelle de lui-même, d'individu "égoïste" mû uniquement par "l'intérêt privé et l'arbitraire privé [3]".

Incapables de réaliser leur "être générique" et "communautaire" dans leur "réalité individuelle" au sein d'une société où règnent l'"égoïsme" et la "guerre de tous contre tous", les hommes projettent leur "vraie vie" dans la sphère politique qui représente désormais le "ciel de l'universalité" vis-à-vis de la "réalité terrestre" des intérêts privés :

> "L'État politique achevé est, d'après son essence, la vie générique de l'homme par opposition à sa vie matérielle... Là où l'État politique a atteint son véritable épanouissement, l'homme mène, non seulement dans sa pensée, dans la conscience, mais dans la réalité, dans la vie, une vie double, une vie céleste et une vie terrestre, la vie dans la communauté poli-

1. *Cf. infra*, p. 77.
2. *Cf. infra*, p. 78-79.
3. *La Question juive*, MEW, I, p. 366.

tique où il se considère comme un être générique, et la vie dans la société civile, où il agit comme un homme privé, considère les autres hommes comme des moyens, se ravale lui-même au rang de moyen et devient le jouet de puissances étrangères. Dans l'État où l'homme vaut comme être générique, il est le membre d'une souveraineté fictive, il est dépouillé de sa véritable vie individuelle et il est rempli d'une universalité irréelle [1]."

L'aliénation politique est de même essence que l'aliénation religieuse et se manifeste avec une cruauté particulière dans la démocratie :

"Religieux, les membres de l'État politique le sont par le dualisme entre la vie individuelle et la vie générique, entre la vie de la société bourgeoise et la vie politique ; religieux, ils le sont en ce que l'homme se comporte comme si sa vraie vie était située au-delà de son individualité réelle, dans la vie de l'État (*jenseitiges Staatsleben*) ; religieux, ils le sont pour autant que la religion est ici l'esprit de la société civile, l'expression de la division et de l'éloignement des hommes entre eux. Chrétienne, la démocratie politique l'est en ce que l'homme… y est considéré comme un être souverain ; mais l'homme dont il s'agit dans la démocratie politique, c'est l'homme inculte et non social, l'homme corrompu, perdu, aliéné, lié à la domination de conditions et d'éléments inhumains, en un mot, l'homme qui n'est pas *encore* un *véritable* être générique. La chimère, le rêve, le postulat du christianisme, la souveraineté de l'homme, mais de l'homme en tant qu'être étranger, différent de l'homme réel, devient dans la démocratie une réalité concrète, une présence, une maxime séculière [2]."

Dans sa Déclaration des droits de l'homme et du citoyen, la Révolution française n'a fait que confirmer et consacrer ce dualisme aliénant. L'Homme n'est pas le Citoyen et le Citoyen n'est pas l'Homme. L'Homme dont il est question dans les Déclarations de 1791 et de 1793 n'est pas l'homme considéré comme un "être générique" mais l'homme considéré comme un pur individu : "une monade isolée, repliée sur elle-même [3]", "reposant sur elle-même [4]". "Les droits de l'homme distincts des droits du citoyen ne sont rien d'autre que les droits du membre de la société civile, c'est-à-dire de

1. *Ibid.*, p. 354-355. / 2. *Ibid*, p. 360-361. / 3. *Ibid.*, p. 364. / 4. *Ibid.*, p. 365.

l'homme égoïste, de l'homme séparé de l'homme et de la communauté [1]."

L'homme des droits de l'homme est "l'individu égoïste et indépendant [2]", l'homme tel qu'il existe "individuellement, matériellement et immédiatement" dans la société civile. Cet homme individuel empêtré dans le "matérialisme de la société civile [3]" représente l'unique *réalité*, mais cette réalité ne possède aucune *vérité* parce que cet homme individuel, réduit à une simple "monade", s'est détaché et s'est séparé de son être "communautaire", "générique", c'est-à-dire de son véritable être. Aussi apparaît-il comme un élément purement "matériel [4]" et "passif" puisque "l'activité consciente se concentre sur l'acte politique [5]" et délaisse donc le monde de la vie immédiate.

C'est le citoyen qui représente désormais la vérité de l'homme, mais cette vérité est absolument *irréelle* : le citoyen lui-même est un être "artificiel, produit par l'abstraction" (*abstrahierte*) ; c'est l'homme "en tant que personne allégorique, morale [6]". On aboutit ainsi à cette contradiction suprême que "ce qu'on reconnaît comme l'homme *réel* n'est autre que l'individu égoïste tandis que ce que l'on tient pour l'homme *véritable* apparaît sous la forme du citoyen *abstrait*". C'est à cette insurmontable contradiction entre les "éléments matériels" et les "éléments spirituels", entre le "matérialisme de la société civile" et "l'idéalisme de l'État politique", que Marx attribuera la tragédie de la Révolution française, les "illusions optiques [7]", "colossales" et "tragiques [8]" des Jacobins (mystérieusement transfigurés par certains marxistes français en "classiques de la Révolution"), leur idéologie anachronique, leur échec fatal et la transformation de la "révolution permanente" jacobine en "guerre permanente" napoléonienne [9].

Nous connaissons désormais la nécessité et les limites de l'émancipation politique. Elle est "certes un grand progrès. Elle n'est pas la forme ultime de l'émancipation humaine

1. *Ibid.*, p. 364. / 2. *Ibid.*, p. 370. / 3. *Ibid.*, p. 369. / 4. *Ibid.*, p. 368. / 5. *Ibid.*, p. 369. / 6. *Ibid.*, p. 370. / 7. *Ibid.*, p. 367.

8. *La Sainte Famille*, *MEW*, II, p. 129.

9. *Ibid.*, p. 130.

en général, mais la dernière forme de l'émancipation humaine dans les limites de l'organisation actuelle du monde [1]". Quelle sera donc la *véritable* "émancipation humaine" ? Elle ne sera une réalité, dit Marx, que "lorsque l'homme individuel aura repris possession du citoyen abstrait et sera devenu un être générique dans sa vie empirique, en tant qu'homme individuel, dans son travail individuel, dans ses rapports individuels". "Lorsque l'homme aura reconnu ses forces propres comme forces sociales et les aura organisées comme telles, et que par conséquent il ne séparera plus de lui la force sociale sous la forme de la force politique – c'est alors seulement que sera réalisée l'émancipation humaine."

Lorsque Marx écrivait ces lignes, il n'était pas encore "marxiste". L'idée qu'il se faisait de l'économie capitaliste était un curieux mélange de fantasmes antisémites et de cris d'indignation contre "l'égoïsme" – signe suprême de la déchéance de l'homme "générique" postulé par Feuerbach. On verra plus loin qu'il croyait que la propriété foncière est la propriété privée "par excellence" et que la noblesse foncière est "la classe par excellence [2]". Encore en janvier 1844, il opposait d'une manière hautement fantaisiste "l'économie politique française" à "l'économie nationale" des protectionnistes allemands [3]. Comme le remarquait Engels dans une lettre à Mehring (le 28 septembre 1892), l'économie était encore pour lui un domaine interdit, une *Ketzerei*. En un sens nous sommes encore en pleine idéologie allemande : quelle est cette "vraie démocratie" ? Qui sont ces "Français modernes" annonciateurs du dépérissement de "l'État politique [4]" ? Quelles sont ces "forces génériques" que "l'homme"

1. *La Question juive*, MEW, I, p. 356.

2. Cela suffit pour montrer combien est inconsistante la thèse formulée par Georges Gurvitch et reprise récemment par Pierre Ansart sur le prétendu "saint-simonisme" du jeune Marx.

3. *Cf. l'Introduction à la critique de la philosophie du droit de Hegel*, MEW, I, p. 382-383.

4. Sûrement pas Saint-Simon. Peut-être Proudhon et surtout Victor Considérant. Dans son livre intitulé *Destinée sociale*, 1834, 1838, il annonçait la prochaine transformation des États en "des gérances, nommées par des

doit récupérer pour mettre fin à l'aliénation "humaine" ? C'est après avoir découvert l'économie politique et rencontré le prolétariat révolutionnaire (les ouvriers parisiens et les tisserands silésiens) que Marx pourra répondre à ces questions. Mais cela est une autre histoire.

KOSTAS PAPAIOANNOU

associations plus ou moins nombreuses, et investies de la confiance de ceux qui les ont choisies. Il n'y a plus de pouvoir, ayant à ses ordres une armée, une gendarmerie, une police ; il n'y a plus de despotisme, ni d'usurpation possible – ce qu'auront toujours à craindre les nations, tant qu'elles seront obligées de fabriquer des sabres".

Pour faciliter le travail du lecteur, rappelons la Table des matières de la *Philosophie du Droit* : Introduction (§ 1-32). Ire Partie : Le Droit abstrait (§ 33-104). IIe Partie : La Moralité (§ 105-141). IIIe Partie : La Communauté politique (*Sittlichkeit*, § 142-360). Cette IIIe Partie comporte trois sections : 1. La famille (§ 158-181) ; 2. La société civile (§ 182-256) ; 3. L'État (§ 257-360). C'est cette troisième section que Marx se proposait de commenter. Or, le chapitre sur l'État se divise en trois parties : A. Le Droit public interne (§ 260-329 : 1. La Constitution interne de l'État, § 272-320 ; 2. La souveraineté dans les rapports internationaux, § 321-329). B. Le Droit international (§ 330-340). C. L'histoire universelle (§ 341-360). Le manuscrit de Marx s'arrête au commentaire du § 312. Il ne concerne donc – malheureusement – que la théorie hégélienne de la Constitution interne de l'État.

CRITIQUE DU DROIT POLITIQUE HÉGÉLIEN

Manuscrit de 1842-1843

....

....

....

§ 261. "Vis-à-vis des sphères du droit privé et de la prospérité privée, de la famille et de la société civile, l'État est d'une part nécessité *extérieure*, puissance supérieure à laquelle sont subordonnés les lois et les intérêts de la famille et de la société civile et dont ils dépendent. Mais, en même temps, il est leur fin *immanente* et sa force réside dans l'unité de sa finalité universelle (*Endzweck*) et de l'intérêt particulier des individus – [unité qui se manifeste] dans le fait que les individus n'ont des devoirs envers lui que dans la mesure où ils ont en même temps des droits [1]."

LE § 261 nous indique que la liberté concrète consiste dans l'identité du système des intérêts privés [de la famille et de la société civile] avec le système de l'intérêt universel [de l'État]. Or cette identité est postulée (*sein sollende*) et contradictoire (*zwieschlächtig*). C'est pourquoi nous devons examiner de plus près le rapport entre ces sphères.

D'une part, nous apprenons que, vis-à-vis de la famille et de la société civile, l'État constitue une "nécessité *extérieure*", une "puissance" en face de laquelle leurs "lois" et leurs "intérêts" se trouvent dans une situation de "subordination et de dépendance". Que vis-à-vis de la famille et de la société civile l'État constitue une "nécessité extérieure", cela était déjà inclus d'une part dans la catégorie du passage dialectique [*Ubergang*] [de la société à l'État], d'autre part dans leur attitude consciente envers l'État. Et c'est toujours cette même "nécessité extérieure" qu'exprime la "subordination" à l'État. Mais ce que Hegel entend par "dépendance", nous le voyons dans la phrase ci-après tirée de la Remarque ajoutée à ce § 261 :

"C'est Montesquieu qui a mis en évidence le fait que les lois et notamment les lois du droit privé dépendent du caractère déterminé de l'État, et c'est lui qui a proclamé la vérité philosophique que la partie ne peut être considérée que dans sa connexion avec le tout [2]."

1. On trouvera les notes du traducteur, appelées par un chiffre supérieur, en fin d'ouvrage, pp. 217-220. (N.d.E.)

Hegel parle ici de la dépendance *intérieure* du droit privé, de sa détermination *essentielle* par l'État ; mais en même temps il place cette dépendance sous le signe de la "nécessité *extérieure*", ce qui s'oppose à sa conception d'après laquelle la famille et la société civile voient dans l'État leur "but *immanent*".

Dire que l'État est une "nécessité extérieure" signifie uniquement que les "lois" et les "intérêts" de la famille et de la société doivent, en cas de collision, céder devant les "lois" et les "intérêts" de l'État, qu'ils lui sont subordonnés, que leur existence dépend de la sienne ou encore que sa volonté et ses lois apparaissent à leur "volonté" et à leurs "lois" comme une nécessité.

Mais Hegel ne parle pas ici de collisions empiriques ; il parle du rapport des "sphères du droit privé et du bien privé, de la famille et de la société civile" avec l'État ; il s'agit du rapport que ces sphères entretiennent avec l'État conformément à leur *essence* même. Non seulement leurs "intérêts", mais encore leurs "lois", leurs déterminations essentielles sont "dépendants" de l'État, lui sont "subordonnés". Il est à leurs "lois" et à leurs "intérêts" comme une "puissance supérieure". Leurs "intérêts" et leurs "lois" se rapportent à lui comme ses "subordonnés". Ils vivent dans sa "dépendance". Justement parce que la "subordination" et la "dépendance" désignent une contrainte extérieure qui restreint et nie l'essence autonome de la famille et de la société civile, leur rapport avec l'État est celui d'une nécessité *"extérieure"*, nécessité qui fait violence à l'essence intime de la chose. Le fait même que "les lois du droit privé dépendent du caractère déterminé de l'État" et se modifient avec lui est donc compris dans ce rapport de la "nécessité *extérieure*", précisément parce que la société civile et la famille, dans leur développement vrai, c'est-à-dire dans leur plein développement spontané, en tant que "sphères" particulières, ne sont que des présuppositions de l'État. "Subordination" et "dépendance" expriment une identité "extérieure", apparente, *forcée*, pour laquelle Hegel emploie à juste titre l'expression logique de *"nécessité extérieure"*. En parlant de "subordination" et de "dépendance", Hegel n'a fait que mettre en évidence l'un des aspects de cette identité discordante, à savoir l'aliénation à l'intérieur de la liberté ; mais, d'autre part (il dit que l'État)

... "est leur fin *immanente* et sa force réside dans l'unité de sa finalité *universelle* et de l'intérêt *particulier des individus* – unité qui se manifeste dans le fait que les individus n'ont des devoirs que dans la mesure où ils ont en même temps des droits".

Hegel énonce ici une *antinomie* non résolue. *D'une part*, nécessité extérieure, *d'autre part*, but immanent. L'unité de la *finalité universelle* de l'État et de l'*intérêt particulier des individus* doit consister en ce que leurs devoirs envers l'État et leurs droits sur l'État sont identiques (que, par exemple, le droit de respecter la propriété coïncide avec le droit à la propriété).

Dans la Remarque au § 261, cette identité est expliquée comme suit :

"Le devoir est tout d'abord une relation à quelque chose qui, de mon point de vue, est substantiel, universel en soi et pour soi. En revanche, un droit n'est que l'existence (*Dasein*) de cette réalité substantielle. En tant que tel, il représente le moment de la *particularité* et c'est ainsi qu'il fonde ma liberté *particulière*. Il s'ensuit que, lorsqu'on se place aux différents points de vue de l'entendement formel, on a l'impression que les droits et les devoirs sont répartis sur des individus ou des endroits différents. Mais, au niveau de l'État en tant que communauté morale objective, en tant qu'interprétation du substantiel et du particulier, l'obligation qui me lie au substantiel coïncide avec l'existence (*Dasein*) de ma liberté particulière ; en d'autres termes, le devoir et le droit sont réunis en lui dans un seul et même rapport."

§ 262. "L'Idée réelle, l'Esprit, se scinde lui-même dans les deux sphères idéelles de son concept : la famille et la société civile, en tant qu'expressions de sa finitude ; et ce pour s'affirmer, à partir de leur idéalité, comme Esprit réel infini et pour soi. L'Idée répartit donc entre ces sphères la masse des individus qui constituent les matériaux de sa réalité finie. Si bien qu'au niveau de chaque individu, cette répartition apparaît (*erscheint*) *médiée* par les circonstances extérieures, par l'arbitraire (individuel) et le libre choix de la vocation."

Si nous traduisons cette phrase en prose ordinaire, nous avons :

L'élément médiateur entre la famille, la société et l'État [3], ce sont "les circonstances extérieures, l'arbitraire et le libre choix". La Raison étatique n'a donc rien à voir dans la répartition des matériaux de l'État [4] entre la famille et la société civile. L'État en sort d'une façon inconsciente et arbitraire. La famille et la société civile apparaissent comme le sombre fond naturel où s'allume la lumière de l'État. Par matériaux de l'État [= de l'Idée] on entend les *affaires* de l'État [5], la famille et la société civile, en tant qu'elles forment des parties de l'État et participent à l'État comme tel.

Ce développement est remarquable à un double point de vue.

1. La famille et la société civile sont conçues comme sphères du concept de l'État [= de l'Idée] et notamment comme les sphères de sa *finitude*, comme sa *finitude*. C'est l'État [= l'Idée] qui se scinde en elles, qui les pose comme ses présupposés, et il le fait "pour s'affirmer, à partir de leur idéalité, comme Esprit réel infini pour soi". – "Il [elle] se scinde... pour..." Il [elle] "répartit entre ces sphères les matériaux de sa réalité... si bien que cette répartition, etc., apparaît médiée..." L'Idée dite "Idée réelle" (l'Esprit en tant qu'Esprit infini, réel) est représentée comme si elle agissait d'après un principe déterminé et dans une intention déterminée. Elle se scinde en sphères finies ; elle le fait "pour rentrer en soi", pour "être pour soi" ; et elle le fait de telle façon que tout se passe comme dans la réalité.

En cet endroit, le mysticisme logique, panthéiste, apparaît très clairement.

La situation réelle est que "au niveau de chaque individu, la répartition des matériaux de l'État [= de l'Idée] a l'air de s'accomplir grâce à la médiation des circonstances extérieures, de l'arbitraire et du libre choix de la vocation". Ce fait, cette *situation réelle*, est transfiguré par la spéculation en une *apparence*, en un *phénomène*. Les circonstances extérieures, l'arbitraire, le libre choix de la vocation, cette médiation *réelle* ne sont que l'apparence phénoménale d'une médiation que l'Idée réelle accomplit avec elle-même et qui se passe dans les coulisses. La réalité n'est pas présentée comme telle mais comme l'allégorie d'une *autre* réalité. D'une part, le monde de l'expérience quotidienne se voit soumis à une loi qui n'est pas celle de son propre esprit, mais d'un esprit étranger. D'autre part, l'Idée réelle s'incarne non pas dans une réalité issue d'elle-même, mais précisément dans le monde de l'expérience quotidienne.

L'Idée est érigée en sujet et le rapport *réel* de la famille et de la société civile avec l'État est présenté comme l'œuvre de l'Idée et de son *activité imaginaire*. La famille et la société civile sont les présuppositions de l'État ; elles sont donc les seuls éléments réellement actifs ; mais, dans la spéculation, tout est mis à l'envers. En effet, si l'on transforme l'Idée en sujet, les sujets réels tels que : famille, société civile, "circonstances", "arbitraire", etc., deviennent quelque chose d'*irréel*, signifiant autre chose qu'eux-mêmes : ils deviennent des moments objectifs de l'Idée.

[2.] La répartition des matériaux de l'État [= de l'Idée] "par les circonstances extérieures, l'arbitraire et le libre choix de la vocation" n'est pas présentée comme un fait vrai, nécessaire, justifié en soi et pour soi ; elle n'est pas présentée comme une réalité rationnelle *en elle-même*. Ou plutôt, elle est présentée comme une réalité rationnelle, mais uniquement dans la mesure où elle est définie comme une médiation *apparente* : les faits [empiriques : les circonstances, l'arbitraire, etc.] sont acceptés tels qu'ils sont mais en même temps ils reçoivent une signification [supplémentaire et occulte] : celle d'être une détermination de l'Idée, un résultat, un produit de l'Idée. La différence ne réside pas dans la chose même, mais dans la manière de la considérer, dans la manière d'en *parler*. C'est une histoire double, exotérique et ésotérique. Le contenu se trouve dans la partie exotérique. Le seul intérêt de la partie ésotérique est de retrouver dans l'État l'histoire du Concept logique. Mais le développement proprement dit ne se déroule que dans la partie exotérique.

Le noyau rationnel de ces propositions hégéliennes se ramène tout simplement à ceci :

La famille et la société civile sont des parties de l'État. Les matériaux de l'État sont répartis entre elles "par les circonstances, l'arbitraire et le libre choix de la vocation". Les citoyens sont membres de la famille et membres de la société civile.

[Mais Hegel dit encore que] “l’Idée réelle, l’Esprit, se scinde lui-même dans les deux sphères idéelles de son concept, la famille et la société civile en tant qu’expressions de sa finitude”. Il s’ensuit que la scission de l’État [= de l’Idée] en famille et en société civile est *idéelle*, c’est-à-dire nécessaire, conforme à l’essence de l’État [= de l’Idée]. En fait, la famille et la société civile sont des parties réelles de l’État, de véritables réalisations spirituelles de la volonté, des modes d’existence de l’État : c’est la famille et la société civile qui constituent *elles-mêmes* l’État. Elles sont l’élément *agissant* [*das Treibende*]. D’après Hegel elles sont au contraire manipulées par l’Idée réelle : ce n’est pas leur propre évolution vitale qui les unit et en fait un État, c’est au contraire le processus vital de l’Idée qui les a fait sortir (*diszerniert*) du sein de l’Idée ; elles constituent en outre la *finitude* de l’Idée ; elles doivent leur existence à un autre esprit que le leur ; elles sont des déterminations posées par un tiers et non par elles-mêmes. C’est pourquoi elles sont définies comme le moment de la finitude, comme la finitude de “l’Idée réelle”. Elles n’existent pas en vue de leur existence même, mais c’est l’Idée qui a détaché d’elle-même ces présuppositions “pour s’élever au-dessus de leur idéalité et s’affirmer comme Esprit réel infini pour soi”. En d’autres termes, l’État politique ne peut exister sans la base naturelle de la famille et sans la base artificielle de la société civile ; elles sont pour lui une condition *sine qua non* ; mais chez Hegel la condition se transforme en son contraire, l’élément déterminant est posé comme l’élément déterminé et l’élément producteur apparaît comme le produit de son produit. Aussi “l’Idée réelle” ne s’abaisse-t-elle à la “finitude” de la famille et de la société civile que pour la dépasser et la surmonter (*aufheben*) en produisant sa propre infinité et en jouissant d’elle. C’est pour atteindre ce but que l’Idée “répartit entre ces sphères les matériaux dont se compose sa propre réalité finie” (mais de quelle réalité s’agit-il ? car cette “réalité finie” et ces “matériaux” sont précisément ces “sphères”-là), à savoir “la masse des individus”. Ainsi donc les “matériaux” de l’État [= de l’Idée] sont les “individus, la masse”. C’est la masse des individus qui fait l’État : ce fait est présenté ici comme un acte de l’Idée, comme une “répartition” qu’elle effectue avec l’aide de ses propres “matériaux”. Le fait réel est que l’État émane de la masse telle qu’elle existe sous forme de membres de la famille et de membres de la société civile. La spéculation présente ce fait comme un acte de l’Idée ; elle ne le présente pas comme l’Idée de la masse, mais comme l’acte d’une Idée subjective et séparée du réel.

[En outre, dit Hegel], “au niveau de chaque individu pris isolément” (précédemment il s’agissait de la répartition de la masse des individus entre les sphères de la famille et de la société civile), “cette répartition apparaît comme médiatisée par les circonstances extérieures, l’arbitraire, etc.”. La réalité empirique est donc prise telle qu’elle est ; elle est aussi présentée comme rationnelle, mais elle n’est pas rationnelle à cause de sa propre raison ; elle l’est parce que le fait empirique signifie dans sa réalité empirique quelque chose d’autre que lui-même. Le fait qui constitue le point de départ est saisi non pas comme tel mais comme le résultat d’un processus occulte. La réalité devient apparence phénoménale de l’Idée, mais celle-ci n’a d’autre contenu que ce phénomène même. Ajoutons que l’Idée n’a qu’un seul but : celui que lui assigne la logique spéculative, à savoir “d’être pour soi esprit réel infini”. Dans ce paragraphe tout le mystère de la philosophie du droit et de la philosophie hégélienne en général se trouve consigné.

§ 263. “Dans ces sphères [la famille et la société civile] où l’individualité et la particularité en tant qu’éléments constitutifs de l’Idée trouvent leur réalisation immédiate et réfléchie, l’Esprit est déjà présent comme l’universalité objective qui s’y *manifeste*, comme la Raison qui affirme sa puissance dans la nécessité [6] : ce sont, en un mot, les *institutions* dont il a été question dans la section précédente [7].”

§ 264. “La masse est composée d’individus qui, étant eux-mêmes des êtres spirituels, sont tendus vers deux extrêmes : l’extrême de l’individualité qui se sait et se veut pour soi, et l’extrême de l’universalité qui sait et veut le substantiel. Ces deux exigences, les individus ne parviennent à les remplir qu’en étant réellement à la fois des personnes privées et des personnes substantielles. Dans les sphères de la famille et de la société civile, le premier moment [l’individualité, la personne privée] est réalisé d’une manière immédiate ; le second n’est obtenu que par deux moyens : les institutions et les corporations. Dans les institutions, qui sont ce qu’il y a de virtuellement (*an sich*) universel dans les intérêts particuliers, les individus trouvent l'essentiel de leur conscience de soi ; dans les corporations, ils se donnent eux-mêmes une occupation et une activité dirigées vers une finalité universelle."

§ 265. "Ces institutions forment la Constitution, c'est-à-dire la rationalité développée et réalisée dans le monde de la particularité. À cause de cela, elles sont la base solide de l'État ainsi que de la confiance et du civisme. Elles sont les piliers de la liberté publique car en elles la liberté particulière devient à la fois réelle et rationnelle et c'est en elles que s'accomplit l'union virtuelle (*an sich*) de la liberté et de la nécessité."

§ 266. "Mais l'Esprit ne se réduit pas à cette nécessité et à ce royaume de la phénoménalité ; il est leur *idéalité* et leur âme intérieure et en tant que tel il est objectif pour lui-même et effectivement réel. Aussi cette universalité substantielle devient-elle *son propre* objet et un but pour elle-même et cette nécessité prend la *figure* de la liberté."

La transition de la famille et de la société civile à l'État politique consiste donc en ce que l'esprit de ces sphères, qui est *en soi* l'esprit même de l'État, se rapporte maintenant à soi-même et devient, en tant que leur âme intérieure, *réel* pour soi. La transition n'est pas déduite de l'être *particulier* de la famille, de la société et de l'État, mais du rapport *général* de la nécessité à la liberté. C'est de la même manière que s'effectue le passage de la sphère de l'Être à celle du Concept dans la *Science de la Logique*, ou celui de la Nature inorganique à la Vie dans la *Philosophie de la Nature*. Ce sont toujours les mêmes catégories qui fournissent une âme tantôt à telle sphère, tantôt à telle autre. La seule chose qui importe, c'est de faire ressortir les déterminations abstraites qui correspondent aux déterminations concrètes particulières.

§ 267. "La nécessité dans l'idéalité, c'est le développement de l'Idée à l'intérieur d'elle-même. En tant que substantialité *subjective*, elle est le civisme ; en tant que substantialité *objective*, elle est l'organisme de l'État, l'État *politique* proprement dit et sa Constitution."

Le *sujet* est ici "la nécessité dans l'idéalité", "l'Idée à l'intérieur d'elle-même". Le *prédicat*, c'est le *civisme* et la *constitution politique*. En prose ordinaire, cela veut dire : le civisme est la substance subjective de l'État, la constitution politique en est la substance objective. La transition dialectique de la famille et de la société civile à l'État est donc une pure apparence, car on ne montre pas *comment* l'esprit familial et l'esprit civil – l'institution de la famille et les institutions sociales en tant que telles – se rapportent au civisme et à la Constitution politique et se lient à eux.

Dire que "l'Esprit ne se réduit pas à cette nécessité et à ce royaume de la phénoménalité", qu'il est leur "idéalité", qu'il est "effectivement réel pour soi", en tant qu'âme de ce royaume et qu'il possède une réalité propre (*besondere Existenz*) en tant que tel, n'est pas formuler une transition dialectique, car la famille [par exemple] a sa propre âme qui existe pour soi comme amour, etc. [8] La pure idéalité d'une sphère réelle ne peut être que la *science* [9].

Ce qui est important, c'est que Hegel fait partout de l'Idée le sujet, et du sujet réel, du sujet proprement dit (par exemple : du "civisme") le prédicat. Mais le développement s'effectue toujours du côté du prédicat.

Le § 268 contient un bel exposé sur le *civisme*, le *patriotisme*, mais qui n'a rien à voir avec le développement logique, si ce n'est que Hegel les considère "*uniquement* comme le résultat des institutions existant dans l'État, car c'est en elles que la rationalité est *effectivement* présente" ; or, on peut renverser cette proposition et dire que les institutions sont tout autant une objectivation du civisme.

Cf. le commentaire de ce paragraphe.

§ 269. "Le civisme reçoit son contenu particulier des différents aspects de l'organisme de l'État. Cet organisme est le développement de l'Idée qui se différencie elle-même et confère à ses différences une réalité objective. Ces aspects différenciés sont ainsi les différents pouvoirs de l'État, leurs fonctions [spécifiques] et leurs différents domaines d'activité. C'est grâce à ce processus que l'universel se produit continuellement lui-même, et se produit lui-même de façon nécessaire car le caractère spécifique de ces pouvoirs est déterminé par la nature du Concept. C'est à travers ce processus que l'universel se maintient car il est lui-même la présupposition de sa propre production. Cet organisme est la Constitution politique."

La Constitution politique est l'organisme de l'État, ou l'organisme de l'État est la Constitution politique. Dire que les différents aspects d'un organisme se trouvent dans une connexion nécessaire, issue de la nature même de l'organisme, est une pure tautologie. Dire, après avoir défini la Constitution politique comme un organisme, que les différents aspects de la Constitution, les différents pouvoirs, se comportent comme des déterminations organiques et se trouvent dans un rapport rationnel, c'est encore une tautologie. C'est un grand progrès que de considérer l'État politique comme un organisme et de considérer par conséquent la différenciation des pouvoirs non plus comme une distinction inorganique ou mécanique mais comme une distinction vivante et rationnelle. Mais comment Hegel a-t-il présenté cette trouvaille ?

Tout d'abord, il est dit que "cet organisme est le développement de l'Idée en ses différences et en leur réalité effective". Il n'est pas dit que cet organisme de l'État se développe lui-même et confère à ces différentes fonctions une réalité objective. La véritable pensée est celle-ci : le processus par lequel l'État ou la Constitution politique se différencient est un processus *organique*. La présupposition, le sujet, ce sont les *différenciations réelles* ou les *différents aspects* de la Constitution *politique*, le prédicat est leur détermination en tant qu'*organiques*. Au lieu de cela, l'Idée est transformée en sujet, les différenciations et leur existence réelle sont considérées comme un résultat de développement de l'Idée, alors qu'au contraire l'Idée doit être conçue comme le résultat du développement de ces différences réelles. L'organique est justement l'*Idée des différences*, leur détermination idéelle. Mais on parle ici comme si l'Idée était un sujet qui se développe lui-même et produit *ses propres* différences. Outre cette inversion du rapport sujet-prédicat, Hegel donne la fausse impression (*Schein*) que l'Idée dont il est question ici *n'est pas* l'organisme. Le point de départ, c'est l'Idée abstraite [spéculative] et la Constitution politique apparaît comme le résultat de son développement dans l'État. Il ne s'agit donc pas de l'idée politique, mais de l'Idée abstraite telle qu'elle se manifeste dans l'élément politique. Or, quand je dis : "cet organisme (de l'État, la Constitution politique) est l'Idée qui se développe et se différencie", etc., je ne sais encore absolument rien de l'idée spécifique de la Constitution politique ; la même proposition peut être énoncée avec la même vérité au sujet aussi bien de l'organisme *animal* que de l'organisme *politique.* Par quoi l'organisme animal se distingue-t-il donc de l'organisme politique ? Cela ne ressort pas de cette détermination générale. Mais une explication qui ne donne pas la *differentia specifica* n'est pas une explication. La seule chose qui intéresse Hegel, c'est de retrouver "l'Idée" pure, l'Idée "logique" dans tout élément, que ce soit celui de l'État ou celui de la Nature, et les sujets réels, en l'occurrence la "Constitution politique", se réduisent aux *mots* qui les désignent. On obtient ainsi l'illusion d'une connaissance réelle, mais les choses mêmes sont et restent incomprises parce que leur être spécifique reste indéterminé.

"*Ainsi,* ces aspects différenciés sont les différents pouvoirs de l'État, leurs fonctions et leurs domaines d'activité." Par le petit mot *ainsi* on crée l'illusion qu'il s'agit d'un enchaînement logique. Il faut plutôt demander : "Pourquoi ainsi ?" Dire que "les aspects différenciés de l'État sont les différents pouvoirs, etc.", c'est constater un fait empirique ; mais affirmer que ces pouvoirs constituent les membres d'un organisme, c'est énoncer un prédicat philosophique.

Nous signalons ici une particularité stylistique qui revient fréquemment chez Hegel et qui est un produit du mysticisme. Voici le § 269 en entier :

§ 269. "Le sentiment civique reçoit son contenu particulier des *différents aspects* de l'*organisme* de l'État. *Cet organisme* est le développement de l'Idée qui se différencie elle-même et confère à ses différences une réalité objective. Ces aspects différenciés sont ainsi les *différents pouvoirs* de l'État, leurs fonctions et leurs domaines d'activité. C'est grâce à ses pouvoirs que l'Universel *se produit* continuellement lui-même, et se produit lui-

1. "Le sentiment civique reçoit son contenu particulier des *différents aspects* de l'organisme de l'État." "Ces *aspects différenciés* sont ainsi les *différents pouvoirs* de l'État, leurs fonctions et leurs domaines d'activité."

2. "Le sentiment civique reçoit son contenu particulier des différents aspects de l'*organisme de l'État. Cet organisme* est le développement de l'Idée qui se différencie elle-même et confère à ses différences

même de façon *nécessaire* car le caractère spécifique de ses pouvoirs est déterminé par la *nature même du Concept.* C'est à travers ce processus que l'Universel *se conserve* car il est lui-même la présupposition de sa propre production. Cet organisme est la *Constitution politique.*"

une réalité objective [...]. C'est à travers ce processus que l'Universel *se produit* continuellement lui-même, et se produit lui-même de façon *nécessaire* car le caractère spécifique de ces pouvoirs est déterminé par la *nature même du Concept.* C'est à travers ce processus que l'Universel *se conserve* car il est lui-même la présupposition de sa propre production. *Cet organisme* est la *Constitution politique.*"

On voit que Hegel rattache les différentes déterminations à *deux* sujets : aux "différents aspects de l'organisme" et l'"organisme". Dans la troisième proposition, ces "différents aspects" sont définis comme les "différents pouvoirs". En intercalant le mot *ainsi* il crée l'illusion que ces "différents pouvoirs" sont dérivés du développement de l'Idée, et ce grâce à la proposition incidente sur l'"organisme".

Bien des choses sont dites encore au sujet de ces "différents pouvoirs". La détermination que l'Universel se produit et se conserve continuellement "lui-même" n'apporte rien de nouveau, car cela est inclus dans le concept même des "aspects de l'organisme", ou aspects organiques. Ou plutôt cette détermination des "différents pouvoirs" dit simplement d'une autre façon que cet organisme est "le développement de l'Idée", etc.

La phrase : "Cet organisme est le développement de l'Idée qui se différencie elle-même et confère à ses différences une réalité objective" et la phrase selon laquelle cette différenciation est le processus par lequel "l'Universel" (l'Universel est ici la même chose que l'Idée) "se produit continuellement et se conserve lui-même de façon nécessaire car le caractère spécifique de ces pouvoirs est déterminé par la nature même du Concept", sont identiques ; la seconde explique seulement avec plus de précision "le développement de l'Idée en ces différences". Cela n'a pas avancé Hegel d'un seul pas au-delà de la notion générale de "l'Idée", voire de "l'organisme" en général (car, à vrai dire, il ne s'agit ici que de l'Idée en tant qu'organisme). Qu'est-ce qui l'autorise donc à écrire la phrase finale : "Cet organisme est la Constitution politique" ? Pourquoi ne pas dire : "Cet organisme est le système solaire" ? Uniquement parce qu'il a défini par la suite ces "différents aspects de l'État" comme les "différents pouvoirs de l'État". Mais la phrase "les différents aspects de l'État sont les différents pouvoirs" est une vérité empirique et ne peut pas être présentée comme une découverte philosophique ; elle n'est pas non plus formulée comme le résultat d'un développement antérieur. Mais en définissant l'organisme comme le "développement" de l'Idée, en parlant de la différenciation *de* l'Idée, en intercalant ensuite le fait concret des "différents pouvoirs", on crée l'illusion qu'on a développé un contenu *déterminé*. Comme suite à la phrase : "Le sentiment civique reçoit son contenu particulier des différents aspects de l'organisme de l'État", Hegel ne devrait pas dire : "*Cet* organisme, etc.", mais "*l'*organisme est le développement de l'Idée, etc.". Du moins ce qu'il dit s'applique à tout organisme, et il n'y a pas de prédicat qui justifie le sujet *"ce"*. Le véritable résultat auquel il tend, c'est de définir l'*organisme* comme *Constitution politique*. Mais il n'existe pas de pont permettant de passer de l'idée générale de l'organisme à l'idée déterminée de l'organisme de l'État et de la Constitution politique, et jamais l'on ne pourra jeter ce pont. Dans la première phrase il est question des "différents aspects de l'organisme de l'État" qui sont définis par la suite comme les "différents pouvoirs". Mais il est dit simplement : "les différents aspects de l'organisme de l'État" ou "l'organisme étatique des différents pouvoirs" est la "Constitution politique" de l'État. Ce n'est pas "l'organisme", "l'Idée", ses "différences", etc., c'est la notion présupposée des "différents pouvoirs" et de "l'organisme *étatique*" qui rend possible le passage à la "Constitution politique".

En vérité, Hegel n'a fait que réduire la "Constitution politique" en l'idée abstraite et générale de l'"organisme" ; mais, à son avis et d'après l'illusion qu'il a créée, c'est la réalité concrète qui est sortie de l'"idée générale". Ce qui est le sujet de l'Idée, il en a fait un produit, un prédicat de l'Idée. Ce n'est pas sa pensée qui se développe d'après l'objet ;

c'est l'objet qui se développe d'après une pensée qui existe toute prête et achevée en elle-même dans la sphère abstraite de la *Logique*. Il ne s'agit pas de développer l'idée déterminée de la Constitution politique, mais de mettre la Constitution politique en rapport avec l'Idée abstraite, de la présenter comme une étape de la biographie de l'Idée, ce qui est une mystification évidente.

On apprend aussi que les "différents pouvoirs" sont déterminés "par la nature même du Concept", ce qui explique pourquoi l'Universel les produit "de façon nécessaire". Les différents pouvoirs ne sont donc pas déterminés par *leur propre nature*, mais par une nature étrangère. De même la *nécessité* n'est pas tirée de leur propre être, et encore moins démontrée d'une manière critique. Leur destin est plutôt prédestiné par "la nature du Concept", scellé dans les registres sacrés de la *Santa Casa* de la Logique. L'âme des objets, ici de l'État, est préformée et prédestinée avant qu'elle ne reçoive un corps – lequel corps n'est d'ailleurs qu'une simple apparence. Le "Concept" est le Fils dans Dieu le Père – l'Idée ; il est le principe actif, déterminant, différenciant. "L'Idée" et le "Concept" sont ici des abstractions hypostasiées.

§ 270. "Le but de l'État est l'intérêt général en tant que tel et comme l'intérêt général est la substance des intérêts particuliers, il est aussi la sauvegarde des intérêts particuliers. C'est là que réside : 1° sa *réalité abstraite* ou sa substantialité ; mais aussi 2° sa *nécessité* par laquelle son activité se répartit dans les sphères qui correspondent aux différents aspects de son concept, aspects qui, par cette substantialité, sont autant de déterminations *fixes* et réelles : des *pouvoirs.* 3° Mais cette substantialité de l'État est justement l'Esprit qui, par le progrès de la civilisation, est devenu Esprit qui se sait et se veut lui-même. Ainsi l'État sait ce qu'il veut et le sait dans son universalité, comme quelque chose de *pensé.* Il agit et se comporte donc d'après des buts connus, des principes explicites et des lois qui ne le sont pas seulement en soi, mais aussi pour la conscience ; de même son action sur les situations et les circonstances existantes est faite d'après la connaissance précise qu'il en a."

Nous parlerons plus loin [10] de la note ajoutée à ce paragraphe et où il est question des rapports de l'Église et de l'État.

La manière dont les catégories logiques sont appliquées ici mérite une étude particulière.

"Le but de l'État est l'intérêt général en tant que tel et, comme l'intérêt général est la substance des intérêts particuliers, il est aussi la sauvegarde des intérêts particuliers. C'est là que réside : 1° sa réalité abstraite ou sa substantialité."

Que l'intérêt général en tant que tel et en tant que substance des intérêts particuliers est le but de l'État – cela est la réalité et la substance de l'État définies dans l'abstrait. Sans ce but l'État n'est pas une réalité. C'est là l'objet essentiel de sa volonté – mais, en même temps, il faut remarquer qu'il s'agit ici d'une définition toute générale de cet objet. Ce but en tant qu'être est l'élément d'existence pour l'État. Aussi la "réalité abstraite" ou "substantialité" de l'État est-elle également :

"2° sa nécessité par laquelle son activité se répartit dans les sphères qui correspondent aux différents aspects de son concept, aspects qui, en vertu de cette substantialité, sont autant de déterminations (fonctions) *fermes et réelles* : des *pouvoirs.*"

La réalité abstraite, la substantialité de l'État est aussi sa *nécessité* puisque sa réalité se divise en activités différentes, dont la différence est définie rationnellement, et qui sont en même temps des "déterminations fermes". La réalité abstraite de l'État, sa substantialité est une nécessité puisque la pure finalité de l'État et la pure subsistance de l'ensemble social ne sont réalisées que grâce à l'existence des différents pouvoirs de l'État.

Il va de soi que la première définition de la réalité de l'État était *abstraite* : l'État ne peut être considéré comme une simple réalité ; il doit être considéré aussi comme activité, comme une activité différenciée.

"Sa *réalité abstraite* ou substantialité [...] est sa *nécessité* par laquelle son activité se répartit dans les sphères qui correspondent aux différents aspects de son concept, aspect qui, en vertu de cette *substantialité*, sont autant de déterminations fermes et réelles : des pouvoirs."

Le rapport de la substantialité est un rapport de la nécessité ; c'est-à-dire la substance apparaît divisée en *réalités* ou *activités* indépendantes mais essentiellement déterminées. Ces abstractions, je pourrais les appliquer à n'importe quelle réalité. Ici, après avoir considéré l'État selon le schéma de la réalité "abstraite", je le considère selon le schéma de la réalité "concrète", de la "nécessité" et de la différenciation accomplie.

[Mais il y a aussi un troisième élément :]

3° "Mais cette substantialité de l'État est justement l'Esprit qui, *grâce au progrès de la civilisation*, est devenu Esprit qui se sait et se veut lui-même. Aussi l'État *sait-il* ce qu'il veut et le sait dans son *universalité*, comme quelque chose de *pensé*. Il agit et se comporte donc d'après des buts connus, des principes explicites et des lois qui existent non seulement en soi, mais aussi pour la conscience. De même, son action sur les situations et les circonstances existantes est guidée par une connaissance précise."

Traduisons tout ce paragraphe en langage ordinaire.

1° *L'Esprit qui se sait et se veut* est la substance de l'État. Autrement dit, l'esprit *cultivé*, *conscient de soi* est le sujet, le fondement, l'autonomie de l'État.

2° "L'intérêt général et en lui la sauvegarde des intérêts particuliers" est le but général et le contenu de cet Esprit : c'est à la fois la substance ontologique de l'État et la nature étatique de l'Esprit "qui se sait et se veut".

3° L'Esprit cultivé, conscient de soi, etc., ne parvient à réaliser ce contenu abstrait que lorsqu'il devient une *activité* différenciée, en donnant naissance aux différents *pouvoirs* et en se constituant lui-même en une puissance structurée (*gegliederte Macht*).

Au sujet de l'exposé hégélien, nous pouvons remarquer ceci :

a) Sont transformés en sujets : la "réalité abstraite", la "nécessité" (ou différence substantielle), la "substantialité", c'est-à-dire les catégories abstraites de la *Logique*. Il est vrai que la "réalité abstraite" et la "nécessité" sont présentées comme la réalité et la nécessité de *l'État*, mais Hegel ne dit pas moins 1° que la "réalité abstraite" ou "substantialité" constitue *sa* nécessité (de l'État) ; 2° que c'est elle qui "répartit son activité dans les sphères qui correspondent aux différents aspects de son concept" ; et il dit même qu'"en vertu de cette substantialité, les différents aspects du concept (de l'État) sont autant des déterminations fermes et réelles". Enfin, 3° la "substantialité" cesse d'être considérée comme une détermination abstraite de l'État, comme *sa* substantialité ; elle est, comme telle, transformée en sujet, car il est dit finalement : "Mais cette substantialité est justement l'esprit qui est devenu, grâce au progrès de la civilisation. Esprit qui se sait et se veut lui-même."

b) En fin de compte, Hegel ne dit pas : "L'Esprit cultivé, etc., est la substantialité", mais au contraire il dit : "La substantialité est l'Esprit cultivé, etc.". L'Esprit devient donc le prédicat de son prédicat.

c) La substantialité, après avoir été définie : 1° comme but général de l'État, puis 2° comme pouvoirs différents, est finalement, 3° définie comme Esprit réel, "cultivé, qui se sait et se veut". Le vrai point de départ, l'Esprit "qui se sait et se veut", sans lequel le "but de l'État" et les "pouvoirs de l'État" seraient des fictions sans contenance, sans essence, voire des réalités impossibles, apparaît simplement comme le *dernier* prédicat de la substantialité, déjà définie précédemment à la fois comme le "but général" et les "différents pouvoirs" de l'État. Si l'on partait de l'Esprit *réel*, le "but général" apparaîtrait comme son contenu, les "différents pouvoirs" comme sa manière de se réaliser, d'affirmer son existence *réelle* ou *matérielle*, et celle-ci se définirait par la nature même de sa finalité. Mais comme l'on a pris pour point de départ "l'Idée" ou sa "substance" considérées comme le sujet et comme le vrai être, le *sujet réel* n'apparaît que comme le *dernier* prédicat du prédicat abstrait.

Le "but de l'État" et les "pouvoirs étatiques" sont mystifiés en ce qu'ils apparaissent comme des "modes d'existence" de la "substance" et comme des entités séparées de leur être réel, à savoir de l'Esprit "cultivé, qui se sait et se veut lui-même".

d) Le contenu concret, la détermination réelle apparaissent comme formels, la détermination formelle abstraite apparaît comme le contenu concret. L'essence des déterminations étatiques, ce n'est pas que ce sont des déterminations étatiques mais qu'elles peuvent être considérées sous leur forme la plus abstraite comme des déterminations logico-métaphysiques. Ce n'est pas la philosophie du Droit mais la science de la Logique qui constitue le véritable intérêt. Le travail philosophique ne consiste pas à montrer que la pensée s'incarne dans les déterminations politiques, mais que les déterminations politiques existantes se volatilisent en pensées abstraites. Ce n'est pas la logique de la chose, c'est la chose de la Logique qui constitue l'élément philosophique. La Logique ne sert pas à prouver l'État, c'est au contraire l'État qui sert à prouver la Logique.

[Les déterminations concrètes sont les suivantes :]

1° L'intérêt général et en lui la sauvegarde des intérêts particuliers est le *but de l'État.*

2° Les différents pouvoirs constituent la réalisation de ce but.

3° L'Esprit qui, grâce à l'éducation et à la culture, est devenu conscient de soi, voulant et agissant comme tel, est le *sujet* de ce but et de sa réalisation.

Or, ces déterminations concrètes sont vues d'une manière extérieure et apparaissent comme des *hors-d'œuvre* * : leur sens philosophique est que grâce à elles l'État acquiert un sens conforme à la Logique : 1° comme réalité abstraite ou substantialité, 2° comme passage du rapport de la substantialité au rapport de la nécessité (ou rapport de la réalité substantielle) et 3° comme Concept ou Subjectivité en tant que vérité de la réalité substantielle.

Ces déterminations concrètes apparaissent comme inessentielles parce que si nous passons à une autre sphère, par exemple : la Physique, elles peuvent être échangées contre d'autres déterminations concrètes. En fait, nous nous trouvons en présence [non d'une philosophie du Droit, mais] d'un chapitre de la *Science de la Logique.*

La substance doit "se répartir dans les sphères qui correspondent aux différents aspects du concept, aspects qui, en vertu de cette substantialité, sont autant des déterminations

* Les mots et expressions en italiques suivis d'un astérisque sont en français dans le texte (N.d.T.)

fermes et réelles". Cette proposition signifie que l'essence de la chose relève de la Logique, qu'elle est constituée et achevée *avant* la philosophie du Droit. C'est par parenthèse qu'on nous dit ici que ces "différents aspects du concept" sont des branches différentes de "l'activité de l'État" et que ces "déterminations fermes" sont les "pouvoirs de l'État" : seule cette parenthèse relève de la philosophie du Droit, appartient à l'empirie politique. Ainsi toute la philosophie du Droit n'est qu'une parenthèse par rapport à la Logique. La parenthèse, cela va de soi, n'est qu'un *hors-d'œuvre* * par rapport au développement proprement dit. Voir, par exemple, l'Addition au § 270 :

"La nécessité consiste en ce que le tout se divise selon les différences du Concept et que ce tout divisé (*dirimierte*) présente un caractère (*Bestimmtheit*) ferme et durable, qui n'est pas figé (*totfest*) mais se reproduit perpétuellement à travers sa propre dissolution."

Voir également la *Logique*.

[Passons au § 271 :]

"La Constitution politique est *en premier lieu* l'organisation de l'État et le processus de sa vie organique *par rapport à lui-même* – processus dans lequel il différencie ses propres éléments constitutifs (*Momente*) à l'intérieur de lui-même et leur confère une existence stable.

"*En second lieu*, l'État est une individualité unique et *exclusive* et c'est en tant que tel qu'il se comporte envers les *autres* (États qui sont eux aussi des) individualités (uniques et exclusives). Il tourne donc *vers l'extérieur* son activité différenciatrice (*Unterscheidung*) et, conformément à cette détermination, pose dans leur idéalité les fonctions différenciées qui existent dans son sein."

Addition. "L'État intérieur comme tel est le *pouvoir civil* ; l'État tourné vers l'extérieur est le pouvoir militaire qui ne forme cependant qu'un aspect déterminé de l'État."

[*Marx n'a pas commenté ce paragraphe.*]

La Constitution.

[Passons au § 272 :]

"La Constitution est rationnelle dans la mesure où l'État définit et répartit son activité *selon la nature du Concept*, à savoir : de telle sorte que chacun de ces pouvoirs soit en lui-même la *totalité* (de l'État) – ce qui signifie, d'une part, que chaque pouvoir contient en lui la présence active des autres éléments constitutifs de l'État (*die anderen Momente in sich wirksam hat un enthält*) ; d'autre part, que ceux-ci, du fait qu'ils expriment la différenciation du Concept, se maintiennent tous dans son idéalité et ne constituent donc qu'un tout *individuel unique*."

Ainsi donc la Constitution est rationnelle dans la mesure où les éléments constitutifs de l'État peuvent être ramenés aux éléments abstraits de la *Logique*. La tâche de l'État n'est pas de définir et de répartir son activité selon sa nature spécifique, mais selon la nature du Concept, lequel Concept n'est que la force motrice mystifiée de la pensée abstraite. La rationalité de la Constitution n'est pas le concept de l'État, mais la Logique abstraite. Au lieu du concept de la Constitution, nous avons la constitution du Concept. La pensée ne se règle pas sur la nature de l'État, c'est l'État qui se règle sur une pensée préexistante [11].

§ 273. "L'État politique se divise donc (comment cela ?) dans les différences substantielles suivantes :

"a) le pouvoir de définir et d'établir l'universel : c'est le pouvoir *législatif* ;

"b) le pouvoir de subsumer les sphères particulières et les cas individuels sous l'universel : c'est le pouvoir *exécutif* ;

"c) le pouvoir de la *subjectivité* en tant que décision suprême de la volonté : c'est le pouvoir *monarchique*. En lui les pouvoirs séparés sont réunis en une unité individuelle qui est le sommet et le commencement du tout que forme la *monarchie constitutionnelle*."

Nous reparlerons de cette division [12], après en avoir examiné l'application dans le détail [13].

§ 274. "L'Esprit n'est *réellement* que ce qu'il sait être et l'État, en tant qu'esprit d'un peuple, est une loi qui imprègne toutes les conditions de ce peuple, les mœurs et la conscience des individus qui le composent. Pour ces deux raisons, la Constitution d'un peuple déterminé dépend en général du degré de développement de la conscience de soi de ce peuple. C'est dans cette conscience de soi que réside la liberté subjective du peuple et, par conséquent, la réalité de la Constitution [...]. Chaque peuple a donc la Constitution qui lui convient et qui lui est adaptée."

Le seul enseignement qu'on puisse tirer du raisonnement hégélien est qu'un État dans lequel le "degré de développement de la conscience de soi du peuple" et la Constitution se contredisent n'est pas un véritable État. C'est évidemment une banalité que de dire que la Constitution produite par une conscience passée [et dépassée] peut devenir une entrave gênante pour une conscience plus avancée, etc. La seule conclusion qu'on devrait en tirer c'est de réclamer une Constitution dont le principe déterminant serait de progresser au même pas que la conscience : de progresser donc en même temps que l'homme réel, ce qui n'est possible que si l'Homme devient le principe de la Constitution. Ici Hegel est *sophiste*.

I. LE POUVOIR ROYAL
[*Philosophie du Droit*, §§ 275-286]

§ 275. “Le pouvoir du monarque contient en lui-même les trois moments de la totalité (cf. § 272) : a) l’universalité de la Constitution et des lois, b) la délibération comme rapport du particulier à l’universel et c) le moment de la décision suprême : c’est le moment de l’autodétermination où tout le reste se résume, et commence à devenir une réalité. Cet acte d’autodétermination absolue constitue le principe distinctif du pouvoir du monarque.”

DE PRIME abord, le début de ce paragraphe ne signifie que ceci : “l’universalité de la Constitution et des lois” est le pouvoir du monarque. La délibération ou le rapport du particulier à l’universel est [également] le pouvoir du monarque. Et puisque par pouvoir du monarque on entend celui du monarque constitutionnel, on doit conclure que le pouvoir du monarque n’est pas situé en dehors de l’universalité de la Constitution et des lois.

Or, ce que Hegel veut dire en réalité, c’est simplement que “l’universalité de la Constitution et des lois” est le pouvoir du monarque, la souveraineté de l’État. C’est un tort alors de transformer le pouvoir du monarque en un *sujet* car, du moment que par pouvoir du monarque on peut également entendre le pouvoir du monarque en tant que tel, on peut créer l’illusion que celui-ci est le maître, le sujet de cet élément. Mais voyons d’abord ce que Hegel considère comme le “principe distinctif du pouvoir du monarque”. Nous constatons que c’est “le moment de la décision suprême, de l’autodétermination où tout le reste se résume et commence à devenir une réalité” ; qu’il s’agit même d’un “acte d’autodétermination absolue”.

Hegel dit tout simplement ici que la volonté réelle, c’est-à-dire *individuelle* est le pouvoir du monarque. C’est ainsi que le § 12 nous dit que “ce n’est qu’en se donnant la forme de l’individualité (*Einzelheit*) que la volonté est déterminante, et ce n’est que parce qu’elle est déterminante qu’elle est volonté réelle”.

Dans la mesure où ce moment de la “décision suprême” et de “l’autodétermination absolue” est séparé de “l’universalité” du contenu (de la Constitution et des lois) et de la particularité de la délibération, la volonté réelle n'est que l'*arbitraire* (*Willkür*). Autrement dit, l'arbitraire est le pouvoir du monarque ou le pouvoir du monarque c'est l'arbitraire.

§ 276. "Le caractère fondamental de l'État politique est l'unité substantielle, l'idéalité, de ses éléments constitutifs (*Momente*). En cette unité ou idéalité [deux conditions sont remplies :] tout d'abord : a) les différents pouvoirs et les différentes fonctions sont à la fois dissous et maintenus et ils ne sont maintenus que pour autant que leur légitimité – ou autorité (*Berechtigung*) – n'est pas indépendante, mais est déterminée par l'idée de l'ensemble. Car c'est de la puissance de l'ensemble qu'ils tirent leur origine : ils n'existent qu'en tant que membres flexibles (*flüssig*) de cet ensemble et celui-ci apparaît comme leur âme unique (*einfache Selbst*)."

Hegel ajoute [Addition au § 276] : "L'idéalité des éléments constitutifs (*Momente*) de l'État politique est comme la vie dans les corps organiques."

Entendons-nous bien : Hegel ne parle que de l'*idée* des pouvoirs particuliers et des fonctions particulières de l'État. Ils ne doivent recevoir une autorité que pour autant qu'ils sont "déterminés par l'idée de l'ensemble" ; ils doivent dériver de la "puissance de l'ensemble". Qu'il *doit* en être ainsi, cela est impliqué dans l'idée de l'*organisme*. Mais il eût fallu exposer la façon de réaliser ce devoir-être. Car, dans l'État, c'est la raison *consciente* qui devrait régner ; la nécessité *substantielle*, purement intérieure et par suite purement extérieure, la configuration [actuelle et purement] fortuite des pouvoirs et des fonctions de l'État ne saurait être présentée comme conforme à la raison.

[Passons à la deuxième condition :]

§ 277. "(b) Les différentes fonctions et activités de l'État *lui* sont *propres* comme des moments essentiels et ne sont pas attribuées aux individus qui les exercent en vertu de leur personnalité immédiate, mais seulement selon leurs qualités universelles et objectives, et ont donc un lien purement extérieur et fortuit avec la personnalité particulière en tant que telle. Il s'ensuit que les fonctions et les activités de l'État ne peuvent jamais se transformer en *propriété privée*."

Il va de soi que lorsque certaines fonctions et activités sont désignées comme fonctions et activités de l'État, comme *affaires publiques et comme pouvoirs publics*, elles ne peuvent être que propriété d'État et non propriété privée. C'est une tautologie.

Les fonctions et les activités de l'État sont attachées à des individus (l'État n'est actif que par l'intermédiaire des individus), non pas à l'individu *physique*, mais à l'individu en tant que relevant de l'État (*Staatsindividuum*), pris dans sa qualité de *membre de l'État*. Il est donc ridicule que Hegel dise qu'"elles ont un lien purement extérieur et fortuit avec la personnalité particulière comme telle". Elles y sont liées plutôt par un *vinculum susbtantiale* (lien substantiel), par une qualité essentielle de l'individu. Cette absurdité vient de ce que Hegel considère les fonctions et les activités de l'État d'une manière abstraite comme si elles constituaient un domaine indépendant (*für sich*) et opposé à l'individualité ; mais il oublie que l'individualité particulière est une individualité humaine et que les fonctions et les activités de l'État sont des affaires humaines ; il oublie que l'essence de la "personnalité particulière" n'est pas sa barbe, son sang, sa nature physique abstraite, mais sa *qualité sociale*, et que les fonctions et les activités de l'État ne sont rien d'autre que des modes d'existence et d'activité des qualités sociales des hommes. En ce sens, il va de soi que les individus en tant que représentants des fonctions publiques et des pouvoirs publics doivent être considérés d'après leur qualité sociale et non d'après leur qualité particulière.

§ 278. "Ces deux conditions [(a) et (b)] constituent la souveraineté de l'État. Autrement dit, pour qu'il y ait souveraineté il faut que les différents pouvoirs publics non seulement se voient dans l'impossibilité d'acquérir une existence fixe et indépendante pour leur propre compte et pour le compte des individus qui les incarnent, mais aussi qu'ils prennent racine dans l'unité de l'État et qu'ils la voient comme leur âme unique (*einfache Selbst*). [...] L'*idéalisme* qui constitue la souveraineté relève du même principe qui, dans le règne animal, fait que ce qu'on appelle les parties d'un organisme soient non pas des parties, mais des membres ou des moments d'un tout organique (*organische Momente*) [...]. Le fait que la souveraineté est l'idéalité de tout ce qui possède une certaine autorité (*Berechtigung*) particulière a donné lieu à une conception erronée et fort répandue d'après laquelle cette idéalité ne serait que force brutale et arbitraire vide. On en vint ainsi à confondre la souveraineté avec le despotisme. Or, le despotisme désigne un État caractérisé par l'absence de lois où la volonté particulière en tant que telle, que ce soit celle d'un monarque ou celle d'un peuple [*ochlocratie*], vaut comme la loi ou plutôt se substitue à la loi. Au contraire, dans un État constitutionnel légal, la souveraineté fait ressortir (*ausmacht*) ce qu'il y a d'idéal [*das Moment der Idealität*] dans les sphères et les activités particulières, à savoir le fait que ces sphères ne constituent pas un domaine indépendant, autonome dans ses fins et ses modes d'action, où l'on ne fait que s'occuper uniquement de soi-même (*sich nur in sich Vertiefendes*), mais qu'au contraire ces sphères particulières sont déterminées dans leurs fins et leurs modes d'action par la fin de l'ensemble dont elles dépendent.

"Cette idéalité se manifeste de deux manières :

"1° Dans l'état de paix où ces sphères et ses activités particulières ne tendent qu'à satisfaire leurs fins particulières, l'idéalité se manifeste d'une part dans et par l'inconsciente nécessité objective qui fait de l'égoïsme privé un moyen de la survie de tous et du maintien de l'ensemble (*cf.* § 183), d'autre part, dans et par l'intervention directe du pouvoir qui leur rappelle continuellement l'intérêt général, soit en limitant leur action, soit en les obligeant à œuvrer au service de l'ensemble (*cf.* § 289).

"2° Dans l'état de détresse, qu'il soit d'origine interne ou externe, cette idéalité se manifeste dans et par le simple concept de la souveraineté où se concentre l'organisme social qui à l'état de paix apparaît dispersé dans les sphères et les activités particulières. Alors le salut de l'État est confié au souverain lequel peut exiger le sacrifice des fins particulières (*Besonderheiten*) qui, en temps de paix, sont pleinement légitimes. C'est donc là que l'idéalisme de la souveraineté acquiert la réalité qui lui est propre [14]."

Cet idéalisme n'est pas exprimé comme un système rationnel et connaissable. À l'état de *paix*, il apparaît ou bien comme une simple contrainte extérieure (celle que le pouvoir fait subir à la vie privée par intervention directe), ou bien comme un résultat aveugle et inconscient de l'égoïsme. Sa "réalité propre", cet idéalisme ne l'acquiert qu'en cas de *guerre* ou de *détresse*, en sorte que l'essence de cet idéalisme s'exprime ici comme état de guerre ou de détresse de l'État réellement existant, tandis que l'état de *paix* est justement la guerre et la détresse de l'égoïsme.

La *souveraineté*, l'idéalisme de l'État, existe donc uniquement comme nécessité *intérieure*, comme Idée. Hegel se contente également de cela, car il ne s'agit que de l'*Idée*. La souveraineté n'existe donc d'une part qu'en tant que *substance aveugle et inconsciente*. Nous allons voir tout de suite son autre réalité.

§ 279. "La souveraineté, qui n'est d'abord que la seule pensée générale de cette idéalité, devient une réalité concrète (*existiert*) seulement comme une subjectivité certaine d'elle-même, et aussi comme autodétermination abstraite et par conséquent, sans motif (*grundlos*) de la volonté dont dépend la décision suprême. C'est là ce qui fait l'individualité de l'État comme sujet, de même que la personnalité n'est vraie que comme personne, et dans une Constitution qui a atteint le stade de la rationalité réelle, chacun des trois moments du Concept constitue une réalité (*Gestaltung*) séparée et autonome (*für sich*). Par conséquent, l'élément qui, dans le tout [de l'État] se présente comme l'élément absolument décisif n'est pas l'individualité en général, mais un certain individu : le *monarque*."

1. "La souveraineté, qui n'est d'abord que la seule pensée générale de cette idéalité, devient une réalité concrète seulement comme une subjectivité certaine d'elle-même [...]. Mais la subjectivité n'est vraie que comme sujet, de même que la personnalité n'est vraie que comme personne, et dans une Constitution qui a atteint le stade de la rationalité réelle, chacun des trois moments du Concept constitue une réalité [*Gestaltung*] séparée et autonome (*für sich*).

2. "La souveraineté devient une réalité concrète (*existiert*) seulement comme [...] autodétermination abstraite et, par conséquent, sans motif (*grundlos*), de la volonté dont dépend la décision suprême. C'est là ce qui fait l'individualité de l'État comme tel et constitue son *unicité*. Mais la subjectivité n'est vraie que comme sujet, de même que la personnalité n'est vraie que comme personne, et dans une Constitution qui a atteint le stade de la rationalité réelle, chacun des trois moments du Concept constitue une réalité (*Gestaltung*) séparée et autonome (*für sich*). Par conséquent, l'élément qui, dans le tout [de l'État], se présente comme l'élément absolument décisif n'est

pas l'individualité en général, mais
un certain individu : le *monarque.*"

La première proposition signifie tout simplement que la pensée générale de cette idéalité (dont nous avons vu la triste réalité) devrait être l'œuvre consciente des sujets (des citoyens) et, à ce titre, une réalité concrète en eux et pour eux.

Si Hegel avait pris comme point de départ les sujets réels considérés comme la base de l'État, il n'aurait pas besoin de subjectiver l'État de cette manière mystique et mystifiante. "La subjectivité, dit-il, n'est vraie que comme sujet de même que la personnalité n'est vraie que comme personne." C'est encore une autre mystification. La subjectivité est une détermination du sujet, la personnalité une détermination de la personne. Au lieu de les concevoir simplement comme des prédicats de leurs sujets, Hegel commence par conférer aux prédicats une existence indépendante et finit par les transformer de façon mystique en leurs sujets.

La réalité (*Existenz*) des prédicats est le sujet : donc le sujet est la réalité de la subjectivité, etc. Hegel autonomise les prédicats, les objets (*Objekte*), mais il les autonomise en les séparant de leur sujet, de leur véritable autonomie. Le sujet réel apparaît ensuite comme leur résultat, tandis qu'il faut partir du sujet réel et étudier son objectivation [15]. Chez Hegel, au contraire, la substance mystique devient le sujet réel, et le sujet réel apparaît comme quelque chose d'autre, comme un moment de la substance mystique. Au lieu de partir de l'être réel (ὑποχείμενον, sujet), Hegel part des prédicats de la détermination générale et, comme il faut pourtant un support (*Träger*) à cette détermination, l'Idée mystique devient ce support. Le dualisme consiste en ce que Hegel ne considère pas l'Universel comme l'essence réelle de la réalité finie (*das Wirklich-Endliche*), c'est-à-dire de la réalité existante (*das Existierende*), déterminée. Autrement dit, il ne considère pas l'être comme le *vrai sujet* de l'infini.

Ainsi la souveraineté, l'essence de l'État, est ici considérée tout d'abord comme un être indépendant, elle est transformée en objet (*vergegenständlicht*). Ensuite, cela va de soi, cet élément objectif doit redevenir sujet. Mais alors le sujet apparaît comme une auto-incarnation de la souveraineté, alors que celle-ci n'est rien d'autre que l'esprit objectivé des sujets de l'État (des citoyens).

Ce défaut fondamental du raisonnement mis à part, considérons cette première proposition du § 279. Telle qu'elle est, elle signifie tout simplement : la souveraineté, l'idéalisme de l'État en tant que personne, en tant que sujet, devient une réalité concrète dans la mesure où elle s'incarne dans une *multitude* de personnes et de sujets, car, cela va de soi, aucune personne, aucun sujet ne peut représenter exclusivement la sphère tout entière de la personnalité et de la subjectivité. Drôle d'"idéalisme" que celui qui, au lieu d'être la réelle conscience de soi des citoyens et l'âme commune de l'État, n'est incarné que dans *une seule* personne, *un seul* sujet. On comprend que Hegel n'ait pas insisté davantage sur cette phrase. Mais passons maintenant à la proposition n° 2 qui lui fait suite. Il s'agit maintenant pour Hegel de présenter le monarque comme le véritable "Homme-Dieu", comme la véritable *incarnation de l'Idée* :

> "La souveraineté [...] devient une réalité concrète [...] seulement [...] comme *autodétermination* abstraite et, par conséquent, sans motif de la volonté dont dépend la décision suprême. C'est ce qui fait l'*individualité* de l'État comme tel et constitue son *unicité.* [...] Dans une Constitution qui a atteint le stade de la rationalité réelle, chacun des trois moments du Concept constitue une *réalité* séparée et *autonome. Par conséquent,* l'élément du tout qui se présente comme l'élément absolument décisif n'est pas l'individualité en général, mais un certain individu : le *monarque.*"

Nous avons déjà attiré l'attention sur cette phrase : le moment de la décision, de la décision arbitraire parce que déterminée, c'est le *pouvoir royal de la volonté* en général. L'idée du pouvoir royal, telle que Hegel la développe, n'est que l'idée de l'*arbitraire*, l'idée de la *décision* volontaire.

Mais tandis qu'antérieurement Hegel concevait la souveraineté comme l'idéalisme de l'État, comme la détermination réelle des parties par l'idée du tout, il la réduit maintenant à "l'autodétermination abstraite et sans motif de la volonté dont dépend la décision suprême" ; et il ajoute : "C'est là ce qui fait l'individualité de l'État comme tel." Tout à l'heure il était question de la subjectivité ; maintenant il est question de l'individualité. L'État en tant que souverain doit être *un*, un individu, une individualité ! Mais *ce n'est pas seulement* par cette individualité que l'État est un ; l'individualité n'est que l'élément *naturel* de son unité ; elle n'est que la *détermination naturelle* de l'État. "Cet élément absolument décisif [...], dit Hegel, n'est donc pas l'individualité en général, mais un certain individu : le monarque." Pourquoi ? Parce, que "dans une Constitution qui a atteint le stade de la rationalité réelle, chacun des trois moments du Concept constitue une réalité séparée et autonome". Un moment du Concept, c'est l'*individualité*, mais cela n'est pas encore *un individu.* Drôle de Constitution que celle où l'universalité, la particularité et l'individualité constitueraient chacune une "réalité séparée et autonome" ! Comme il ne s'agit pas ici d'une abstraction quelconque, mais bel et bien de l'État et de la société, adoptons tout de même la classification hégélienne. Qu'en suit-il ? Le citoyen, en tant qu'il détermine l'universel, est législateur ; en tant qu'il décide et veut réellement telle ou telle chose, il est roi. "L'individualité" de la volonté de l'État, doit-on la comprendre comme "un individu", un individu particulier, différent de tous les autres ? L'universalité – la législation – constitue elle aussi une "réalité séparée et autonome". Pourrait-on conclure de là : "La législation, ce sont ces individus particuliers" ?

L'homme ordinaire.	*Hegel.*
2° Le monarque a le pouvoir souverain, la souveraineté.	2° La souveraineté de l'État, c'est *le* monarque.
3° Le souverain fait ce qu'il veut.	3° La souveraineté est "l'autodétermination abstraite" et donc sans motif de la volonté dont dépend la décision suprême.

Tous les attributs du monarque constitutionnel dans l'Europe contemporaine, Hegel les transforme en autodéterminations absolues *de la volonté.* Il ne dit pas : la volonté du monarque est la décision suprême, mais : la décision suprême de la volonté est le monarque. La première proposition est un fait empirique, la seconde transfigure le fait empirique en un axiome métaphysique.

Hegel confond les deux sujets : la souveraineté comme "subjectivité certaine d'elle-même" *et* la souveraineté comme "autodétermination sans motif de la volonté" en tant que volonté individuelle, et il les confond pour pouvoir présenter "l'Idée" comme "*Un* individu".

Il va de soi que cette subjectivité certaine d'elle-même doit aussi vouloir *réellement,* c'est-à-dire vouloir en tant qu'unité, en tant qu'individu. Personne n'a jamais mis en doute que l'État agit par l'intermédiaire des individus. Si Hegel voulait montrer que l'État doit avoir *un* individu comme représentant de son unité individuelle, il n'a pas montré pourquoi cet individu est le *monarque.* Comme seul résultat positif de ce paragraphe nous ne retenons que ceci :

Le *monarque* est dans l'État l'élément de la *volonté individuelle,* de l'autodétermination sans motif, de l'arbitraire.

La Remarque au § 279 est tellement curieuse qu'il nous faut y insister quelque peu.

"Le développement immanent d'une science c'est la *déduction* [ou dérivation : *Ableitung*] *du contenu tout entier de cette science* à partir du simple *concept,* et présente ceci de particulier qu'il s'agit toujours d'un seul et même concept. Au début – et précisément parce que c'est le début – ce concept est abstrait et s'il reste le même [au cours du développement], c'est en s'enrichissant des déterminations qu'il produit par sa propre activité : c'est de cette manière qu'il se donne un contenu concret. Ici [dans la philosophie du Droit] ce concept est celui de la volonté. Aussi l'élément fondamental de la personnalité est apparu tout d'abord, dans le Droit immédiat, comme une personnalité abstraite ; puis elle s'est développée à travers les diverses formes de la subjectivité, et maintenant – dans le Droit absolu, dans l'État qui est l'objectivation pleinement concrète de la volonté – elle se présente comme la *personnalité de l'État* et comme sa *certitude de soi-même.* Dans ce résultat final toutes les particularités sont dépassées dans la simplicité du Moi (*Selbst*) qui met fin au balancement des arguments pour ou contre, entre lesquels on peut toujours rester indécis, et qui les termine par le *Je veux* par lequel commence toute action et toute réalité."

Tout d'abord, ce n'est pas une "particularité" de la science que le concept fondamental de la chose se retrouve à tous les niveaux.

Ensuite, il n'y a eu aucune progression. La personnalité abstraite était le sujet du Droit abstrait ; or, elle n'a pas changé ; elle est de nouveau, comme *personnalité abstraite*, la *personnalité de l'État*. Hegel n'aurait pas dû s'étonner de constater que la *personne réelle* – ce sont des personnes qui *font* l'État – se retrouve partout comme l'*être* même de l'État. C'est le contraire qui aurait dû l'étonner et surtout le fait que la personne qui se manifeste maintenant comme la personne de l'État (*Staatsperson*) se trouve dans la même misérable abstraction que la personne du Droit privé !

Hegel définit le monarque comme "la personnalité de l'État, sa certitude de soi". Le monarque est la "souveraineté personnifiée", la souveraineté incarnée, la conscience de l'État faite chair, ce qui implique que tous les autres sont exclus et de la souveraineté et de la personnalité et de la conscience de l'État. Mais, en même temps, Hegel ne sait donner à cette "Souveraineté personnifiée" qu'un seul contenu : le *Je veux*, l'élément arbitraire de la volonté ! La "raison" étatique, la "conscience" étatique est réduite à une personne empirique "unique" à l'exclusion de tous les autres, mais cette "Raison" personnifiée n'a d'autre contenu que l'abstraction du *Je veux*. *L'État c'est moi* *.

[Hegel ajoute :]

"La personnalité, la subjectivité en général, comme rapport infini à soi-même, ne devient vraie – et cette vérité est tout d'abord immédiate, élémentaire – que comme une personne, comme un sujet existant pour soi, et cet être pour soi est tout simplement *individuel*."

Il va de soi que la personnalité et la subjectivité ne sont que des prédicats de la personne et du sujet, n'existent donc que comme personne et comme sujet, et la personne est *individu*. Mais, devait ajouter Hegel, l'*individu* n'a de vérité qu'en tant que *multitude d'individus.* Le prédicat, l'être n'épuise jamais les sphères de sa réalité dans un *seul* individu, mais dans *beaucoup d'individus.*

Au lieu de cela Hegel conclut (§ 279) :

"La personnalité de l'État n'est réelle que comme une personne : le monarque."

Parce que la subjectivité n'est réelle que comme sujet, que tout sujet n'est réel que comme individu, la personnalité de l'État n'est réelle qu'en étant une personne. Belle conclusion ! Hegel pourrait conclure tout aussi bien : parce que l'homme individuel est une unité, le genre humain n'est qu'un seul homme.

[Hegel ajoute :]

"La personnalité exprime le Concept comme tel. La personne contient en même temps sa réalité. Or, le Concept n'est Idée et Vérité que grâce à ce caractère de réalité."

La *personnalité* sans la personne n'est qu'une abstraction, mais la personne est l'*idée réelle* de la personnalité dans son existence générique en tant que *les personnes.*

[Hegel ajoute :]

"Une personne dite morale, que ce soit une société, une commune ou une famille, si concrète qu'elle soit en soi, ne possède une personnalité que d'une manière abstraite, comme un des éléments qui la constituent : la personnalité n'y a pas atteint sa vraie existence. En revanche, l'État est justement la totalité dans laquelle les éléments du Concept atteignent la réalité selon leur vérité propre."

Une grande confusion règne dans cette phrase. La personne dite morale (la société, etc.) est appelée abstraite, tandis qu'en réalité ces personnes dites morales sont des configurations de la vie générique dans lesquelles les personnes *réelles* réalisent leur vrai contenu, s'objectivent et se dépouillent de l'abstraction de la *personne quand même* *. Au lieu de reconnaître cette *réalisation* de la personne comme ce qu'il y a de plus concret, Hegel attribue à l'État le privilège d'être le lieu où l'individualité en tant qu'"élément du Concept" atteint une "réalité" mystique. Pour Hegel, le rationnel ne consiste pas dans la réalisation de la raison des personnes réelles, mais dans la réalisation des éléments du Concept abstrait.

[Hegel ajoute :]

> "Le concept de monarque est le concept le plus difficile pour la ratiocination, c'est-à-dire pour le mode de réflexion de l'entendement. Cette manière de penser s'arrête aux déterminations isolées et ne connaît par conséquent que des causes, des points de vue finis, et la *déduction* à partir des causes. C'est ainsi qu'elle représente la dignité du monarque comme quelque chose de dérivé non seulement dans sa forme, mais dans sa nature. Or, bien loin de dériver de quoi que ce soit, le concept de monarque *a* précisément *son origine en lui-même.* Aussi bien, la conception la plus proche de la vérité est celle qui considère le droit du monarque comme fondé sur l'autorité divine (certes !), car cette conception implique le caractère inconditionné de ce droit."

"A précisément son origine en lui-même". Cela s'applique dans un certain sens à toute existence nécessaire ; et, à ce point de vue, aussi bien au monarque qu'aux poux qui peuvent déambuler sur sa tête [*die Laus des Monarchen*]. En disant cela, Hegel n'a rien dit de particulier sur le monarque. Mais s'il entend par là que le monarque doit être traité d'une manière spécifiquement différente de celle dont sont traités tous les autres objets de la science et de la philosophie du Droit, il dit une véritable folie. S'il y a quelque chose de vrai dans cette assertion c'est que la conception de la personne unique-incarnation de l'Idée ne peut dériver que de l'imagination et non certes de la raison.

[Hegel continue :]

> "On peut parler de souveraineté populaire dans ce sens qu'un peuple est indépendant par rapport à l'extérieur et forme un État qui lui est propre."

C'est là une banalité. Si le monarque est la "réelle souveraineté de l'État", il faut qu'également à l'extérieur il puisse être considéré comme un "État indépendant", même sans le peuple. Mais s'il n'est souverain que dans la mesure où il représente l'unité du peuple, il n'est lui-même que le représentant, le symbole de la souveraineté du peuple. La souveraineté du peuple n'existe pas *grâce* à lui ; c'est lui au contraire qui existe grâce à la souveraineté du peuple.

"On peut dire aussi qu'en ce qui concerne les affaires intérieures la souveraineté réside dans le peuple, mais à condition qu'on parle en général de l'*ensemble* (de l'État) et qu'on ne dise que ce qui a été dit aux §§ 277, 278, à savoir que la souveraineté revient à l'*État.*"

Comme si le peuple n'était pas l'État réel ! L'État est un abstrait. Le peuple seul est concret. Il est remarquable que Hegel n'attribue au concret une qualité vivante comme celle de la souveraineté qu'après force hésitations et réticences, alors qu'il le fait sans hésitation pour l'abstrait.

"Mais, ces derniers temps, on s'est mis à parler de la souveraineté populaire dans un autre sens qui est devenu habituel. On oppose la souveraineté populaire à la souveraineté du monarque. Or, la souveraineté populaire prise en opposition à la souveraineté qui existe dans le monarque est une de ces idées confuses qui se fondent sur l'image fruste et grossière (*wüste Vorstellung*) qu'on se fait du peuple."

Les "idées confuses" et l'"image grossière" ne se trouvent que chez Hegel. Certes si la souveraineté *existe* dans le monarque, c'est une absurdité que de parler d'une souveraineté opposée existant dans le peuple ; car le concept de souveraineté implique qu'elle ne peut avoir d'existence double, voire contradictoire ou opposée. Mais :

1° La question se pose de savoir si la souveraineté détenue par le monarque n'est pas une illusion. Souveraineté du monarque ou souveraineté du peuple : voilà la question.

2° On peut parler aussi d'une souveraineté du peuple *opposée à la souveraineté qui existe dans le monarque.* Mais il ne s'agit pas alors d'une seule et même souveraineté comportant deux aspects différents ; il s'agit de deux conceptions absolument opposées de la souveraineté dont l'une ne peut se réaliser que dans un *monarque* et l'autre dans le *peuple.* Cette question est de même nature que la question : qui est le souverain ? Dieu ou l'homme ? Une des deux questions est non-vraie, bien qu'il soit possible que cette non-vérité soit une réalité.

"Pris sans son monarque et sans l'organisation globale qui en est le complément nécessaire et immédiat, le peuple est une masse amorphe et n'est plus un État. Il lui manque toutes les déterminations – souveraineté, gouvernement, justice, magistrats, assemblées, etc. – qui caractérisent tout ensemble structuré. Dès qu'apparaissent dans un peuple des éléments d'organisation et de vie étatique, le peuple cesse d'être une abstraction indéterminée comme il l'est dans ce que l'opinion générale appelle 'peuple'."

Tout cela n'est qu'une tautologie. Lorsqu'un peuple a un monarque et l'organisation qui "en est le complément nécessaire et immédiat", c'est-à-dire quand il est organisé en monarchie, il devient, quand il sort de cette organisation, une masse amorphe et une affaire d'opinion.

"Si l'on entend par souveraineté du peuple le régime républicain et plus précisément démocratique [...], disons qu'une telle conception est indéfendable étant donné le degré actuel de l'évolution de l'Idée."

C'est exact si l'on a de la démocratie "une telle conception et des idées si peu évoluées".

[*La démocratie*]

La démocratie est la vérité de la monarchie ; la monarchie n'est pas la vérité de la démocratie. La monarchie est nécessairement démocratie en tant qu'inconséquence envers elle-même, mais l'élément monarchique n'est pas une inconséquence dans la démocratie. La monarchie ne peut pas se comprendre par elle-même ; la démocratie le peut. Dans la démocratie, aucun des éléments qui la constituent ne peut acquérir une signification autre que celle qui lui revient. Chacun est réellement un élément de la totalité du *demos.* Dans la monarchie une partie détermine le caractère du tout. La Constitution tout entière doit s'articuler d'après cet unique point fixe. La démocratie est le *genre* de la Constitution. La monarchie en est une espèce, et une mauvaise espèce. La démocratie est à la fois contenu et forme. La monarchie ne doit être que *forme*, mais elle dénature le contenu.

Dans la monarchie, le tout, le peuple, est subordonné à la Constitution politique qui n'est qu'un de ses modes d'existence ; dans la démocratie, la *Constitution elle-même* apparaît simplement comme *une* détermination et plus précisément comme l'autodétermination du peuple. Dans la monarchie nous avons le peuple de la Constitution ; dans la démocratie la Constitution du peuple. La démocratie est l'*énigme* résolue de toutes les constitutions. Ici la Constitution est non seulement *en soi*, en son essence, mais dans son *existence*, dans la réalité, constamment ramenée à son véritable fondement, c'est-à-dire à l'*homme réel* et au *peuple réel*, et se présente comme son *œuvre propre*. La Constitution apparaît comme ce qu'elle est vraiment, à savoir un libre produit de l'homme. On pourrait dire qu'à certains égards cela s'applique également à la monarchie constitutionnelle, mais la différence spécifique de la démocratie est que la *Constitution* en général n'est qu'*un* élément de l'existence du peuple, que ce n'est pas la *Constitution politique* qui détermine l'État comme si elle était une puissance indépendante (*für sich*).

Hegel part de l'État et considère l'homme comme une subjectivation de l'État ; la démocratie part de l'homme et considère l'État comme une objectivation de l'homme. De même que la religion ne crée pas l'homme, mais que l'homme crée la religion, ce n'est pas la Constitution qui crée le peuple, mais c'est le peuple qui crée la Constitution. À un certain point de vue, la relation de la démocratie à toutes les autres formes politiques est la même que la relation du christianisme à toutes les autres religions. Le christianisme est la religion χατ΄ ἐ ζοχήν par excellence ; il présente l'*essence de la religion*, c'est-à-dire l'homme déifié, sous la forme d'une religion *particulière*. De même la démocratie présente l'*essence de toutes les Constitutions*, c'est-à-dire l'homme socialisé [16] (*sozialisierte Mensch*) sous la forme d'une Constitution *particulière*. Par rapport aux autres Constitutions, elle est ce que le genre est à ses espèces ; mais avec cette différence que le genre lui-même apparaît ici comme une espèce *particulière* opposée aux autres espèces dont la réalité ne correspond pas à leur essence. Par rapport à toutes les autres formes d'État, la démocratie est ce que le Nouveau Testament est à l'Ancien. L'homme n'existe pas à cause de la loi, c'est la loi qui existe à cause de l'homme. Dans la démocratie la loi est une affirmation de l'existence humaine tandis que dans tous les autres régimes l'homme est une affirmation de l'*existence* de la loi. Telle est la différence fondamentale de la démocratie.

Toutes les autres structures étatiques sont des *formes* étatiques déterminées, *particulières.* Dans la démocratie le principe *formel* et le principe *matériel* coïncident. Elle est tout d'abord la vraie unité de l'universel et du particulier. Dans la monarchie, par exemple, ou dans la république considérée uniquement comme une forme particulière de l'État, l'homme politique mène une existence particulière à côté de l'homme non politique, de l'homme privé. La propriété, le contrat, le mariage, la société civile apparaissent ici comme des modes d'existence *particuliers* à côté de l'État politique, comme le *contenu* face auquel l'État politique apparaît comme une *forme organisatrice,* alors qu'en réalité il n'est qu'un entendement sans contenu qui détermine, limite, tantôt affirme et tantôt nie ce contenu. (À cet égard, Hegel a exposé d'une manière parfaitement exacte la situation qui caractérise ces formes étatiques *abstraites* ; son erreur a été de *croire* définir l'idée même de l'État.) Dans la démocratie aussi, l'État politique se place à côté de ce contenu et s'en distingue, mais il n'est qu'un contenu *particulier,* en tant que *forme d'existence* particulière du peuple. Dans la monarchie, par exemple, un élément *particulier* : la Constitution politique, signifie l'universel qui, en tant que tel, domine et détermine tous les autres éléments particuliers. Dans la démocratie, l'État en tant qu'élément particulier n'est que *particulier* ; et en tant qu'universel il est l'universel réel, c'est-à-dire il ne présente pas un caractère déterminé (*Bestimmtheit*) distinct de l'autre contenu. Les Français modernes [17] ont interprété cela en disant que dans la vraie démocratie *l'État politique disparaît.* Cela est vrai en ce sens que l'État en tant qu'État politique, en tant que Constitution, cesse d'être pris pour le tout.

Dans tous les États non démocratiques, l'*État,* la *loi,* la *Constitution* dominent sans dominer réellement, c'est-à-dire sans imprégner matériellement le contenu des autres sphères non-politiques. Dans la démocratie la Constitution, la Loi, l'État lui-même ne sont qu'une autodétermination du peuple, un contenu déterminé que le peuple se donne pour autant qu'il est Constitution politique.

Il est évident par ailleurs que la démocratie est la vérité de toutes les formes d'État ; il s'ensuit que tous les États non démocratiques ne sont pas vrais.

Dans les États de l'Antiquité, l'État politique forme le contenu de l'État en excluant toutes les autres sphères ; l'État moderne est un compromis entre l'État politique et l'État non politique.

Dans la démocratie l'État *abstrait* a cessé d'être l'élément dominant. Le conflit entre la monarchie et la république est encore un conflit à l'intérieur de l'État abstrait. La république *politique* est la démocratie à l'intérieur de l'État abstrait. La forme étatique abstraite de la démocratie est donc la république ; mais elle cesse ici d'être la *Constitution purement politique*.

La propriété, etc. (le contrat, le mariage, la société civile, etc.), bref tout le contenu du droit et de l'État est à quelques nuances près le même dans l'Amérique du Nord et en Prusse. Là-bas la République est donc une simple *forme* d'État comme la monarchie ici. Le contenu de l'État se trouve à l'extérieur de ces Constitutions. Hegel a donc raison de dire : l'État politique est la Constitution. Cela veut dire que l'État matériel n'est pas politique. Il y a ici une identité extérieure, une détermination réciproque. Ce qu'il y avait de plus difficile, c'était de tirer des divers éléments de la vie populaire l'État politique, la Constitution. En fait, la Constitution s'est développée comme la Raison universelle vis-à-vis [de la particularité] des autres sphères et comme quelque chose qui les transcende (*ein Jenseitiges*). La tâche historique consista ensuite à [dépasser ce dualisme, à] revendiquer cette Raison transcendante, mais les sphères particulières n'ont pas pris conscience du fait que leur essence privée coïncide avec l'essence transcendante (*jenseitiges Wesen*) de la Constitution et de l'État politique et que la transcendance de ce dernier ne fait que confirmer [et perpétuer] leur propre aliénation. La Constitution politique fut jusqu'ici la *sphère religieuse*, la religion de la vie populaire, le ciel de son universalité à l'opposé de l'existence *terrestre* de sa réalité. La sphère politique était la seule sphère dans l'État où aussi bien la forme que le contenu relevaient de la vie générique et constituaient une véritable universalité, mais, étant donné que cette sphère s'oppose aux autres, son contenu devenait formel et particulier. La vie politique au sens moderne du terme est la *scolastique* de la vie populaire. La monarchie est l'expression achevée de cette aliénation. La république en est la négation à l'intérieur de sa propre sphère. Il va de soi que la Constitution politique comme telle ne s'est développée que là où les sphères privées ont acquis une existence indépendante. Là où le commerce et la propriété foncière ne sont pas libres et ne sont pas autonomisés, la Constitution politique ne parvient pas à constituer une réalité indépendante. *Le Moyen Âge était la démocratie de la non-liberté.*

L'abstraction de l'*État en tant que tel* n'appartient qu'aux Temps modernes parce que l'abstraction de la vie privée n'apparaît qu'avec les Temps modernes. L'abstraction de l'*État politique* est un produit de la modernité.

Au Moyen Âge, il y avait des serfs, des biens féodaux, des corporations de métiers, des corporations de savants, etc. Autrement dit, la propriété, le commerce, la société, l'homme étaient *politiques* ; le contenu matériel de l'État était posé par sa forme ; chaque sphère privée avait un caractère politique et la politique avait un caractère privé. Au Moyen Âge, la Constitution politique est la Constitution de la propriété privée en ce sens que la Constitution de la propriété privée est Constitution politique. Au Moyen Âge, la vie populaire et la vie étatique sont identiques. Le véritable principe de l'État est l'homme – mais l'homme non libre. C'est donc la *démocratie de la non-liberté*, l'aliénation achevée. L'opposition abstraite et réfléchie appartient au monde moderne. Le Moyen Âge est le dualisme *réel*, la Modernité le dualisme *abstrait*.

[Revenons au § 279 :]

"Au niveau mentionné ci-dessus [dans les cités antiques] où la classification des Constitutions en démocraties, aristocraties et monarchies a été faite, le point de vue qui prévaut est celui de l'unité substantielle stable (*in sich bleibend*) qui n'a pas encore atteint sa différenciation et son approfondissement infinis. Aussi l'élément de la décision suprême et souveraine de la volonté ne se manifeste pas comme un élément organique *immanent* à l'État et ne possède pas la réalité qui lui est propre."

Dans les régimes monarchiques, démocratiques ou aristocratiques directs, il n'y a pas encore une Constitution politique distincte de l'État matériel, réel, distincte du reste du contenu de la vie populaire. L'État politique n'apparaît pas encore comme la *forme* de l'État matériel [18]. Ou bien, comme en Grèce, la *res publica* est la véritable affaire privée, le contenu réel des citoyens, et l'homme privé est esclave [19] : l'État politique comme tel est le seul véritable contenu de la vie et de la volonté des citoyens. Ou bien, comme dans le despotisme asiatique, l'État politique n'est que l'arbitraire privé d'un seul individu ; autrement dit, aussi bien l'État politique que l'État matériel sont esclaves. Ce qui fait la différence entre l'État moderne et ces États de l'unité substantielle de l'État et du peuple, ce n'est pas que les différents éléments de la Constitution ont acquis une réalité particulière, comme Hegel le veut, mais que la Constitution est devenue une réalité *particulière* à côté de la vie réelle du peuple et que l'État politique est devenu la *Constitution* du reste de l'État.

[*Le monarque*]

[Passons au § 280 :] "Le Moi suprême où s'incarne la volonté de l'État est dans son abstraction un simple Moi et par conséquent une singularité *immédiate* ; son concept même implique le caractère de la *naturalité* ; aussi le monarque est-il essentiellement un individu *donné* (*dieses Individuum*), abstraction faite de tout autre contenu ; et cet individu est destiné à la dignité monarchique d'une manière immédiatement naturelle, par la *naissance.*"

Nous savons déjà que la subjectivité est sujet et que le sujet est nécessairement un individu empirique, *unique*. Nous apprenons maintenant que le concept de la singularité immédiate implique le caractère de la *naturalité*, de la corporéité. Hegel n'a démontré que des évidences, à savoir que la subjectivité n'*existe* que comme individu *en chair et en os* ; or il va de soi qu'un tel individu se caractérise aussi par le fait qu'il est né.

Hegel croit avoir démontré que la subjectivité de l'État, la souveraineté, le monarque est "essentiellement" un individu "*donné*, abstraction faite de tout autre contenu ; et cet individu est destiné à la dignité monarchique d'une manière immédiatement naturelle, par la *naissance*". La souveraineté, la dignité monarchique, se définirait donc par la naissance. Le *corps* du monarque déterminerait sa dignité. Au plus haut sommet de l'État, ce n'est donc pas la raison mais la seule nature qui serait l'élément décisif. La naissance déterminerait la qualité du monarque de la même manière qu'elle détermine la qualité du bétail.

Hegel a démontré que le monarque est quelqu'un qui doit naître, ce dont personne ne doute, mais il n'a pas démontré pourquoi la naissance fait de quelqu'un un monarque.

La naissance d'un homme et sa transformation en monarque se laissent tout aussi peu ériger en vérité métaphysique que l'Immaculée Conception. Si la croyance en celle-ci est un fait de la conscience, la naissance du monarque est un fait empirique, mais tous les deux peuvent être compris comme un produit de l'illusion humaine et des circonstances.

Étudions de plus près la Remarque au § 280 car ici Hegel s'abandonne au plaisir de présenter l'irrationnel comme absolument rationnel :

> "Cette transition du concept de la pure autodétermination à l'immédiateté de l'être et, par conséquent, à la naturalité est de nature purement spéculative ; aussi son explication relève-t-elle de la philosophie de la Logique."

En fait, ce qu'il y a de "purement spéculatif", ce n'est pas qu'on saute d'une abstraction comme la "pure autodétermination" à l'autre extrême : la *pure* naturalité représentée ici par le hasard de la naissance – *car les extrêmes se touchent* *. Ce qu'il a de spéculatif, c'est qu'on appelle tout cela "transition conceptuelle" et que l'on présente la contradiction absolue comme identité et la plus grande inconséquence comme conséquence logique.

Ainsi le monarque héréditaire prend la place de la Raison se déterminant elle-même et le fait naturel (*Natur bestimmtheit*) abstrait [la naissance] se présente non pas tel qu'il est, c'est-à-dire comme un simple fait naturel, mais comme la plus haute définition de l'État. On peut considérer cette thèse de Hegel comme l'aveu positif que la monarchie ne peut plus conserver l'apparence d'être l'organisation de la volonté rationnelle.

[Hegel continue :]

> "Il s'agit, au fond, de la même transition que celle que nous avons reconnu comme ce qui constitue la nature de la volonté, à savoir le processus qui consiste à faire passer un contenu (un but qu'on se propose) de la subjectivité à la réalité [...] [20]. Mais la forme que prennent l'idée et la transition que nous considérons ici présente ceci de particulier que la transformation (*Umschlagen*) de la pure autodétermination de la volonté (du simple concept lui-même) en une personne donnée (*Dieses*), en une existence physique, se fait *immédiatement*, sans la médiation d'un contenu *particulier* (d'un but proposé à l'action)."

Hegel dit que la transformation de la souveraineté de l'État (qui est une autodétermination de la volonté) en corps du monarque héréditaire est "au fond" de même nature que la "transition" qui a lieu lorsque la volonté réalise un but qu'elle se propose et fait passer un contenu à la réalité. Mais Hegel dit : *au fond.* La différence *particulière* qu'il signale est à tel point particulière qu'elle supprime toute analogie et met la *magie* à la place de la "nature de la volonté en général".

Tout d'abord, la transformation du but proposé en une réalité est ici *immédiate, magique.* En second lieu, la "pure autodétermination de la volonté", le "simple concept lui-même", se présente ici comme le sujet ; c'est l'essence de la volonté qui est posée comme un sujet mystique. Ce n'est pas un vouloir réel, individuel, conscient, c'est l'abstraction de la volonté qui se transforme en une personne physique ; c'est l'Idée pure qui devient chair comme *un* individu.

En troisième lieu, non seulement la "transformation" de la volonté en une personne physique se fait "immédiatement", c'est-à-dire sans les *moyens* dont la volonté se sert ordinairement pour se réaliser, mais aussi il manque même un but particulier, c'est-à-dire un but déterminé. On comprend parfaitement pourquoi il n'y a ici aucune "médiation" d'un contenu particulier (d'un but proposé à l'action) : comment pourrait-il en être autrement puisqu'il n'y a ici aucun sujet agissant et que l'abstraction de la pure Idée de la volonté ne peut agir que d'une façon mystique. Un but qui n'est pas un but *particulier* n'est pas un but, de même qu'une action sans but est une action dépourvue de sens. Toute la comparaison avec l'activité téléologique de la volonté n'est en fin de compte qu'une mystification : c'est l'activité *sans contenu* de l'Idée.

Le moyen est la volonté absolue et la parole du philosophe ; le but particulier est encore le désir du sujet philosophant de déduire le *monarque héréditaire* de l'Idée pure. La réalisation de ce but est la belle assurance de Hegel.

[Continuons la lecture de la Remarque au § 280 :]

"Dans la *preuve* dite *ontologique* de l'existence de Dieu, on a la même transformation du Concept absolu en être (c'est la même mystification – K.M.). Cette conception, qui indique la profondeur que l'Idée a acquise dans les Temps modernes, a été récemment considérée (à juste titre, K.M.) comme *inconcevable*, mais en fait une telle critique implique une renonciation à la vérité [...]."

"Si l'image du monarque est familière à la conscience ordinaire (à la conscience de l'entendement, K.M.), l'entendement, en revanche, s'en tient aux séparations qu'établit sa sagesse ratiocinante et aux conclusions qu'elle en tire ; aussi se refuse-t-elle d'admettre que l'élément auquel revient la décision suprême dans l'État soit *en soi et pour soi* (c'est-à-dire, selon le concept de la Raison) lié à la naturalité immédiate."

On refuse d'admettre que la "décision suprême" *naisse* et Hegel nous dit que le monarque est la décision suprême née ; mais qui a jamais douté que, dans l'État, la décision suprême se rattache à des individus réels, *en chair et en os*, donc "liés à la naturalité immédiate" [21] ?

§ 281. "Nous sommes donc en présence de deux éléments également inconditionnés (*grundlos : cf.* § 279) et indissolublement unis : d'une part, le Moi suprême où se concentre la volonté (de l'État) ; d'autre part, son existence concrète (*Existenz*) telle qu'elle est donnée par la *nature*.

Cette idée d'une (force) *non mue* par l'arbitraire constitue la *majesté* du monarque. C'est dans l'unité de ces deux éléments que réside l'*unité réelle* de l'État ; et c'est par cette *immédiateté* intérieure et *extérieure* que l'unité de l'État est préservée du risque de tomber dans la sphère de la *particularité* où règnent l'arbitraire, les intérêts et les opinions, de même qu'elle est soustraite à la lutte des factions autour du trône qui menacent d'affaiblir et de dissoudre la puissance de l'État."

Ces deux éléments sont : *le hasard de la volonté* (l'arbitraire) et *le hasard de la nature* (la naissance), donc *Sa Majesté le hasard.* Le hasard est donc l'*unité réelle* de l'État.

Comment une "immédiateté intérieure et extérieure" peut être "soustraite" à la collision (des factions), etc. ? Cette affirmation de Hegel est incompréhensible parce que c'est précisément cette "immédiateté" qui sera sacrifiée.

Ce qu'il dit de la monarchie élective vaut *a fortiori* pour la monarchie héréditaire :

[Remarque au § 281.] "Dans une monarchie élective, la nature même du système implique que la décision suprême appartient à la *volonté particulière* ; aussi la Constitution devient-elle une *Wahl-Kapitulation*, un contrat électoral (comme dans le Reich allemand au XVIe siècle) [...] qui aboutit à livrer la puissance de l'État à la discrétion de la volonté particulière, et il en résulte que les *pouvoirs de l'État* se transforment en *propriété privée*", etc.

[Passons au § 282 :] "De la souveraineté du monarque découle le droit de *gracier* les criminels, car c'est à elle seule qu'il appartient de réaliser le pouvoir que possède l'Esprit de rendre non avenu ce qui a été fait et d'annuler le crime par le pardon et l'oubli."

Le droit de gracier est le droit de *grâce.* La *grâce* est l'expression suprême de l'arbitraire et du hasard dont Hegel fait judicieusement l'attribut exclusif du monarque. Dans l'Addition au § 282, Hegel précise qu'à l'origine de la grâce se trouve une "décision qui n'est pas fondée sur des raisons" (*Grundlose*).

Le pouvoir ministériel

§ 283. "Le deuxième élément du pouvoir monarchique est l'élément de la *particularité*, c'est-à-dire l'élément de la détermination du contenu et de sa subsomption sous l'universel. Dans la mesure où cet élément se constitue en une réalité particulière il forme le Conseil (des ministres) et les individus qui le composent. Ceux-ci soumettent à la décision du monarque les affaires courantes de l'État ou les dispositions légales nécessitées par les besoins présents en même temps que leurs aspects *objectifs* : motifs de la décision, lois qui s'y rapportent, circonstances, etc. Les individus chargés de ces fonctions n'ont affaire qu'à la personne immédiate du monarque ; aussi leur choix et leur révocation dépendent-ils de son *arbitraire illimité.*"

§ 284. "Seuls les éléments *objectifs* sur lesquels repose la décision (la connaissance de la question et des circonstances, la présentation des motifs légaux ou autres de la décision) peuvent créer la responsabilité parce qu'ils sont les seuls à pouvoir être soumis à un contrôle objectif. Dans la mesure où cela (la définition de ces éléments objectifs) peut être l'affaire d'un Conseil distinct de la volonté personnelle du monarque, seuls ces Conseils et leurs membres individuels sont *responsables.* La majesté propre au monarque, en tant que subjectivité à laquelle appartient la décision suprême, est au-delà de toute responsabilité concernant les actes du gouvernement."

Hegel ne fait que donner une description tout empirique du *pouvoir ministériel* tel qu'il est d'ordinaire défini dans les États constitutionnels. La seule contribution de la philosophie, c'est la transformation du fait empirique en une incarnation (*Existenz*) et en un prédicat de "l'élément de la *particularité* au sein du pouvoir monarchique". (Les ministres représentent le côté objectif, rationnel de la volonté souveraine. C'est à eux donc que revient l'*honneur* de la responsabilité, tandis que le monarque doit se contenter de sa "majesté" imaginaire.) L'élément spéculatif est bien misérable. En revanche, l'exposé tout entier repose sur une argumentation tout empirique, voire très abstraite, très mauvaise.

C'est ainsi, par exemple, que le choix des ministres est laissé à "l'arbitraire illimité" du monarque, "parce qu'ils n'ont affaire qu'à la personne immédiate du monarque", c'est-à-dire parce qu'ils sont ministres. De la même manière on peut déduire de l'Idée absolue le choix "illimité" du valet de chambre du monarque.

Ce qui vaut déjà mieux, c'est l'argument sur lequel repose la conception de la *responsabilité* des ministres : "seuls les éléments *objectifs* de la décision (la connaissance de la question et des circonstances, la présentation des motifs légaux ou autres de la décision) peuvent créer la responsabilité parce qu'ils sont les seuls à pouvoir être soumis à un contrôle objectif". Il va de soi que "la subjectivité à laquelle appartient la décision suprême", la subjectivité pure, la volonté purement arbitraire, n'a rien d'objectif, ne doit pas être soumise à un "contrôle objectif" et n'a donc aucune responsabilité, et cela dès qu'un certain individu se présente comme l'incarnation *sanctifiée* et *officielle* de l'arbitraire. La démonstration de Hegel est péremptoire si l'on part des présuppositions constitutionnelles existantes mais Hegel n'a pas démontré ces présuppositions ; il n'a fait qu'*analyser* leur représentation générale. *C'est dans cette confusion* (de la démonstration et de l'analyse) *que réside le caractère non critique* de la philosophie hégélienne du Droit.

§ 285. "Le *troisième* élément du pouvoir royal concerne l'Universel en soi et pour soi qui existe subjectivement dans la *conscience* du monarque et objectivement dans l'*ensemble* de la *Constitution* et des *lois* ; le pouvoir du monarque suppose les autres éléments autant que chacun de ces éléments le suppose lui-même."

§ 286. "Le pouvoir du monarque, la succession régulière du trône conformément à l'hérédité sont *garantis objectivement* par le fait que de même que la monarchie constitue une réalité *séparée* de celle des autres éléments que la Raison a dégagés dans l'État, ces autres éléments ont aussi pour soi des droits et des devoirs appropriés à leur propre caractère. Dans l'organisme rationnel de l'État, chaque membre se conserve lui-même et par là même conserve les autres et leurs caractéristiques propres."

Hegel ne voit pas qu'avec ce troisième élément ("l'universel en soi et pour soi") il fait sauter les deux premiers et inversement. Il dit : "Le pouvoir du monarque suppose les autres éléments autant que chacun le suppose lui-même." Si nous prenons cette affirmation non pas au point de vue mystique, mais au sens réel, le pouvoir du monarque n'est pas donné par la naissance, mais est posé par les autres éléments ; il n'est donc pas héréditaire, mais changeant (*fliessend*) ; autrement dit, il n'est qu'une détermination [fonction] de l'État qui peut être attribuée alternativement à tel ou tel homme d'État suivant l'organisme des autres éléments. Dans un organisme rationnel, la tête ne peut être de fer et le corps de chair. Pour que les membres se conservent, il faut qu'ils soient *de même nature*, qu'ils aient la même chair, le même sang. Mais le monarque héréditaire n'est pas de même nature : il est fait d'une autre matière que les autres membres de l'État. À la prose de la volonté rationaliste de ceux-là s'oppose ici la magie de la nature. En outre, des membres ne peuvent se conserver réciproquement qu'à condition que tout l'organisme soit fluide et que chacun des membres soit conservé-et-transcendé (*aufgehoben*) dans et par cette fluidité, qu'aucun ne soit donc, comme ici la tête de l'État, "immuable" et "inaltérable". En précisant sa pensée, Hegel n'a fait que nier l'idée de la "souveraineté *née*" (héréditaire).

En second lieu : l'irresponsabilité. Si le monarque viole "l'ensemble de la Constitution" et les "lois", son irresponsabilité cesse pour cette simple raison qu'il a lui-même cessé d'agir conformément à la Constitution. Or, ce sont précisément ces lois, cette Constitution qui le rendent irresponsable ; elles se contredisent donc elles-mêmes, et cette *seule* clause supprime et les lois et la Constitution. La Constitution de la monarchie constitutionnelle est l'*irresponsabilité*.

Mais pour Hegel il suffit de savoir que "de même que la monarchie", etc., les autres éléments de l'État "ont aussi pour soi des droits et des devoirs appropriés à leur propre caractère". Il devrait alors considérer la Constitution du Moyen Âge comme une organisation organique. En effet, il y avait alors une masse de sphères particulières réunies par une nécessité extérieure et il est vrai que seul un monarque en chair et en os pouvait convenir à un tel système. Dans un État où chaque détermination (fonction) constitue une réalité *"pour soi"*, il faut que la *souveraineté de l'État* soit également incarnée dans un individu *particulier*.

Résumé des thèses hégéliennes sur le pouvoir du monarque et l'idée de la souveraineté de l'État.

Dans la Remarque au § 279, il est dit :

> "On peut parler de souveraineté populaire dans ce sens qu'un peuple forme vers l'extérieur une entité autonome et un État qui lui est propre, comme par exemple le peuple de Grande-Bretagne, alors que les peuples d'Angleterre, d'Écosse, d'Irlande, de Venise, de Gênes, de Ceylan, etc., ne sont plus des peuples souverains depuis qu'ils ont cessé d'avoir un prince à eux et un gouvernement souverain pour eux."

La *souveraineté du peuple* est donc ici la *nationalité* ; la souveraineté du monarque est la *nationalité* ; autrement dit, le principe de la monarchie est la nationalité qui constitue la seule et unique forme de la souveraineté d'un peuple. En effet, un peuple qui n'est souverain *que* par la nationalité a un monarque. Les différences nationales des peuples ne peuvent s'exprimer et se renforcer mieux que par des monarques différents. Le même abîme qu'il y a entre un individu absolu et un autre existe alors entre les nationalités.

Les Grecs (et les Romains) formaient une nationalité parce que et pour autant qu'ils étaient un *peuple souverain.* Les Germains sont *souverains* parce que et pour autant qu'ils forment une nationalité.

Dans la même Remarque au § 279, il est dit aussi :

> "Aussi concrète qu'elle soit en soi, une personne dite morale (une société, une commune, une famille, etc.) ne possède une personnalité que d'une manière *abstraite*, comme un de ses moments : la personnalité n'y a pas atteint sa *vraie existence.* En revanche, l'État est justement la totalité dans laquelle les éléments du Concept atteignent la réalité par leur vérité *propre.*"

La personne morale (la société, la famille, etc.) ne possède une personnalité que d'une manière abstraite ; en revanche, dans le monarque c'est *une personne* qui *possède l'État.*

En vérité, ce n'est que dans ces personnes "morales" (société, famille, etc.) que la personne abstraite donne à sa *personnalité* une vraie réalité. Mais Hegel ne considère pas la société, la famille, etc., bref la "personne morale", comme la réalisation de la personne réelle, empirique ; il les voit comme des personnes *réelles* à ceci près toutefois que leur personnalité n'existe encore que d'une manière abstraite. C'est pourquoi, chez Hegel, ce n'est pas la personne réelle qui devient État, mais l'État qui devient une personne réelle. Au lieu de présenter l'État comme la plus haute réalité de la personne, comme la plus haute réalité sociale de l'homme, Hegel présente un individu empirique, une personne empirique comme la plus haute réalité de l'État. Ce renversement de l'objectif en subjectif et du subjectif en objectif provient du fait que comme Hegel n'a qu'un seul désir ; écrire la biographie de la substance abstraite, de l'Idée, il doit faire apparaître l'activité humaine comme l'activité et le résultat de l'activité de quelque chose d'*autre*, tandis que, de l'autre côté, la seule activité qu'il reconnaît à l'être pour soi de l'homme est celle qu'il accomplit en tant qu'une individualité imaginaire, et non celle qu'il accomplit dans son existence *réelle, humaine* (*Hegel das Wesen des Menschen für sich, als eine imaginäre Einzelheit, statt in seiner wirklichen, menschlichen Existenz wirken lassen will*). Aussi bien, ce double renversement a comme résultat nécessaire que, sans le moindre sens critique, Hegel transforme une existence tout empirique en vérité réelle de l'Idée, car pour lui il ne s'agit nullement d'amener l'existence empirique à sa vérité, mais d'amener la Vérité à une existence empirique. Aussi transforme-t-il l'individualité empirique la plus proche en élément réel de l'Idée. (Nous reviendrons plus loin sur ce renversement nécessaire de l'empirie en spéculation métaphysique et de la spéculation métaphysique en empirie.)

C'est de cette manière que se crée l'impression qu'il s'agit là de quelque chose de *mystique* et de *profond*. Il est très vulgaire de dire que l'homme est un être qui naît, que cet être qui vient au monde par la naissance physique devient un homme social, etc., un citoyen, que par sa naissance l'homme devient tout ce qu'il est. Mais il est très profond, très impressionnant de dire que l'Idée de l'État vient de naître "immédiatement" et qu'au moment de la naissance du prince elle naît elle-même comme existence empirique. On n'obtient de cette façon aucun contenu nouveau ; on n'a fait que changer la *forme* de l'ancien qui se trouve ainsi doté d'une *forme* philosophique, d'un certificat philosophique.

Une autre conséquence de cette spéculation mystique, c'est qu'une existence empirique *particulière*, une seule existence empirique, est, par opposition à toutes les autres, conçue comme l'incarnation de l'*Idée*. Une fois de plus, on éprouve le sentiment profondément mystique que devant nos yeux une existence empirique particulière est en train d'être "posée" par l'Idée et qu'à chaque pas nous rencontrons une incarnation de Dieu.

Un exemple : si, dans l'étude de la famille, de la société civile, de l'État, etc., on considérait ces modes d'existence sociale de l'homme comme la réalisation et l'objectivation de son être, alors la famille, la société civile, l'État, etc., apparaîtraient comme des qualités inhérentes à un sujet unique : à l'homme en tant qu'être de tous ces êtres ; mais ils apparaîtraient aussi comme l'universalité réelle de l'homme, comme ce qu'il y a de *commun* (*das Gemeinsame*) (à tous les hommes). Si, au contraire, la famille, la société civile, l'État, etc., ne sont que des déterminations de l'Idée, de la Substance en tant que sujet, alors ces déterminations doivent constituer des réalités empiriques [différentes] et alors la masse des hommes où se déploie l'Idée de la société civile sont des simples civils (*Bürger*) tandis que les autres [où se déploie l'Idée de l'État] sont citoyens (*Staatsbürger*). Au fond il s'agit d'une *allégorie* où quelques existences empiriques se voient conférer la *signification* d'être l'Idée réalisée. Aussi, il va de soi que ces vases d'élection (*diese Gefässe*) ont rempli leur rôle dès qu'ils sont devenus une incorporation déterminée d'un moment vital de l'Idée. L'Universel apparaît partout comme quelque chose de particulier et de déterminé, tandis que l'individuel n'arrive jamais à sa vraie universalité.

L'illusion de la profondeur spéculative atteint nécessairement son comble lorsque les déterminations les plus abstraites, les plus éloignées de toute véritable réalité sociale : les bases naturelles de l'État : la naissance [du prince], la propriété privée [dans le cas du majorat : *cf. infra*, p. 171] apparaissent comme des Idées suprêmes immédiatement incarnées dans certains hommes.

Cela se comprend. La vraie voie est prise à rebours (*auf den Kopf gestellt*). Le plus simple est devenu le plus compliqué et le plus compliqué le plus simple. Ce qui devrait constituer le point de départ devient le résultat mystique et ce qui devrait être le résultat rationnel devient le point de départ mystique.

Mais dire que le monarque est la *personne* abstraite qui a l'*État en soi*, cela revient à dire en somme que l'être de l'État est la personne abstraite, la *personne privée*. C'est à son sommet que l'État révèle son secret : le monarque est la seule personne privée dans laquelle se réalise le rapport général de la personne privée à l'État.

L'hérédité du monarque découle de son concept. Il doit être la personne spécifiquement distincte de toutes les autres personnes, du genre humain tout entier. Mais quelle est l'ultime et inébranlable fondement de la différence d'une personne par rapport à toutes les autres ? Le *corps*. La plus haute fonction du corps est l'*activité sexuelle*. L'acte constitutionnel suprême du monarque est son activité sexuelle, car c'est par elle qu'il *fait* un roi et perpétue son corps. Le corps de son fils est la reproduction de son propre corps, la création d'un corps royal.

§ 287. "Il faut distinguer entre le moment de la décision du souverain et celui de l'exécution et de l'application de ses décisions et, plus généralement, de l'application continuelle des décisions antérieures, du maintien des lois, des administrations, des organisations collectives existantes, etc. Cette fonction de subsomption en général est la tâche du gouvernement qui comprend également le pouvoir judiciaire et le pouvoir administratif, pouvoirs qui se rapportent immédiatement aux affaires particulières de la société civile et ont pour tâche d'affirmer l'intérêt général au sein même des fins particulières."

C'EST l'interprétation habituelle du pouvoir gouvernemental. Ce que l'on peut considérer comme l'originalité de Hegel, c'est qu'il unifie le pouvoir gouvernemental, le pouvoir administratif et le pouvoir judiciaire, tandis que d'ordinaire le pouvoir administratif et le pouvoir judiciaire sont traités comme des pouvoirs opposés.

§ 288. "Les intérêts particuliers des collectivités relèvent de la société civile et se trouvent donc *en dehors* de l'État en tant qu'universel en soi et pour soi. L'administration de ces intérêts est l'affaire des corporations, des municipalités, des organisations, des professions, des ordres et de leurs dirigeants : présidents, gérants, etc. Les affaires dont ils ont soin sont, d'une part, la propriété et l'intérêt privés de ces sphères particulières, et, de ce point de vue, leur autorité repose sur la confiance de leurs compagnons et de leurs concitoyens ; mais, d'autre part, ces domaines doivent être subordonnés à l'intérêt supérieur de l'État. Pour ces deux raisons, l'attribution de ces postes en général doit se faire selon un système mixte : les dirigeants élus par tous les intéressés devraient être reconnus et confirmés par l'autorité suprême."

C'est une simple description de la situation empirique de quelques pays.

§ 289. "La sauvegarde de l'intérêt général de l'État et de la légalité au milieu des droits particuliers, la réduction de ceux-ci à ceux-là, exigent une surveillance par des représentants du pouvoir gouvernemental et notamment par des fonctionnaires exécutifs et aussi par des autorités supérieures consultatives constituées en collèges, le sommet de cette organisation hiérarchique se trouvant à proximité immédiate du monarque."

Hegel n'a donné aucune analyse développée du pouvoir gouvernemental. Mais supposé même qu'il l'ait fait, il n'a pas démontré que ce pouvoir soit quelque chose de plus qu'une simple *fonction* ou une *détermination* des citoyens en général. S'il l'a simplement déduit comme un pouvoir *particulier, séparé*, c'est uniquement parce qu'il considère les "intérêts particuliers de la société civile" comme des intérêts situés "en dehors de l'État en tant qu'universel en soi et pour soi".

[Remarque au § 289.] "De même que la société civile est le champ de bataille de l'intérêt individuel de tous contre tous, de même ici, a lieu le conflit, d'une part, des intérêts privés avec l'intérêt des communautés particulières ; d'autre part, de ces deux types d'intérêts réunis avec l'État, son organisation et le point de vue supérieur qui lui est propre. L'esprit corporatif, engendré lui-même par le droit légitime des sphères particulières, se change maintenant en sens de l'État (*Staatsgeist*) car il trouve dans l'État le moyen d'atteindre ses fins particulières. Le secret du patriotisme des citoyens se dévoile ici : ils connaissent l'État comme leur substance *parce que* c'est lui qui assure le maintien de ces sphères particulières et tout ce qui s'y attache : droits, autorité, prospérité. L'esprit corporatif implique immédiatement l'enracinement du particulier dans l'universel : c'est ce qui explique la présence forte et profonde de l'État dans l'esprit des citoyens."

Ce texte est remarquable :

1° Parce que la société civile est définie comme *bellum omnium contra omnes* (guerre de tous contre tous) ;

2° Parce que l'égoïsme est présenté comme le "secret du patriotisme des citoyens" et comme l'explication de la présence "forte et profonde de l'État dans l'esprit des citoyens" ;

3° Parce que le "citoyen", l'homme de l'intérêt privé s'opposant à l'intérêt général, bref : le membre de la société civile, est considéré comme un individu figé dans son individualité ("*fixes Individuum*"), et c'est à ce "citoyen" (réduit à l'individu) que s'oppose l'État sous la forme d'autres individus également figés dans leur individualité (*wogegen ebensow der Staat in "fixen Individuen" den "Bürgern" gegenübertritt*).

On serait tenté de penser que si Hegel avait défini la famille et puis la société civile comme des déterminations inhérentes à tout individu membre d'un État (*Staatsindividuum*), il définirait aussi les qualités concernant l'État (*Staatsqualitäten*) comme d'autres déterminations inhérentes à ce même individu. Mais, chez lui, ce n'est pas le même individu qui déploie de nouvelles déterminations de son être social. C'est l'essence de la volonté qui est censée produire ces déterminations en les tirant d'elle-même. Les actuels modes d'existence de l'État [*Existenzen des Staates*], empiriques, différents et séparés, sont considérés comme des incarnations immédiates d'une de ces déterminations [issues de l'autodéveloppement de l'essence de la volonté].

L'universel en soi est traité comme une entité autonomisée et en plus il est confondu avec son existence empirique. De même, sans le moindre sens critique, l'ordre actuel borné (*das Beschränkte*) est aussitôt pris pour l'expression de l'Idée.

Ici Hegel se trouve en contradiction avec lui-même : quand il parle de l'homme en tant qu'être familial il ne le considère pas, comme il le fait avec le citoyen, comme une race au caractère fixe (*fixe Rasse*), excluant [condamnée à ignorer] toutes les autres qualités.

§ 290. "Le fonctionnement de l'exécutif est également soumis à la division du travail. L'organisation des autorités a la tâche formelle mais difficile de satisfaire une triple exigence : a) puisque la vie sociale, en bas, est concrète, il faut qu'elle soit régie d'une manière concrète ; b) il faut que le travail du gouvernement soit réparti en autant de branches abstraites confiées à des fonctionnaires spécialisés et constituant les différents centres de l'administration ; enfin c) il faut que les activités de ces différents centres administratifs soient coordonnées afin de permettre un contrôle global et concret aussi bien vers le bas qu'au sein des plus hautes autorités de l'État."

Nous parlerons plus loin de l'Addition au § 290.

§ 291. "Les fonctions administratives sont de nature objective ; ainsi qu'il a été dit au § 287, leur contenu substantiel a été défini par des décisions antérieures ; elles doivent être remplies par des individus. Entre l'individu et le travail administratif il n'y a aucun lien naturel immédiat. Il s'ensuit que les fonctionnaires ne sont pas choisis à cause de leurs dons naturels ou de leur naissance. Le facteur objectif dans leur nomination est le savoir et la confirmation de la compétence par l'examen. L'examen garantit à l'État que ses besoins seront satisfaits ; il garantit au citoyen la *possibilité* d'accéder à la classe universelle [des fonctionnaires]."

§ 292. "Dans le choix des fonctionnaires le critère objectif n'est pas la génialité (comme c'est le cas dans l'art) ; plusieurs candidats peuvent donc se présenter et leurs mérites respectifs ne peuvent être déterminés avec une précision absolue. En outre, l'individu et la fonction sont contingents l'un par rapport à l'autre. Il y a donc un côté subjectif dans le fait que tel individu est choisi pour un poste et habilité pour exercer un pouvoir public entre plusieurs candidats. Aussi bien, le dernier mot, en ce cas, appartient au roi en tant que pouvoir souverain dans l'État."

§ 293. "Les différentes fonctions publiques que le monarque confie aux autorités constituent une partie de l'aspect objectif de la souveraineté inhérente au monarque. Leur différenciation spécifique est donnée par la nature des choses et puisque l'activité des fonctionnaires n'est que l'accomplissement du devoir, leurs fonctions sont un droit soustrait à la contingence."

Le seul point qui doit retenir notre attention est le "côté objectif de la souveraineté *inhérente* au monarque".

§ 294. "L'individu qui par un acte du souverain (*cf.* § 292) a été attaché à une fonction publique est astreint à remplir son devoir, substance de sa situation et condition de sa nomination. La rétribution du fonctionnaire qui lui permet de satisfaire ses intérêts personnels (*cf.* § 264) et de sauvegarder son indépendance dans sa vie et dans son activité officielle face aux pressions extérieures et aux influences subjectives est la conséquence de cette relation substantielle."

"Le service de l'État", est-il dit dans la Remarque au § 294 ... "exige que l'on sacrifie la satisfaction égoïste et arbitraire des buts subjectifs ; la seule satisfaction qu'il reconnaît comme légitime est l'accomplissement du devoir. C'est ici que se trouve l'union de l'intérêt particulier et de l'intérêt général qui constitue le principe de l'État et fait sa solidité interne (*cf.* § 260)." "La satisfaction assurée des besoins particuliers des fonctionnaires fait disparaître les pressions extérieures qui pourraient les tenter de chercher les moyens de les satisfaire aux dépens du devoir et de l'efficacité. Ceux qui sont chargés de représenter l'État trouvent dans sa puissance générale la protection dont ils ont besoin contre d'autres manifestations du subjectif, à savoir les passions personnelles des administrés dont les intérêts privés, etc., peuvent être lésés par la défense de l'intérêt général."

§ 295. “La protection de l’État et des gouvernés contre l’abus de pouvoir de la part des autorités et des fonctionnaires est assurée d’une part, immédiatement, par l’organisation hiérarchique et la responsabilité des fonctionnaires [devant leurs supérieurs] ; de l’autre côté, elle est assurée par les pouvoirs dont disposent les communes et les corporations, car ces pouvoirs empêchent que l’arbitraire individuel se mêle à l’exercice du pouvoir confié aux fonctionnaires. Ainsi se complète par le bas le contrôle d’en haut [par voie hiérarchique], lequel a peu de chances de s’exercer sur le détail des actes individuels des fonctionnaires.”

§ 296. “Pour que l’absence de passion, l’équité et la bienveillance deviennent une coutume chez les fonctionnaires, il faut une formation civique et intellectuelle directe qui contrebalance dans l’esprit ce qu’il y a de mécanique et de routinier (*Mechanismus und dergleichen*) dans l’acquisition des sciences administratives, l’apprentissage du métier, le travail réel, etc. De l’autre côté, l’étendue de l’État est un facteur essentiel car elle fait diminuer l’importance des relations familiales et personnelles de même qu’elle affaiblit et émousse la vengeance et la haine. Les points de vue subjectifs s’évanouissent lorsqu’on traite les grandes questions qui se posent dans les grands États et c’est ainsi que se crée l’accoutumance à des intérêts, des conceptions et des activités universelles.”

§ 297. “Les membres du gouvernement et les fonctionnaires d’État constituent la partie principale de la *classe moyenne* où se trouvent la conscience du droit et l’intelligence cultivée de la masse du peuple. Pour éviter qu’elle ne constitue une aristocratie exclusive et que la culture et les talents ne deviennent les instruments d’une domination arbitraire (*Herrenschaft*), les institutions de la souveraineté et les droits des corporations la limitent par le haut et par en bas.

“Dans la classe moyenne à laquelle appartiennent les fonctionnaires se trouvent le sens de l’État et la culture la plus éminente. Cette classe constitue le pilier de l’État en ce qui concerne l’honnêteté et l’intelligence. Un État sans classe moyenne se trouve à un niveau inférieur. Ainsi par exemple en Russie il n’y a qu’une masse de serfs et une classe qui gouverne. Que cette classe moyenne se forme est un intérêt fondamental pour l’État. Mais cela ne peut arriver que lorsque l’État possède une unité organique comme celle que nous avons étudiée, c’est-à-dire lorsque l’État reconnaît une certaine autorité aux groupements particuliers relativement indépendants et lorsque l’État luimême s’est créé un appareil de fonctionnaires (*Beamtenwelt*) dont l’arbitraire est neutralisé par les droits dont sont dotés ces groupements particuliers. La conduite selon le droit général et l’habitude de se conduire ainsi résultent de la résistance que ces groupements autonomes opposent à la bureaucratie.”

Ce que Hegel dit au sujet du "pouvoir gouvernemental" ne mérite pas le nom d'exposé philosophique. La plupart des paragraphes pourraient figurer mot à mot dans le Code civil prussien. Or, l'administration proprement dite est le point le plus difficile de l'exposé.

Comme Hegel a attaché à la sphère de la société civile le pouvoir judiciaire et le pouvoir administratif, le pouvoir gouvernemental n'est rien d'autre que l'administration qu'il expose sous le nom de *bureaucratie.*

La bureaucratie a comme premier présupposé "l'*auto-gouvernement*" de la société civile dans les corporations. La seule précision qui s'y ajoute, c'est que le choix des administrateurs, des autorités, etc., doit se faire selon un système *mixte* où le choix des citoyens doit être confirmé par le "pouvoir gouvernemental" proprement dit (par "l'autorité suprême", comme dit Hegel).

Au-dessus de cette sphère, et dans le but de sauvegarder "l'intérêt général de l'État et de la légalité", il y a des "représentants du pouvoir gouvernemental" : les "fonctionnaires exécutifs" et des autorités "collégiales" qui convergent vers le monarque (*cf.* § 289).

Dans le "fonctionnement de l'exécutif" il y a "division du travail" (§ 290). Les individus sont obligés de prouver qu'ils sont aptes au travail exécutif (§ 291), c'est-à-dire passer des examens. C'est au pouvoir du prince qu'il appartient de choisir, pour les fonctions publiques, des individus déterminés (§ 292). La différenciation des fonctions publiques est "donnée par la nature des choses" (§ 293). La fonction publique est le devoir et la vocation des fonctionnaires. Il faut donc qu'ils soient *appointés* par l'État (§ 294). La garantie contre les abus de la bureaucratie, c'est, d'une part, la hiérarchie et la responsabilité des fonctionnaires, d'autre part, les pouvoirs des communes et des corporations (§ 295). L'humanité de la bureaucratie dépend, d'une part, de sa "culture civique et intellectuelle", d'autre part, de l'étendue de l'État (§ 296). Les fonctionnaires constituent la "partie principale de la classe moyenne" (§ 297). Ce qui protège la société contre le danger de voir cette bureaucratie se transformer en une nouvelle "aristocratie" dotée d'une "domination arbitraire" (*Herrenschaft*), c'est, d'une part, la souveraineté qui la limite “par en haut” et, d’autre part, le “droit des corporations” qui la limite “par en bas”. La classe moyenne est la classe de la culture. *Voilà tout* *. Hegel nous donne une description empirique de la bureaucratie, en partie telle qu’elle est réellement, en partie d’après l’idée qu’elle se fait d’elle-même. Et ainsi se trouve expédié le chapitre difficile du pouvoir gouvernemental.

Le point de départ de Hegel est la *séparation* de l’État et de la société civile, de l’intérêt “particulier” et de l’“Universel tel qu’il est en lui-même et pour lui-même”, et il est vrai que la bureaucratie repose sur *cette séparation.* Hegel présuppose l’existence des “corporations”, et il est vrai que la bureaucratie présuppose les corporations, du moins “l’esprit corporatif”. Dans le développement hégélien, il ne s’agit nullement du *contenu* [de l’activité] de la bureaucratie ; il s’agit seulement de quelques déterminations générales de son organisation “formelle”, et il est vrai que la bureaucratie n’est que le “formalisme” d’un contenu situé hors d’elle.

Les *corporations* sont le matérialisme de la bureaucratie, et la bureaucratie est le *spiritualisme* des corporations. La corporation est la bureaucratie de la société civile ; la bureaucratie est la corporation de l’État. Dans la réalité, la bureaucratie en tant que “société civile de l’État” s’oppose aux corporations en tant qu’“État de la société civile”. Là où la bureaucratie s’affirme comme un principe nouveau, là où l’intérêt général de l’État commence à se transformer en un intérêt séparé (*apartes*) et donc “réel”, la bureaucratie lutte contre les corporations de la même manière que la conséquence lutte contre l’existence de ses présuppositions. Mais, dès que la vie réelle de l’État s’éveille et que la société civile, poussée par son propre besoin de rationalité (*aus eignem Vernunfttrieb*), s’affranchit des corporations, la bureaucratie essaie de les rétablir ; car avec “l’État de la société civile” disparaît aussi la “société civile de l’État”. Le spiritualisme disparaît en même temps que son contraire : le matérialisme. La conséquence lutte pour maintenir à l’existence ses présuppositions, dès qu’un nouveau principe lutte non pas contre l’existence, mais contre le *principe* de cette existence. Le même esprit qui, à l’intérieur de la société, crée la corporation, crée, dans l’État, la bureaucratie. Dès que l’esprit corporatif est donc attaqué, l'esprit bureaucratique l'est également. Si, auparavant, la bureaucratie combattait l'existence des corporations pour créer un espace pour sa propre existence, elle cherche maintenant à maintenir par la violence l'existence des corporations pour sauver l'esprit corporatif, son propre esprit.

La bureaucratie est le "formalisme d'État" (*Staatsformalismus*) de la société civile.

L'"intérêt général" ne peut s'affirmer comme quelque chose de "particulier" contre l'intérêt particulier qu'aussi longtemps que l'intérêt particulier s'affirme comme quelque chose de général contre l'intérêt général. Aussi bien la bureaucratie est forcée de protéger l'esprit corporatif en tant qu'universalité *imaginaire* de l'intérêt particulier pour protéger son propre esprit, à savoir la particularité également *imaginaire* de l'intérêt général. L'État doit être corporation tant que la corporation veut être État. La bureaucratie est la "conscience de l'État", la "volonté de l'État", le "pouvoir de l'État" incarnés dans une *corporation*, formant une société particulière et fermée à l'intérieur de l'État. Mais la bureaucratie a besoin des corporations en tant que puissances *imaginaires.* Il est vrai que chaque corporation veut défendre ses intérêts particuliers contre la bureaucratie, mais elle *veut* la bureaucratie contre l'autre corporation, contre l'autre intérêt particulier. La bureaucratie en tant que *corporation parfaite* remporte donc la victoire sur la corporation en tant que *bureaucratie imparfaite.* La bureaucratie réduit la corporation à une apparence ou veut la réduire à une simple apparence, mais elle veut en même temps que cette apparence existe et croie à sa propre existence. La corporation est la tentative de la société civile de devenir État, mais la bureaucratie est l'État – et un État qui est réellement transformé en société civile.

Le "formalisme d'État" est la bureaucratie ; elle est l'État "en tant que formalisme", et c'est comme un tel formalisme que Hegel l'a décrite. Comme ce "formalisme d'État" s'est constitué en une puissance réelle et fournit à lui-même son propre contenu *matériel*, la bureaucratie ne peut être qu'un tissu d'illusions pratiques : elle est l'illusion même de l'État. L'esprit bureaucratique est un esprit foncièrement jésuitique, théologique. Les bureaucrates sont les jésuites de l'État et les théologiens de l'État. La bureaucratie est la *république prêtre* *.

Puisque la bureaucratie est, d'après son *essence*, l'État "en tant que formalisme", elle l'est aussi d'après son *but*. Toute aspiration correspondant à la véritable réalité de l'État (*wirkliche Staatszweck*) apparaît à la bureaucratie comme une *menace* contre l'État. L'esprit de la bureaucratie est "l'esprit formel de l'État" (*formelle Staatsgeist*) qui n'est autre que *die wirkliche Geistlosigkeit des Staates*, la réelle absence dans l'État de tout ce qui constitue l'Esprit [conscience, activité, etc.]. Pour la bureaucratie, affirmer "l'esprit formel de l'État" et maintenir cette *wirkliche Geistlosigkeit* [cet état de passivité, non-liberté, inconscience, etc.] est un impératif catégorique. La bureaucratie se considère elle-même comme le but ultime de l'État. Comme elle fait de ses buts "formels" son contenu, elle entre partout en conflit avec les buts "réels". Elle est condamnée à donner le formel pour le contenu et le contenu pour le formel. Les buts de l'État se transforment en buts de la bureaucratie et les buts de la bureaucratie en buts de l'État. La bureaucratie est un cercle d'où personne ne peut s'échapper. Sa hiérarchie est une *hiérarchie du savoir*. La tête s'en remet aux cercles inférieurs du soin de connaître le détail, et les cercles inférieurs s'en remettent à la tête pour ce qui est de la connaissance de l'ensemble, et ainsi ils se dupent mutuellement.

La bureaucratie est l'État imaginaire à côté de l'État réel, elle est le spiritualisme de l'État. Chaque chose a donc deux significations, l'une réelle, l'autre bureaucratique, de même que le savoir est double, l'un réel, l'autre bureaucratique. Il en est de même de la volonté. L'être réel est considéré d'après son essence bureaucratique, transcendante (*jenseitig*), spirituelle. La bureaucratie tient en sa possession l'essence de l'État, l'essence spirituelle de la société : c'est sa *propriété privée*. L'esprit général de la bureaucratie est le *secret*, le mystère, gardé à l'intérieur de la bureaucratie par la hiérarchie, et à l'extérieur de la bureaucratie par son caractère de corporation fermée. Toute manifestation publique de l'esprit politique (*offenbare Staatsgeist*), voire l'esprit civique)*Staatsgesinnung*) apparaissent donc à la bureaucratie comme une *trahison* envers son mystère. L'*autorité* est le principe de son savoir, et le culte de l'autorité est sa façon de penser (*Gesinnung*). Mais dans le sein de la bureaucratie le *spiritualisme* devient un *matérialisme grossier* : c'est le matérialisme de l'obéissance passive, de la foi en l'autorité, le matérialisme *mécanique* [*Mechanismus, cf. supra* p. 96] de la répétition routinière de pratiques formelles, de principes, de conceptions et de traditions figées.

Quant au bureaucrate pris individuellement, le but de l'État devient son but privé : c'est la *curée aux postes plus élevés, c'est le carriérisme*. Tout d'abord, il considère la vie réelle comme une matière inerte (*ein materielles*) car pour lui l'esprit de cette vie (*der Geist dieses Lebens*) réside dans une réalité séparée et autonomisée : la bureaucratie (*hat seine für sich abgesonderte Existenz in der Bürokratie*). C'est pourquoi la bureaucratie doit rendre la vie aussi matérielle [= passive] que possible. En second lieu, chaque bureaucrate sait que sa propre vie, pour autant qu'elle est l'objet de l'activité bureaucratique, est une vie matérielle [= passive] car son esprit lui est prescrit [par les autorités supérieures] ; son but est situé hors de lui [= est fixé par la hiérarchie] et sa réalité (*Dasein*) est la réalité [impersonnelle et routinière] du bureau. L'État n'existe pour lui que sous la forme d'une multitude d'esprits bureaucratiques figés, reliés uniquement par la subordination et l'obéissance passive. La science *réelle* lui apparaît comme vide, la vie réelle lui apparaît comme morte, car sa vie imaginaire et sa science imaginaire passent pour l'essentiel. Le bureaucrate est donc forcé de se comporter en jésuite vis-à-vis de l'État réel, que ce jésuitisme soit conscient ou inconscient. Mais, s'il parvient à la conscience de soi, ce jésuitisme devient nécessairement jésuitisme intentionnel.

La bureaucratie est le matérialisme sordide que nous venons d'évoquer. En revanche, son spiritualisme sordide apparaît dans le fait qu'elle veut *tout* faire, c'est-à-dire faire de la *volonté* la *causa prima*, la cause première : comme elle est vouée à l'activité et comme elle reçoit son contenu du dehors, elle ne peut prouver son existence qu'en imposant une forme et une limite à ce contenu. Le bureaucrate ne voit dans le monde qu'un simple objet de son activité.

Lorsque Hegel appelle le pouvoir gouvernemental "le côté objectif de la souveraineté inhérente au monarque", c'est comme si on disait que l'Église catholique était la présence

(*Dasein*) réelle de la souveraineté, du contenu et de l'esprit de la sainte Trinité. Dans la bureaucratie l'identité de l'intérêt de l'État et du but privé particulier est posée de telle façon que l'*intérêt de l'État* se transforme en un but privé *particulier* vis-à-vis des autres intérêts particuliers.

La suppression de la bureaucratie n'est possible que si l'intérêt général devient *effectivement*, et non pas, comme chez Hegel, purement en pensée, dans l'*abstraction*, l'intérêt particulier, ce qui ne peut se faire que si l'intérêt *particulier* devient effectivement l'intérêt *général*. Hegel part d'une opposition irréelle et n'aboutit en conséquence qu'à une identité imaginaire et qui en réalité rétablit l'opposition. La bureaucratie est une identité de ce genre.

Mais suivons son développement dans le détail.

La seule détermination philosophique que Hegel donne du pouvoir gouvernemental, c'est la "subsomption" de l'individuel et du particulier sous l'universel, etc.

Hegel se contente de cela. D'un côté nous avons la catégorie de la "subsomption" du particulier, etc. De l'autre côté, il faut qu'elle soit réalisée. Hegel prend alors une quelconque des organisations empiriques [*empirische Existenzen*] de l'État prussien ou de l'État moderne (telle qu'elle est et sans rien y changer) qui réalise *entre autres* cette catégorie, et cela indépendamment du fait que celle-ci n'exprime nullement l'être spécifique de celle-là. La mathématique appliquée est aussi de la "subsomption". Hegel ne se demande pas si c'est le mode rationnel, adéquat de la subsomption. Il s'en tient uniquement à la seule catégorie et se contente de lui trouver une existence correspondante. Hegel donne à sa *Logique* un *corps politique* ; il ne donne pas la *logique du corps politique* (§ 287).

En ce qui concerne le rapport des corporations, des communes avec le gouvernement, nous apprenons tout d'abord que leur administration (la nomination de leurs administrateurs) "doit se faire selon un système mixte : les dirigeants élus par tous les intéressés devraient être reconnus et confirmés par l'autorité suprême" (§ 288). L'*élection mixte* des administrateurs des communes et des corporations serait donc le premier rapport entre la société civile et l'État ou le pouvoir gouvernemental, leur première identité. D'après Hegel lui-même, cette identité est encore très superficielle, un *mixtum compositum*, un mélange. L'identité est aussi superficielle que l'opposition est tranchée :

> "Les affaires dont ils (les dirigeants des corporations, communes, etc.) ont soin sont, d'une part, la propriété privée et l'intérêt de ces sphères particulières, et de ce point de vue, leur autorité repose sur la confiance de leurs compagnons et de leurs concitoyens ; mais, d'autre part, ces domaines doivent être subordonnés à l'intérêt supérieur de l'État" (§ 288).

Il en résulte "l'élection mixte" sus-indiquée.

L'administration de la corporation implique donc l'opposition : *la propriété privée et l'intérêt des sphères particulières contre l'intérêt supérieur de l'État : opposition entre la propriété privée et l'État.*

Il n'est pas nécessaire de faire remarquer que la solution de cette opposition par l'élection mixte est un simple accommodement, un compromis, l'*aveu* que le dualisme n'est pas résolu et est elle-même un *dualisme*, un "mélange". Les intérêts particuliers des corporations, des communes, etc., impliquent, *à l'intérieur de leur propre sphère*, un dualisme qui marque tout aussi bien le caractère de leur administration.

Mais l'opposition la plus extrême se manifeste d'abord dans le rapport entre les "intérêts *particuliers* des collectivités" dont il est dit (§ 288) qu'ils "se trouvent en dehors de l'État en tant qu'universel en soi et pour soi", et l'État "en tant qu'universel en soi et pour soi". Une fois de plus l'opposition se manifeste à l'intérieur de cette sphère.

> "La sauvegarde de l'intérêt général de l'État et de la légalité au milieu des intérêts particuliers, la réduction de ceux-ci à ceux-là exigent une surveillance par des représentants du pouvoir gouvernemental et notamment par des fonctionnaires exécutifs et aussi par des autorités supérieures consultatives constituées en collèges, le sommet de cette organisation hiérarchique se trouvant à proximité immédiate du monarque" (§ 289).

Signalons en passant la composition de ces *collèges* – institution que la France par exemple ne connaît pas. Du moment que Hegel définit ces autorités comme "consultatives", il va de soi qu'elles sont "constituées en collèges".

Pour assurer "l'intérêt général de l'État et de la légalité", l'État lui-même, le "pouvoir gouvernemental" doit, d'après Hegel, intervenir dans la société civile par le moyen de ses "représentants", et, d'après lui, ces "représentants du gouvernement", ces "fonctionnaires exécutifs", sont la *vraie* représentation étatique (*Staatsrepräsentation*) non pas "de", mais "contre" la société civile. L'opposition entre l'État et la société civile est donc fixée : l'État ne réside pas *dans*, mais *en dehors* de la société civile ; il n'y touche que par le moyen de ses propres "représentants" auxquels il a confié la tâche d'exercer la "surveillance de l'État", à l'intérieur de ces sphères. L'existence de ses "représentants" ne supprime pas l'opposition entre l'État et la société ; bien au contraire, elle la légalise et la fige. L'"État", considéré comme quelque chose d'étranger et de transcendant (*Jenseitiges*) par rapport à l'essence de la société civile, est défendu contre la société civile par ses propres délégués. L'"administration", les "tribunaux", les "autorités" ne sont pas des délégués de la société civile gérant elle-même, en eux et par eux, son propre intérêt commun, mais des représentants de l'État, chargés d'administrer l'État contre la société civile. Cette *opposition*, Hegel la rend encore plus explicite dans la Remarque ingénue mentionnée plus haut :

> "Les fonctions administratives sont de nature *objective* [...], leur contenu substantiel a été défini par des décisions antérieures" (§ 291).

Hegel aurait pu en déduire que ces fonctions pourraient être remplies par la société civile elle-même d'autant plus qu'elles ne réclament aucune "hiérarchie du savoir". Mais c'est le contraire qu'il fait.

Il fait la remarque profonde qu'elles doivent être remplies par des "individus" et qu'entre elles et ses individus "il n'y a aucun lien *naturel* immédiat". On pense au pouvoir royal qui n'est rien d'autre que le "pouvoir naturel de l'arbitraire" et qui (en tant que naturel) a besoin de "naître". Le pouvoir royal n'est que le représentant de l'élément *naturel* dans la volonté, le représentant de la *domination de la nature physique à l'intérieur de l'État.*

Les “fonctionnaires exécutifs” obtiennent leurs charges essentiellement par la volonté du “prince” :

> “Le facteur objectif dans leur nomination est le savoir (l’arbitraire subjectif n’a pas besoin de ce facteur) et la confirmation de la compétence par l’examen. L’examen garantit à l’État que ses besoins seront satisfaits ; il garantit au *citoyen la possibilité* d’accéder à la classe universelle.”

Cette possibilité qu’a chaque citoyen de devenir fonctionnaire de l’État est donc le second rapport affirmatif entre la société civile et l’État, une deuxième *identité*. Elle est de nature fort superficielle et dualiste. Chaque catholique a la possibilité de devenir prêtre (c’est-à-dire de se séparer des laïcs aussi bien que du monde). Le clergé ne cesse pas pour autant d’être une puissance transcendante (*jenseitige*) vis-à-vis des catholiques. La possibilité d’acquérir le droit d’une sphère autre que celle où l’on vit prouve simplement que sa propre sphère ne possède pas la réalité de ce droit.

Dans l’État vrai il ne s’agit pas de la possibilité pour chaque citoyen d’accéder à la classe universelle considérée comme une classe particulière, mais de la capacité de la classe universelle d’être réellement universelle, c’est-à-dire d’être celle de tous les citoyens. Mais tout le développement de Hegel présuppose la classe pseudo-universelle, illusoirement universelle, l’universalité perpétuellement particulière.

L’identité qu’il a construite entre l’État et la société civile, c’est l’identité de *deux armées ennemies* ; où tout soldat a la possibilité de devenir par désertion membre de l’armée ennemie – mais il est vrai que Hegel trace ainsi un tableau exact de la situation empirique présente.

Il en va de même avec sa théorie des examens. Dans un État conforme à la raison l’examen pour devenir cordonnier serait beaucoup plus justifié que l’examen pour devenir fonctionnaire exécutif de l’État ; car on peut être un bon citoyen, un homme social, sans connaître l’art du cordonnier ; mais l’indispensable “connaissance des choses concernant l’État” (*Staatswissen*) est une condition en l’absence de laquelle l’homme vivrait dans l’État tout en étant hors de l’État, coupé de lui-même, et comme privé d’air. L’examen n'est qu'une formalité maçonnique, la reconnaissance par la loi du fait que le savoir civique est un privilège.

Le "lien" de la "fonction publique" et de "l'individu", ce lien objectif entre le savoir de la société civile et le savoir de l'État, l'*examen*, n'est rien d'autre que le *baptême bureaucratique du savoir*, la reconnaissance officielle de la *transubstantiation* du savoir profane en savoir sacré (il est bien entendu, dans tous les examens, que l'examinateur sait tout). On n'a pas entendu dire que les hommes d'État grecs ou romains aient passé des examens. Mais, vraiment, qu'est-ce qu'un homme d'État romain comparé à un homme de gouvernement prussien ?

À côté du lien *objectif* entre l'individu et la fonction publique, à côté de l'*examen*, se trouve un autre lien : la volonté arbitraire du prince (§ 292) :

"Dans le choix des fonctionnaires le critère objectif n'est pas la génialité (comme c'est le cas dans l'art) ; plusieurs candidats peuvent donc se présenter et leurs mérites respectifs ne peuvent être déterminés avec une précision absolue [...]. En outre, l'individu et la fonction sont contingents l'un par rapport à l'autre. Il y a donc un côté subjectif dans le fait que tel individu est choisi pour un poste et habilité pour exercer un pouvoir public [...]. Aussi bien, le dernier mot, en ce cas, appartient au prince en tant que pouvoir souverain dans l'État."

À tous les niveaux, le prince est le représentant de la contingence. Outre l'élément objectif de la confession de foi bureaucratique (l'examen), il faut encore l'élément subjectif de la *grâce* royale : c'est ainsi que la foi porte des fruits.

§ 293. *"Les différentes fonctions publiques que le monarque confie aux autorités"* (le monarque répartit, remet aux autorités, comme autant de fonctions, les activités particulières de l'État, *répartit l'État entre les bureaucrates* ; il confère tout cela de la même manière que la sainte Église romaine confère les ordres ; la monarchie est système émanationniste ; elle afferme les fonctions de l'État) *"constituent une partie de l'aspect objectif de la souveraineté inhérente au monarque"*.

Hegel distingue ici pour la première fois entre l'aspect *objectif* et l'aspect subjectif de la souveraineté inhérente au monarque. Auparavant il les confondait. La souveraineté inhérente au monarque est considérée ici d'un point de vue explicitement mystique, de la même manière que les théologiens découvrent le dieu personnel dans la nature. Auparavant il disait encore que le monarque est l'aspect subjectif de la souveraineté inhérente à l'*État.*

Au § 294 Hegel déduit de l'Idée le *traitement* des fonctionnaires ! Ici, dans le traitement des fonctionnaires, autrement dit dans le fait que le service de l'État garantit la sécurité de l'existence empirique, c'est l'identité *réelle* de la société civile et de l'État qui se trouve posée. Le traitement des fonctionnaires est la plus haute identité que Hegel ait élaborée. C'est la transformation des fonctions publiques en professions, la séparation de l'État et de la société étant présupposée. Lorsque Hegel dit (Remarque au § 294) :

> "Le service de l'État exige que l'on sacrifie la satisfaction égoïste et arbitraire des buts subjectifs...",

il faut remarquer que ce sacrifice est exigé par tout service. Et lorsque Hegel ajoute :

> "La seule satisfaction que le service de l'État reconnaît comme légitime (chez ses serviteurs) est l'accomplissement du devoir. C'est ici que se trouve l'union de l'intérêt particulier et de l'intérêt général qui constitue le principe de l'État et fait sa solidité interne",

il faut remarquer : 1° que cela s'applique à tout serviteur, et 2° qu'il est exact que le *traitement* des fonctionnaires fait la "solidité interne" et la profondeur des monarchies modernes. Seule l'existence des fonctionnaires est *garantie* – contrairement à ce qui arrive aux membres de la société civile...

Mais il ne peut pas échapper à Hegel que, dans sa construction, le pouvoir gouvernemental est posé comme *opposé* à la société civile, et plus précisément comme l'élément dominant. Comment établit-il alors un rapport d'identité ? D'après le § 295, "la protection de l'État et des gouvernés contre l'abus de pouvoir de la part des autorités et des fonctionnaires est assurée, d'une part, immédiatement, par l'organisation hiérarchique"... Comme si la hiérarchie n'était pas l'*abus capital* ! Comme si les quelques fautes personnelles des fonctionnaires n'étaient pas comparables aux fautes qu'ils sont *forcés* de commettre par la hiérarchie ! La hiérarchie punit le fonctionnaire dans la mesure où il pèche contre la hiérarchie ou commet une faute que la hiérarchie juge superflue ; ou bien elle le prend sous sa protection du moment que c'est la hiérarchie elle-même qui pèche en lui ; et, de toute façon, la hiérarchie a de la peine à croire aux fautes de ses membres.

La seconde garantie contre l'arbitraire de la bureaucratie sont les privilèges des corporations :

> "... de l'autre côté, la protection de l'État et des gouvernés [...] est assurée par les pouvoirs dont disposent les communes et les corporations, car ces pouvoirs empêchent que l'arbitraire individuel se mêle à l'exercice du pouvoir confié aux fonctionnaires. Ainsi se complète par le bas le contrôle d'en haut, lequel a peu de chances de s'exercer sur le détail des actes individuels des fonctionnaires".

Si nous demandons à Hegel quelle est la protection de la société civile contre la bureaucratie, il nous répond :

1° La *"hiérarchie"* bureaucratique. Les *contrôles.* C'est-à-dire que l'adversaire a lui-même pieds et poings liés, et que, s'il est marteau vers le bas, il est enclume vers le haut. Mais où est la protection contre la hiérarchie ? Le moindre mal est, il est vrai, supprimé par un mal plus grand, en ce sens qu'il disparaît devant lui.

2° Le *conflit*, le conflit non résolu entre la bureaucratie et la corporation. La *lutte*, la *possibilité* de la lutte, est la garantie contre la défaite. Plus loin (§ 297) Hegel évoque comme garanties supplémentaires les "institutions de la souveraineté par le haut", par quoi il entend à nouveau la hiérarchie.

Mais Hegel ajoute encore deux éléments (§ 296). Le premier élément il le trouve *dans le fonctionnaire lui-même.* Ce qui doit l'humaniser et l'amener à adopter comme "coutume" "l'absence de passion, l'équité et la bienveillance", c'est la "formation civique et intellectuelle directe" qui "contrebalance" ce qu'il y a de "mécanique" (*Mechanismus*) dans son savoir et son "travail réel". Comme si "ce qu'il y a de mécanique" dans son savoir et son "travail réel" ne "contrebalançait" pas sa "formation civique et intellectuelle" ! Son esprit réel et son travail réel ne l'emportent-ils pas sur ses autres facultés de la même manière que la "substance" l'emporte sur ses "accidents" ? Car sa fonction est sa situation "substantielle" et son "pain". Il est tout de même beau que Hegel oppose la "formation civique et intellectuelle directe" au "caractère mécanique" du savoir et du travail bureaucratiques ! L'homme dans le fonctionnaire doit protéger le fonctionnaire contre lui-même. Mais quelle unité ! *"Contrebalancer dans l'esprit."* Quelle catégorie dualiste !

Hegel mentionne encore "l'étendue de l'État". Or, en Russie par exemple, celle-ci ne garantit nullement contre l'arbitraire des fonctionnaires exécutifs de l'État, et de toute manière c'est un facteur qui n'a rien à voir avec "l'essence" de la bureaucratie.

Au terme du développement hégélien, le "pouvoir gouvernemental" apparaît comme le "fonctionnarisme".

Ici, dans la sphère de l'État "en tant qu'universel en soi et pour soi", nous ne trouvons que des conflits non résolus. L'*examen* et le *pain* des fonctionnaires sont les synthèses ultimes.

Comme dernière consécration de la bureaucratie, Hegel évoque son impuissance, son conflit avec la corporation.

Au § 297 une identité est posée en ce sens que "les membres du gouvernement et les fonctionnaires d'État constituent la partie principale de la classe moyenne". Cette "classe moyenne", Hegel la célèbre comme le "pilier" de l'État "en ce qui concerne l'honnêteté et l'intelligence". Dans l'Addition au § 297, il dit :

> "Que cette classe moyenne se forme est un intérêt fondamental pour l'État. Mais cela ne peut arriver que lorsque l'État possède une unité organique [...], c'est-à-dire lorsque l'État reconnaît une certaine autorité aux groupements particuliers relativement indépendants et dispose lui-même d'un appareil de fonctionnaires (*Beamtenwelt*) dont l'arbitraire est neutralisé par les droits dont sont dotés ces groupements particuliers."

Il est vrai que dans une organisation de ce genre le peuple ne peut apparaître que sous la forme d'une classe, à savoir de la classe moyenne. Mais qu'est-ce qu'une organisation qui ne peut fonctionner que grâce au contrepoids des privilèges ? Il est extrêmement difficile de développer le pouvoir gouvernemental. Bien plus que le pouvoir législatif, il appartient au peuple.

Plus loin (dans la Remarque au § 308), Hegel saisit le véritable esprit de la bureaucratie : il parle de “routine administrative” et de “l’horizon d’un groupe borné”.

III. LE POUVOIR LÉGISLATIF [§§ 298-313]

§ 298. "Le pouvoir législatif concerne les lois en tant que telles dans la mesure où elles ont besoin de précisions complémentaires. Il concerne aussi les affaires intérieures de l'État dans la mesure où elles ont une portée générale (expression bien générale [22]). Ce pouvoir est lui-même une partie de la Constitution ; il la présuppose et, par conséquent, celle-ci se trouve absolument en dehors du domaine où il s'exerce. Cependant, la Constitution elle-même se développe et progresse grâce au perfectionnement des lois et aux progrès de l'organisation générale du gouvernement."

CE qui frappe d'abord, c'est que Hegel fait ressortir que "ce pouvoir est lui-même une partie de la Constitution", qu'il "présuppose la Constitution" et que celle-ci "se trouve absolument en dehors du domaine où il s'exerce", alors qu'il n'a fait cette remarque ni à propos du pouvoir royal ni à propos du pouvoir gouvernemental, où elle était tout aussi vraie. Il est vrai que Hegel vise à construire la totalité de la Constitution et ne peut donc pas la présupposer ; mais nous reconnaissons précisément sa profondeur en ce qu'il commence partout par l'*opposition* des déterminations (telles qu'elles existent dans les États actuels) et y insiste.

Ainsi donc le pouvoir législatif "est lui-même une partie de la Constitution" et celle-ci "se trouve absolument hors du domaine où il s'exerce". Mais la Constitution ne s'est pas non plus faite toute seule. Les lois qui "ont besoin de précisions supplémentaires" ont été formulées [par quelqu'un]. Il faut qu'un pouvoir législatif existe ou ait existé avant la Constitution et *en dehors* de la Constitution. Il faut qu'un pouvoir législatif existe en dehors du pouvoir législatif actuel, empirique, donné. Mais, répondra Hegel, nous présupposons l'État tel qu'il existe actuellement. Seulement, Hegel est un philosophe du Droit et veut penser l'idée même (*Gattung*) de l'État. Il n'a pas le droit de jauger l'Idée à l'ordre existant ; il doit jauger l'ordre existant à l'Idée.

Le conflit est simple. Le pouvoir législatif est le pouvoir d'organiser l'universel. C'est en lui que réside la force de la Constitution et il déborde la Constitution.

Mais, d'autre part, le pouvoir législatif est un pouvoir constitutionnel. Il est donc soumis à la Constitution. La Constitution a force de *loi* pour le pouvoir législatif. Elle a donné des lois au pouvoir législatif et lui en donne constamment. Le pouvoir législatif n'est pouvoir législatif que dans le cadre de la Constitution, et la Constitution serait *hors la loi* * si elle était en dehors du pouvoir législatif. *Voilà, la collision* * ! L'histoire récente de la France nous montre comment on a grignoté pas mal de choses.

Comment Hegel résout-il cette antinomie ?

Il nous dit tout d'abord que la Constitution est "présupposée" par le pouvoir législatif ; qu'elle est située "en dehors du domaine où il s'exerce". "Mais" (mais !) "elle se développe" grâce au "perfectionnement des lois" et aux "progrès de l'organisation générale du gouvernement". Donc : la Constitution se trouve directement "en dehors" du domaine du pouvoir législatif, mais indirectement le pouvoir législatif modifie la Constitution. Ce qu'il ne peut et ne doit faire par voie directe, il le fait par voie détournée. Il grignote *en détail* * ce qu'il ne peut pas modifier *en gros* *. Il fait par la nature des choses et des conditions (*Verhältnisse*) ce que la nature de la Constitution lui interdit de faire. Il fait *matériellement*, en fait, ce qu'il ne fait pas *formellement*, *légalement*, constitutionnellement.

Mais Hegel n'a pas pour autant résolu l'antinomie ; il l'a transformée en une autre antinomie ; il a mis l'action – l'action *constitutionnelle* – du pouvoir législatif en contradiction avec sa vocation constitutionnelle. L'opposition subsiste entre la constitution et le pouvoir législatif. L'activité *de fait* et l'activité *légale* du pouvoir législatif, Hegel les définit comme contradictoires : c'est la contradiction entre ce que le pouvoir législatif doit être et ce qu'il est réellement, entre ce qu'il *croit* faire et ce qu'il fait vraiment.

Comment Hegel peut-il considérer cette contradiction comme la vérité ? "Le progrès de l'organisation générale du gouvernement" n'explique rien car ce "progrès" doit également être expliqué.

Dans l'Addition au § 298, Hegel n'apporte rien à la solution des difficultés. Mais il les fait ressortir plus nettement encore.

[Il dit :]

> "La Constitution doit être en soi et pour soi le terrain ferme et solide où se place le pouvoir législatif, et n'a donc pas à être établie par lui. La constitution *est*, mais elle *devient* tout aussi essentiellement, c'est-à-dire elle se forme et progresse. Cette progression est une *modification* qui se fait d'une manière invisible et n'a donc pas la *forme* de la modification."

En d'autres termes, la Constitution *est* d'après la loi (d'après l'illusion), mais elle *devient* en réalité (en vérité). Elle est invariable par définition, mais se modifie en réalité ; seulement cette modification est inconsciente et n'a pas la forme de la modification. L'apparence contredit l'être. L'apparence est la loi consciente de la Constitution, et l'être en est la loi *inconsciente* en contradiction avec la première. La loi n'est pas la nature de la chose, mais plutôt son contraire.

D'après Hegel, l'État est la plus haute réalisation de la liberté, de la raison consciente d'elle-même. Le vrai ne serait-il plutôt que ce qui domine dans l'État n'est pas la loi ou réalité concrète de la liberté, mais l'aveugle nécessité naturelle ? Or, si la loi de la chose est reconnue comme contraire à la définition selon la loi, pourquoi ne pas reconnaître aussi la loi de la chose comme la loi de la raison, comme la loi de l'État ? Comment maintenir le dualisme tout en le sachant comme tel ? Partout Hegel veut voir dans l'État la réalisation de l'esprit libre, mais en réalité il résout toutes les difficultés en évoquant la nécessité naturelle qui est le contraire de la liberté. La transformation de l'intérêt particulier en intérêt général n'est pas non plus une loi consciente de l'État ; elle s'accomplit par la médiation du hasard, en dépit de la conscience ; et pourtant Hegel voit partout dans l'État la réalisation de la libre volonté (c'est ici que se montre le point de vue *substantiel* de Hegel).

Les exemples cités par Hegel au sujet de la modification *graduelle* de la Constitution sont mal choisis. Il dit que le patrimoine des princes allemands et de leurs familles a cessé d'être un bien privé et s'est transformé en domaine de l'État, que la juridiction personnelle des empereurs allemands s'est changée en juridiction par l'intermédiaire des délégués. Or, en ce qui concerne le premier exemple, il faut dire au contraire qu'en réalité ce sont les propriétés de l'État qui se transformèrent en propriété privée des princes.

En outre, ces transformations ont été limitées à des cas particuliers. Il est vrai que des Constitutions entières ont été modifiées du fait que de nouveaux besoins ont peu à peu vu le jour, que l'état de choses existant s'est effrité, etc. ; mais il a toujours fallu passer par une révolution selon toutes les formes (*formliche*) pour obtenir une nouvelle Constitution.

> "C'est en apparence, conclut Hegel, que la transformation d'un régime se fait d'une façon tranquille et sans être remarquée. À la longue, la Constitution aboutit à un ordre tout à fait différent de celui qui existait antérieurement."

Le concept de transition graduelle est faux au point de vue historique ; ensuite, il n'explique rien.

Si l'on ne veut pas que la Constitution soit seulement modifiée et que la violence mette finalement en pièces l'apparence illusoire (de l'inviolabilité de la Constitution) ; si l'on veut que l'homme fasse consciemment ce que la nature de la chose le force à faire inconsciemment, il faut que l'évolution, le *progrès* deviennent *le principe de la Constitution* et que le véritable support [*Träger*] de la Constitution, le peuple, devienne le principe de la Constitution. Le progrès est alors lui-même le principe de la Constitution.

Mais la Constitution doit-elle faire elle-même partie du domaine où s'exerce le pouvoir législatif ? Cette question ne peut être posée qu'à certaines conditions. Il faut : 1° que l'État politique existe uniquement comme formalisme de l'État réel ; qu'il constitue un domaine à part et qu'il existe comme "Constitution" ; et 2° que le pouvoir législatif ait une autre origine que le pouvoir gouvernemental.

Le pouvoir législatif a fait la Révolution française ; partout où il a dominé dans sa particularité, il a, d'une façon générale, fait les grandes révolutions organiques universelles ; il a combattu non "la" Constitution, mais une Constitution particulière, surannée, précisément parce qu'il était le représentant du peuple, de la volonté générique. Le pouvoir gouvernemental, au contraire, a fait les petites révolutions, les révolutions rétrogrades, les réactions ; il a fait la révolution non pour une nouvelle Constitution contre une ancienne, mais contre la Constitution, précisément parce que le pouvoir gouvernemental était le représentant de la volonté particulière, de la volonté subjective, de la partie magique de la volonté.

Bien posée, la question se ramène à ceci : le peuple a-t-il le droit de se donner une nouvelle Constitution ? La réponse ne peut être qu'absolument affirmative car une Constitution qui a cessé d'être l'expression réelle de la volonté populaire n'est en fait qu'une illusion.

La collision entre la Constitution et le pouvoir législatif n'est rien d'autre qu'un conflit de la Constitution avec elle-même, une contradiction dans le concept de la Constitution.

La Constitution n'est qu'un arrangement entre l'État politique et l'État non politique ; elle est donc nécessairement en elle-même un compromis entre puissances essentiellement hétérogènes. Il est donc impossible à la loi de dire clairement que l'une de ces puissances, c'est-à-dire une partie de la Constitution, aura le droit de modifier la Constitution, c'est-à-dire le tout.

Si l'on doit parler de la Constitution comme d'une réalité particulière, on doit plutôt la considérer comme une *partie du tout.*

Si, sous le nom de Constitution, l'on a entendu les déterminations générales, fondamentales, de la volonté rationnelle, il va de soi que tout peuple (État) présuppose l'existence de ces déterminations comme il va de soi que ces déterminations doivent constituer son credo politique. C'est là, à proprement parler, affaire de savoir et non de volonté. La volonté d'un peuple est aussi peu capable d'aller au-delà des lois de la raison que la volonté d'un individu. Chez un peuple non raisonnable il ne saurait être question d'une organisation rationnelle de l'État. En outre, dans une *philosophie* du Droit seule la volonté générale doit nous occuper.

Le pouvoir législatif ne crée pas la loi ; il ne fait que la découvrir et la formuler.

On a tenté de résoudre cette collision par la distinction entre *assemblée constituante* et *assemblée constituée* *.

§ 299. “En ce qui concerne les individus [le contenu de la législation] est envisagé sous deux rapports : a) ce que l’État fait en leur faveur et ce qu’ils ont le droit d’obtenir et b) ce qu’ils doivent à l’État. Sous la première rubrique rentrent les lois du droit privé en général, les droits des communes, des corporations et des institutions tout à fait générales et, indirectement, l’ensemble de la Constitution. Quant aux redevances des citoyens à l’État, elles doivent être réduites à de l’argent – incarnation de la valeur générale des biens et des services (*existierende Wert*). Grâce à l’argent, les redevances des citoyens peuvent être définies équitablement et de telle sorte que les travaux et les services particuliers que l’individu peut fournir soient assurés par l’intermédiaire de son libre arbitre.”

À propos de cette définition des objets du pouvoir législatif, Hegel fait observer dans la Remarque au § 299 que…

“Quant à savoir ce qui doit être l’objet de la législation générale et ce qui doit être laissé à l’autorité administrative et à la réglementation gouvernementale, on peut dire de façon générale que dans la première catégorie se trouve ce qui est tout à fait universel par son contenu, à savoir les dispositions légales. Dans la seconde, au contraire, ne rentre que ce qui est particulier et le mode d’exécution. Mais cette distinction n’est pas suffisante : en effet, la loi, parce qu’elle est loi, est quelque chose de plus qu’un simple commandement général (du genre : Tu ne dois pas tuer). La loi doit être précisée en elle-même ; or, plus elle devient précise, plus son contenu devient apte à être appliqué tel quel, mais, en même temps, une précision trop grande dans la formulation des lois risque de leur conférer un aspect empirique qui, dans l’application réelle, devrait être soumis à des modifications, ce qui serait une atteinte au caractère même de la loi. *L’unité organique* des pouvoirs de l’État implique elle-même que c’est un esprit unique qui à la fois établit l’universel et lui donne une réalité définie.”

Mais c’est précisément cette unité organique que Hegel n’a pas établie. Les différents pouvoirs ont des principes différents. Ils sont en même temps des réalités fermes. Au lieu de les développer et de montrer qu’ils constituent des moments d’une unité organique, Hegel escamote leur conflit réel et se réfugie dans une unité organique imaginaire : c’est une fuite mystique dans le vide.

La première collision non résolue était celle qui existe entre la Constitution dans son ensemble et le pouvoir législatif. La seconde est celle du pouvoir législatif et du pouvoir gouvernemental, de la loi et de l'exécution.

Le § 299 nous dit aussi que la seule prestation que l'État exige des individus est l'argent.

Les raisons que Hegel en donne sont les suivantes :

1° L'argent est l'incarnation de la valeur générale des choses et des services.

2° C'est par la réduction de toutes les prestations à des contributions en argent que les redevances des individus peuvent être déterminées de façon équitable.

3° La prestation ne peut être déterminée de cette sorte qu'en ce que chaque individu fixe par sa libre volonté les travaux et les services particuliers dont il est redevable.

En ce qui concerne le point n° 1, Hegel fait observer dans la Remarque [au § 299] :

> "Il semble étrange que l'État ne s'adresse qu'à une seule faculté [de l'être humain], à savoir celle qui apparaît sous la forme de l'argent ; qu'il ignore donc les autres facultés infiniment diverses et vivantes qui se manifestent dans la diversité des aptitudes, des propriétés, des activités et des talents, et qui sont en même temps liées à l'esprit civique (*Gesinnung*). C'est que l'argent n'est pas une faculté particulière à côté des autres ; il est ce qu'il y a d'universel dans toutes les facultés, dans la mesure où celles-ci parviennent à se donner une extériorité et une existence objective (*insofern sie sich zu der Ausserlichkeit des Daseins produzieren*) telles qu'il devient possible de les saisir [et de les mesurer] comme des choses (*in der sie als eine Sache gefasst werden können*)."

Dans l'Addition au § 299, Hegel dit aussi : "Chez nous, l'État *achète* tout ce dont il a besoin."

En ce qui concerne le point n° 2, Hegel dit :

> "C'est seulement quand l'extériorité atteint cette extrémité (où les diverses facultés extériorisées et objectivées peuvent être saisies comme des choses) que la détermination quantitative et par suite la justice et l'égalité deviennent possibles."

Dans l'Addition, il dit aussi :

> "L'argent permet de mieux réaliser ce qu'il y a d'équitable dans l'égalité (*die Gerechtigkeit der Gleichheit*)." "Si l'imposition dépendait des aptitudes

concrètes des individus, l'homme de grand talent pourrait être imposé plus que l'homme sans talent."

En ce qui concerne le point n° 3, il dit :

"Platon, dans sa *République*, fait répartir les individus entre les différentes classes par les autorités supérieures qui leur assignent leurs prestations particulières [...]. Dans la monarchie féodale également, les vassaux avaient, à côté de leurs devoirs indéterminés, des devoirs particuliers, par exemple exercer la justice. En Orient et en Égypte, les prestations pour la construction d'édifices colossaux sont également de qualité particulière, etc. Dans ces régimes, il manque le principe de la liberté subjective, suivant lequel l'activité substantielle de l'individu – activité qui, dans ces prestations, est toujours quelque chose de particulier de par son contenu – doit toujours être déterminée par sa volonté particulière. Ce droit n'est possible que si les prestations sont demandées sous la forme de la valeur générale ; et c'est là la raison qui a produit cette évolution."

Dans l'Addition au § 299, il est dit :

"Chez nous l'État achète ce dont il a besoin ; et cela peut tout d'abord paraître abstrait, mort et sans âme ; et peut également donner l'impression que l'État a perdu sa dignité et se contente de prestations abstraites. Mais le principe de l'État moderne veut que tout ce que fait l'individu soit déterminé par sa volonté..." "Aujourd'hui le respect de la liberté subjective apparaît justement dans le fait qu'on ne prend à l'individu que ce que l'individu laisse prendre."

Faites ce que vous voulez, payez ce que vous devez payer. Hegel dit aussi que "les prestations qui ont trait à la défense de l'État seront examinées dans une autre Section de la *Philosophie du Droit*". Pour des raisons qui ne sont pas celles de Hegel, nous parlerons plus tard de l'obligation personnelle du service militaire. L'Addition au § 299 s'ouvre avec la proposition suivante :

"Les deux côtés de la Constitution se rapportent aux droits et aux devoirs des individus. Or, pour ce qui est des devoirs (prestations) des individus, presque tous se réduisent maintenant à l'argent. L'obligation militaire est aujourd'hui l'unique prestation personnelle."

[Passons au paragraphe suivant.]

§ 300. "Dans le pouvoir législatif pris comme totalité agissent tout d'abord les deux autres éléments : le monarque puisque c'est à lui que revient la décision suprême, et le gouvernement qui constitue l'élément consultatif non seulement parce qu'il possède la connaissance concrète et globale des multiples aspects de l'ensemble et des principes fermement établis dans et par la pratique réelle [*festgewordene wirkliche Grundsätze*], mais aussi parce qu'il connaît tout particulièrement les besoins de l'État. Enfin vient l'élément représentatif [*das ständische Element*] [23]."

Ainsi donc le pouvoir royal et le pouvoir gouvernemental sont... des pouvoirs législatifs. Mais si le pouvoir législatif est la *totalité*, le pouvoir royal et le pouvoir gouvernemental devraient être plutôt des éléments du pouvoir législatif. L'élément représentatif qui s'y ajoute est *uniquement* pouvoir législatif (*ist nur gesetzgebende Gewalt*), en d'autres termes, il est le pouvoir législatif en tant que celui-ci *diffère* du pouvoir royal et du pouvoir gouvernemental.

§ 301. "L'élément représentatif [les Assemblées] a pour mission de faire valoir l'intérêt général [ou la *res publica*, les affaires publiques : *allgemeine Angelegenheit*] non seulement tel qu'il est en soi, mais aussi tel qu'il est pour soi (*für sich*). Autrement dit, il a pour mission d'actualiser l'élément de la liberté subjective formelle, à savoir la conscience publique comme universalité empirique des opinions et des pensées de la multitude [ou du grand nombre : *die Vielen*]."

Les Assemblées sont une députation de la société civile auprès de l'État auquel elle s'oppose sous les traits de la "multitude" [ou du "grand nombre" : *die Vielen*]. Cette "multitude" voit venir le moment où elle doit traiter *consciemment* l'intérêt général comme son propre intérêt, comme objet de la "conscience publique" qui, d'après Hegel, n'est que "l'universalité empirique des opinions et des pensées de la multitude" (c'est d'ailleurs ce qu'elle est réellement dans les monarchies modernes, même constitutionnelles). Il est caractéristique que Hegel qui montre tant de respect pour l'esprit de l'État, le sens de l'État et l'esprit de la communauté (*sittliche Geist*), se montre en même temps franchement méprisant dès que cet esprit se présente devant lui sous sa forme empirique réelle.

Voilà le mystère du mysticisme. La même abstraction fantasmatique qui croyait reconnaître la *conscience de l'État* dans la forme inadéquate de la bureaucratie-hiérarchie du savoir, et, sans le moindre esprit critique, tenait cette forme d'existence inadéquate [de la conscience de l'État] pour réelle et pleinement légitime, la même abstraction mystique proclame maintenant avec la même naïveté que l'esprit réel *empirique* de l'État, *la conscience publique*, n'est qu'un simple *pot-pourri* des "opinions et des pensées de la multitude". De même qu'elle attribue à la bureaucratie une essence qui lui est étrangère, elle ne connaît la véritable essence [de l'État] que sous la forme inadéquate du phénomène empirique. Hegel idéalise la bureaucratie et ravale la conscience publique au rang d'une chose empirique (*idealisiert-empirisiert*) [24]. S'il s'occupe si peu de la véritable incarnation (*Existenz*) de l'esprit de l'État, c'est parce qu'il se figure que celui-ci est déjà pleinement réalisé dans ses incarnations illusoires (*in seinen soi-disant Existenzen*). Tant que l'esprit de l'État hantait mystiquement l'antichambre, il lui faisait force révérences. Maintenant que nous l'avons devant nous *in persona* [en personne], il passe presque inaperçu.

("L'élément représentatif [les Assemblées] a pour mission de faire valoir l'intérêt général [*die allgemeine Angelegenheit*] non seulement tel qu'il est en soi, mais aussi tel qu'il est pour soi." Sans nul doute, l'intérêt général se fait valoir sous la forme de la "conscience publique" et de "l'universalité empirique des opinions et des pensées de la multitude".)

L'intérêt général est ainsi conçu comme une entité autonome et son devenir-sujet apparaît comme un moment de son devenir vital. Au lieu [de dire que] les sujets s'objectivent dans l'intérêt public, Hegel voit l'intérêt général devenir un "sujet". Au lieu de dire que les sujets doivent poser l'intérêt général comme leur véritable intérêt, Hegel dit que l'intérêt général doit devenir sujet pour acquérir une existence *formelle*. L'intérêt général a intérêt à exister comme sujet.

Il faut ici évoquer la différence entre "l'être en soi" et "l'être pour soi" de l'intérêt général.

L'intérêt général existe déjà "en soi" comme affaire du gouvernement, etc. ; il existe, mais sans être *réellement* un intérêt *général* : il n'est rien moins que cela, car il n'est pas l'affaire de la société civile. Il a déjà trouvé une existence [incarnation] conforme à son *essence* et existant en soi. Que maintenant il devienne aussi dans la réalité "conscience publique" et "universalité empirique", cela est purement formel : c'est seulement d'une manière *symbolique* qu'il devient réalité. L'existence "formelle" ou "empirique" de l'intérêt général est séparée de son existence *substantielle.* La vérité est que l'intérêt général *tel qu'il est en soi* n'est pas *réellement général* et que l'intérêt général *empirique*, réel n'est que *formel.*

Hegel sépare le *contenu* et la *forme*, *l'être en soi* et *l'être pour soi*, et fait intervenir ce dernier comme un élément *formel* venant de l'extérieur. Le contenu est déjà prêt et existe dans une multitude de formes qui ne sont pas les formes de ce contenu ; par contre, il est évident que la forme, qui doit passer maintenant pour la forme réelle du contenu, n'a pas comme contenu le véritable contenu.

L'intérêt général est déjà fixé sans qu'il soit réellement l'intérêt du peuple. La vraie cause du peuple (*Volkssache*) est assurée sans la participation active du peuple. Les Assemblées sont une incarnation (*Existenz*) *illusoire* de l'intérêt de l'État en tant que cause du peuple : c'est l'illusion que *l'intérêt général* est intérêt général, public, l'illusion que la cause du peuple est l'intérêt général. Dans nos États (et dans la philosophie du Droit de Hegel), on en est arrivé au point où la proposition tautologique : "L'intérêt général est l'intérêt général" ne peut apparaître que comme l'*illusion de la conscience pratique.* Les Assemblées ne sont que l'*illusion politique de la société civile.* La liberté subjective apparaît chez Hegel comme liberté *formelle* (et il est vrai que ce qui concerne la liberté (*das Freie*) doit se faire librement et que la liberté ne règne pas comme instinct naturel inconscient de la société) ; et elle lui apparaît comme liberté formelle précisément parce qu'il ne considère pas la liberté objective comme une mise en action et une réalisation de la liberté subjective. Ayant attribué un support (*Träger*) mystique au contenu réel ou présumé de la liberté, il ne reconnaît qu'une signification purement formelle au sujet réel de la liberté.

La séparation de l'*en-soi* et du *pour-soi*, de la substance et du sujet, est du mysticisme abstrait.

Dans la Remarque au § 301, Hegel fait ressortir avec encore plus de vigueur le caractère formel et illusoire des Assemblées. À l'en croire, aussi bien le *savoir* que le *vouloir* de ces Assemblées sont en partie insignifiants, en partie suspects, et leur contribution à l'élaboration des lois n'a aucun contenu substantiel.

[Voici les deux arguments qu'emploie Hegel pour défendre cette thèse :]

1° "En ce qui concerne la nécessité ou l'utilité de la collaboration des Assemblées à l'élaboration des lois, l'opinion qui prévaut habituellement dans la conscience vulgaire est à peu près la suivante : les députés du peuple, voire le peuple lui-même, *doivent savoir le mieux* ce qui sert le plus, et ont, sans doute aucun, la meilleure volonté en ce qui concerne ce Bien. Or, en ce qui concerne le premier point, la vérité est plutôt que le peuple, si ce terme désigne une fraction particulière des membres d'un État, représente la partie qui *ne sait pas ce qu'elle veut.* Savoir ce que l'on veut, et plus encore : savoir ce que veut la volonté qui existe en lui-même et pour elle-même, c'est-à-dire la Raison, cela est le fruit d'une connaissance et d'une intelligence profondes, qui justement ne sont pas ce qui caractérise le peuple."

Cette connaissance et intelligence profondes résident probablement dans les bureaux... Mais voici ce que Hegel pense des Assemblées elles-mêmes :

"Les hauts fonctionnaires de l'État possèdent nécessairement une intelligence plus profonde et plus vaste de la nature des institutions et des besoins de l'État ; ils ont en plus une meilleure qualification et une plus grande habitude de ces affaires ; et ils *peuvent* faire le mieux *sans* le concours des Assemblées, de même qu'à l'intérieur des Assemblées ce sont eux qui ont l'obligation constante de faire le mieux."

Il va de soi que cela est pleinement vrai dans l'organisation décrite par Hegel.

2° [Deuxième argument.] "En ce qui concerne la volonté particulièrement bonne des Assemblées en vue du bien commun, on a déjà remarqué (§ 272) que c'est adopter l'opinion de la populace et considérer les choses d'un point de vue purement négatif que d'attribuer *a priori* au gouvernement une volonté mauvaise ou moins bonne. Pareille supposition autoriserait la riposte suivante : comme les Assemblées émanent de la singularité, du point de vue de la sphère privée (*Privatstand*) et des intérêts particuliers, elles ont tendance à mettre leur influence au service de ceux-ci et au détriment de l'intérêt général, alors qu'au contraire les autres éléments du pouvoir public se placent par définition (*für sich*) au point de vue de l'État et se consacrent à des buts généraux."

Donc, le *savoir* et le *vouloir* des Assemblées sont ou superflus ou suspects. Le peuple ne sait pas ce qu'il veut. Les Assemblées ne possèdent pas la science administrative au même degré que les fonctionnaires dont elle est le monopole. Elles sont superflues pour l'accomplissement de "l'intérêt général". Les fonctionnaires *peuvent* le réaliser sans le concours des Assemblées ; ils ont même le *devoir* de faire le meilleur malgré elles. En ce qui concerne le contenu, les Assemblées sont pur luxe. Leur existence est donc au sens littéral une pure *forme.*

En outre, l'état d'esprit, la *volonté* des Assemblées sont suspects puisqu'elles émanent "des points de vue de la sphère privée et des intérêts particuliers". En vérité, c'est l'intérêt privé qui est leur seul intérêt général : ce n'est pas l'intérêt général qui est leur intérêt privé. Comment d'ailleurs l'intérêt général pourrait-il prendre *forme* en tant qu'intérêt général dans une volonté qui ne sait pas ce qu'elle veut, n'a aucun savoir particulier de l'intérêt général et dont le contenu véritable est l'intérêt opposé à l'intérêt général ?

Dans les États modernes, comme dans la philosophie du Droit de Hegel, la réalité *vraie, consciente*, de l'intérêt général n'est que *formelle*, autrement dit *c'est le formel qui est l'intérêt général réel.*

Hegel n'est pas à blâmer parce qu'il décrit l'essence de l'État moderne tel qu'il est, mais parce qu'il présente ce qui est comme l'*essence de l'État.* La thèse : le rationnel est le réel, est prouvée même par la contradiction de la réalité irrationnelle qui est partout le contraire de ce qu'elle exprime et exprime le contraire de ce qu'elle est.

Au lieu de montrer comment l'intérêt général existe "subjectivement" pour soi et donc existe "réellement comme tel", qu'il possède donc aussi la forme de l'intérêt général, Hegel montre seulement que c'est l'*absence de forme* qui constitue la subjectivité de l'intérêt général. Or, une forme sans contenu doit être informe. La forme que l'intérêt général prend dans un État qui n'est pas l'État de l'intérêt général ne peut être qu'une *non-forme* (*Unform*), une forme qui se mystifie elle-même, se contredit elle-même, une *forme illusoire* [ou une fausse forme : *Scheinform*] qui se révélera comme étant cette fausseté ou cette illusion (*dieser Schein*).

Hegel ne veut le luxe des Assemblées que par amour pour la Logique. L'"être-pour-soi" de l'intérêt général en tant qu'universalité empirique doit s'incarner quelque part. Hegel ne cherche pas une réalisation adéquate de "l'être pour soi" de l'intérêt général ; il se contente de trouver une réalité empirique pouvant être ramenée à cette catégorie de la Logique. Les Assemblées se présentent comme une telle réalité et alors Hegel ne se prive pas de rappeler combien cette réalité est misérable et contradictoire. Et puis il reproche encore à la "conscience vulgaire" de ne pas se contenter du *satisfecit* de la Logique : il lui reproche de ne pas vouloir dissoudre la réalité dans la Logique au moyen de cette abstraction *arbitraire*, et de vouloir voir la Logique se transformer en une véritable objectivité.

Je dis : abstraction *arbitraire*. En effet, s'il est vrai que le pouvoir gouvernemental veut l'intérêt général, le connaît, le réalise et est lui-même une pluralité empirique (Hegel nous dit lui-même qu'il n'est pas une totalité), pourquoi ne pas définir le pouvoir gouvernemental comme "l'être pour soi" de l'intérêt général ? Pourquoi aussi ne pas définir les Assemblées comme "l'être en soi" de l'intérêt public, puisque ce n'est que dans le gouvernement que la chose parvient à la lumière et acquiert précision, réalité et autonomie ?

Mais la vraie opposition est celle-ci : il faut que l'intérêt général soit *représenté* d'une façon quelconque au sein de l'État comme intérêt général *réel* et par conséquent "empirique" ; il faut qu'il apparaisse quelque part avec la couronne et la pourpre de l'Universel ; aussi devient-il un rôle [théâtral], une *illusion*.

Il s'agit de l'opposition de "l'universel" en tant que "forme", de l'universel "dans la forme de l'universalité", et de "l'universel en tant que contenu".

Dans la science, par exemple, un individu peut accomplir l'intérêt général, et ce sont toujours des individus qui l'accomplissent. Mais il ne devient réellement général que lorsqu'il n'est plus l'affaire de l'individu, mais l'affaire de la société. Cela modifie non seulement la forme, mais encore le contenu. Mais ici il s'agit de l'État où le peuple constitue lui-même l'intérêt général ; il s'agit ici de la volonté qui n'a sa véritable existence en tant que volonté générique que dans la volonté du peuple devenu conscient de lui-même. En outre, il s'agit ici de l'idée de l'État.

L'État moderne, où l'intérêt général ainsi que la tâche de s'en occuper sont un monopole et où les monopoles constituent les véritables intérêts généraux, a fait une bien curieuse invention : il s'est approprié l'intérêt général en tant que pure "forme". (La vérité est que seule la forme est intérêt général.) Il a de la sorte trouvé la forme qui correspond à son contenu qui n'est qu'en apparence l'intérêt général réel.

L'État constitutionnel est l'État dans lequel l'intérêt de l'État en tant qu'intérêt réel du peuple a une existence *purement* formelle et existe comme une certaine *forme* à côté de l'État réel. L'intérêt de l'État en tant qu'intérêt du peuple a *formellement* acquis une réalité, mais cette réalité doit rester *formelle.* Il est devenu une *formalité*, le *haut goût* * de la vie du peuple, une *cérémonie.* Les Assemblées ne font que *sanctionner, légaliser le mensonge* des États constitutionnels, mensonge d'après lequel l'*État est l'intérêt du peuple et le peuple l'intérêt de l'État.* Ce mensonge se dévoile dès qu'on aborde le *contenu.* Ce mensonge s'est institutionnalisé [*etabliert sich*] comme pouvoir *législatif*, précisément parce que le pouvoir législatif a comme contenu l'universel et est l'affaire du savoir plutôt que de la volonté [précisément parce que le pouvoir législatif] est le *pouvoir métaphysique* de l'État, tandis que le même mensonge (institutionnalisé) comme *pouvoir gouvernemental*, etc., serait obligé ou bien de se dissoudre tout de suite ou bien de se transformer en vérité. Le pouvoir métaphysique de l'État [le pouvoir législatif] était le siège le plus adéquat de l'illusion métaphysique générale de l'État [*Staats-illusion*].

(Continuons la lecture de la Remarque au § 301 :)

"Il suffit d'un peu de réflexion pour comprendre que si les Assemblées sont une garantie pour le bien général et la liberté publique, cette garantie ne découle pas de l'intelligence (*Einsicht*) particulière des députés [...], mais réside dans les faits suivants. Tout d'abord, les députés apportent un supplément d'information (*Zutat von Einsicht*), étant donné qu'ils connaissent mieux la conduite des fonctionnaires qui sont éloignés des yeux des autorités centrales, et qu'ils ont une vision plus concrète des nécessités et des lacunes les plus pressantes et les plus spéciales (*speziellere*). Ensuite, l'anticipation de la censure collective et plus précisément de la censure publique a comme effet d'inciter (les fonctionnaires) à accorder par avance la plus grande attention aux affaires et aux différents projets et à les considérer conformément aux motifs les plus purs. C'est d'ailleurs une obligation qui s'impose également aux membres des Assemblées eux-mêmes [...].

"En ce qui concerne la garantie particulière qui est supposée résider dans les Assemblées, disons que *toutes les autres institutions de l'État* partagent avec les Assemblées le caractère d'être une garantie du bien général et de la liberté rationnelle. Disons aussi que certaines de ces institutions, par exemple la souveraineté du monarque, la succession héréditaire au trône, l'organisation judiciaire, etc., garantissent le bien général et la liberté plus fortement encore. La fonction *spécifique*, conforme au Concept, des Assemblées doit être recherchée dans le fait que, grâce à elles, l'élément *subjectif* de la liberté générale, à savoir : l'intelligence et la volonté propres de la [...] société civile se concrétisent en une réalité (*Existenz*) liée (*in Beziehung*) à l'État. Cet élément subjectif de la liberté est un aspect essentiel (*Bestimmung*) de l'Idée développée jusqu'à constituer une totalité. Que cela résulte d'une nécessité immanente, qui n'a rien à voir avec les *nécessités* et les *utilités extérieures*, est une conclusion qui, ici comme partout (où il est question de nécessité immanente), découle de la considération philosophique."

La liberté publique, générale, est soi-disant garantie par les autres institutions de l'État ; les Assemblées sont soi-disant l'auto-garantie [de la liberté publique]. [Le fait est que] le peuple donne plus d'importance aux Assemblées dans lesquelles il croit s'assurer lui-même qu'aux institutions qui, sans être le résultat de son action, sont censées garantir sa liberté, et qui sont censées être des confirmations de sa liberté tout en n'étant pas des manifestations de sa liberté. L'harmonie que Hegel établit entre les Assemblées et les autres institutions de l'État est en contradiction avec leur être.

Hegel résout ce mystère en disant que la "fonction spécifique, conforme au Concept des Assemblées" se trouve dans le fait que grâce à elles "l'intelligence et la volonté propres de la société civile se concrétisent en une réalité *liée à l'État*". Les Assemblées sont le reflet (*Reflexion*) de la société civile sur l'État. De même que les bureaucrates sont les *délégués de l'État* auprès de la société civile, les Assemblées sont les *délégués de la société civile* auprès de l'État. Il s'agit donc toujours des *tractations entre deux volontés opposées.*

Dans l'Addition au même § 301, il est dit :

"La position du gouvernement vis-à-vis des Assemblées ne doit pas être *essentiellement* hostile, et la croyance à la nécessité d'un tel rapport hostile est une triste erreur."

C'est une triste réalité.

"Le gouvernement n'est pas un parti auquel s'oppose un autre parti."

C'est le contraire qui est vrai.

"Les impôts accordés par les Assemblées ne doivent pas être considérés comme un don fait à l'État, mais ils sont accordés dans l'intérêt de ceux mêmes qui les accordent."

Dans l'État constitutionnel le vote de l'impôt est, d'après l'opinion générale, nécessairement un *don.*

"Ce qui fait la signification propre des Assemblées, c'est que par elles l'État *pénètre dans la conscience subjective du peuple* et que le peuple *commence* à participer à l'État."

Ce dernier point est tout à fait exact. Par l'intermédiaire des Assemblées, le peuple *commence* à participer à l'État, et l'État en tant que force transcendante [*Jenseitiges*] pénètre dans sa conscience subjective. Mais comment Hegel peut-il présenter ce *début* [de participation] pour une pleine *réalité* ?

§ 302. "Considérées comme organe de médiation, les Assemblées se tiennent entre le gouvernement en général et le peuple dispersé en individus et en sphères particulières. Leur fonction leur impose de posséder le sens de l'État et du gouvernement aussi bien que le sens des intérêts des individus et des groupes particuliers. En même temps cette situation implique qu'elles doivent agir en commun avec l'organisation du pouvoir gouvernemental : a) pour empêcher le pouvoir royal de se détacher de l'ensemble (*isoliert*) et apparaître comme un extrême isolé (*als Extrem isoliert*), c'est-à-dire comme une tyrannie arbitraire, b) pour empêcher les intérêts particuliers des individus, des communes et des corporations de se détacher de l'ensemble (*sich isolieren*) et enfin et surtout pour empêcher les individus de se manifester comme une *foule*, comme une *masse* en proie à des opinions et des désirs non organiques, susceptibles de dresser la violence massive (*massenhafte Gewalt*) contre l'État organique."

L'État et le gouvernement sont toujours tenus pour identiques et placés du même côté, tandis que le peuple en tant qu'"ensemble d'individus et de sphères particulières" est toujours placé de l'autre côté. Les Assemblées sont l'organe *médiateur* entre les deux. Elles sont le moyen terme (*die Mitte*) où le "sens de l'État et du gouvernement" doit se rencontrer et s'unir avec le "sens des intérêts des individus et des groupes particuliers". L'identité de ces deux "sens" opposés – identité sur laquelle devrait à proprement parler reposer l'État – obtient une représentation *symbolique* dans les Assemblées. La transaction entre l'État et la société civile apparaît comme une sphère *particulière*. Les Assemblées sont la *synthèse de l'État et de la société civile*. Mais on ne nous dit pas comment ces Assemblées doivent s'y prendre pour unir en elles deux mentalités contradictoires. Elles sont la *contradiction* de l'État et de la société civile *posée* à l'intérieur même de l'État. Mais elles sont en même temps la réclamation de la solution de cette contradiction.

"En même temps cette situation implique qu'elles doivent agir en commun avec l'organisation du pouvoir gouvernemental, etc."

Les Assemblées ne servent pas seulement de médiateur entre le peuple et le gouvernement. Elles empêchent le pouvoir royal de "s'isoler comme un extrême" et d'apparaître comme une "tyrannie arbitraire" ; elles empêchent aussi les intérêts particuliers de "s'isoler" ; enfin elles empêchent les individus de se manifester comme une “foule”, comme une “masse”. Cette activité médiatrice des Assemblées doit se faire “en commun avec l’organisation du pouvoir gouvernemental”. Que se passe-t-il dans un État où la “situation” des Assemblées empêche les individus de se manifester comme une “foule” et, comme une “masse”, “en proie à des opinions et des désirs non organiques, susceptibles de dresser la violence massive contre l’État organique” ? Ou bien l’État “organique” existe en dehors de la “foule” et de la “masse”, ou bien la “foule” et la “masse” font partie de l’État, et il s’agit seulement d’empêcher ses “opinions et désirs non organiques” de se transformer en désir de se dresser *contre l’État* et de devenir, en suivant cette direction-là, des opinions et des désirs “organiques” ! De même, cette “violence massive” doit demeurer purement et simplement “massive” ; autrement dit, comme la masse ne peut pas raisonner et est incapable de se mettre elle-même en mouvement, seuls les monopolisateurs de “l’État organique” peuvent la mettre en mouvement et exploiter sa “violence massive”. Supposons que “les intérêts particuliers des communes, des corporations et des individus” *ne se détachent pas* de l’État, mais que “les individus se manifestent comme une foule et comme une masse en proie à des opinions et des désirs non organiques, susceptibles de dresser la violence massive contre l’État” : dans ce cas, il devient évident qu’*aucun* “intérêt particulier” n’est en contradiction avec l’État mais que, tout simplement, la pensée “réellement organique et universelle” de la “masse” *n’est pas* la pensée de “l’État organique” et que la masse ne considère pas ce dernier comme sa propre réalisation. En quoi les Assemblées se manifestent-elles comme médiateur avec cet extrême ? Uniquement en ceci : elles permettent aux “intérêts particuliers des communes, des corporations et des individus” de “s’isoler”. Autrement dit, *c’est par l’intermédiaire des Assemblées* que les intérêts “isolés” *règlent leurs comptes avec l’État.* La “médiation” peut encore consister en ceci : lors de la création des Assemblées (élections, etc.), la “masse” avec ses “opinions et ses désirs inorganiques” peut manifester sa “volonté” (et son activité), tandis que l’appréciation des actes des Assemblées lui offre un sujet d’occupation pour ses “opinions” et ainsi elle se donne la satisfaction illusoire de l'objectivation. Les Assemblées ne garantissent l'État contre la "masse inorganique" que par la désorganisation de cette masse.

Mais ces Assemblées doivent en même temps servir de médiateur "pour empêcher les intérêts particuliers des communes, des corporations et des individus de s'isoler". Tout au contraire, leur fonction de médiation consiste en ceci : 1° de trouver un compromis avec l'intérêt de l'État et 2° d'être elles-mêmes "l'isolation" *politique* de ces intérêts particuliers. Elles sont elles-mêmes cette "isolation" en tant qu'*acte politique* parce que c'est grâce à elles que ces "intérêts particuliers" sont élevés au rang de "l'universel".

Enfin, les Assemblées doivent servir de médiateur pour empêcher le pouvoir royal de "s'isoler" et de se transformer en un "extrême" (et d'"apparaître comme une tyrannie arbitraire"). Cela est exact dans la mesure où l'arbitraire qui est le *principe* du pouvoir royal se trouve effectivement limité par ces Assemblées (ou tout au moins entravé dans ses mouvements), mais aussi dans la mesure où les Assemblées deviennent elles-mêmes les associés et les complices du pouvoir royal.

Le pouvoir royal ou bien cesse réellement d'être "l'extrême" du pouvoir royal (et le pouvoir royal n'existe que comme un extrême, comme quelque chose d'unilatéral, parce qu'il n'est pas un principe organique) et alors il devient une *apparence de pouvoir*, un simple symbole ; ou bien il ne cesse qu'*en apparence* d'être "simple tyrannie arbitraire". Les Assemblées agissent en "médiateurs" contre "l'isolation" des intérêts particuliers en devenant elles-mêmes une partie du pouvoir royal ou bien en transformant le pouvoir gouvernemental en un "extrême".

Dans les Assemblées toutes les contradictions de l'organisation de l'État moderne convergent. Elles sont ses "médiateurs" dans toutes les directions parce que de tous les côtés elles occupent une position intermédiaire (*Mitteldinge*).

Il est à remarquer que Hegel étudie moins le contenu de l'activité des Assemblées, la législation, que leur *position*, leur rang politique.

Il est à remarquer aussi que, d'après le début [du § 302], les Assemblées "se situent entre le *gouvernement* et le *peuple*", tandis qu'un peu plus loin il est dit que leur situation "implique qu'elles doivent agir *en commun* avec le pouvoir gouvernemental".

En ce qui concerne leur première position, les Assemblées sont le peuple contre le gouvernement, mais le peuple *en miniature*. C'est là leur (fonction) oppositionnelle.

En ce qui concerne leur seconde position, elles sont le gouvernement contre le peuple – mais le gouvernement élargi. C'est là leur position (fonction) conservatrice. Elles sont une partie du pouvoir gouvernemental contre le peuple, mais de telle façon qu'elles ont en même temps la signification d'être le peuple contre le gouvernement.

Plus haut (§ 300) Hegel avait qualifié le pouvoir législatif de *totalité* ; les Assemblées sont réellement cette *totalité*, elles sont l'État dans l'État, mais c'est en elles précisément qu'il apparaît que l'État n'est pas une totalité, mais un dualisme. Les Assemblées représentent l'État au sein d'une société *qui n'est pas l'État*. L'État est une *simple représentation* (*Vorstellung*).

Dans la Remarque au § 302, Hegel dit :

> "Une des acquisitions les plus importantes de la Logique, c'est qu'elle montre qu'un élément (*Moment*) déterminé, qui, placé dans une opposition, occupe la position d'un extrême, cesse d'être un extrême et devient un élément (*Moment*) organique du fait qu'il est en même temps un moyen terme (*Mitte*)."

(Ainsi l'élément constitué par les Assemblées [*das ständische Element*] est 1° l'extrême du peuple contre le gouvernement, mais 2° en même temps le moyen terme entre le peuple et le gouvernement, autrement dit, il est l'*opposition au sein du peuple lui-même*. L'opposition entre le peuple et le gouvernement est médiatisée par l'opposition entre les *Assemblées* et le *peuple*. Face au gouvernement elles ont la position du peuple, mais face au peuple elles ont la position du gouvernement. Comme le peuple devient image (*Vorstellung*), fiction imaginaire (*Phantasie*), illusion, représentation (*Räpresentation*), il supprime l'opposition réelle entre le peuple et le gouvernement. En effet, ce peuple *représenté* (ou imaginé) (*das vorgestellte Volk*), autrement dit les Assemblées, se présente comme un *pouvoir particulier* [25] et se caractérise donc par sa séparation d'avec le peuple réel [26]. Ici – et comme il se doit dans un organisme tel que celui que décrit Hegel – le peuple est prédestiné à ne pas avoir un caractère propre.)

[Continuons la lecture de la Remarque au § 302 :]

“Dans le sujet qui nous occupe ici, il importe de souligner cet aspect parce que, selon un préjugé courant et fort dangereux, on considère les Assemblées principalement du point de vue de leur *opposition* au gouvernement. Or, les *Assemblées ne s'affirment comme un élément organique, c'est-à-dire inséré dans la totalité, que par leur fonction médiatrice.* Ainsi leur *opposition* au gouvernement se réduit à une *apparence.* Lorsqu'une telle opposition se manifeste et n'est pas superficielle mais réelle et substantielle, l'État court à sa perte. Il est évident, lorsqu'on considère la nature même de la chose, que le conflit entre les Assemblées et le gouvernement n'est pas de cette espèce parce que ce conflit n'a pas pour enjeu les éléments essentiels de l'organisation de l'État, mais des choses plutôt techniques (*speziel*) et neutres (*gleichgültig*) ; la passion que des affaires de ce genre peuvent susciter n'est que l'esprit partisan poursuivant des buts strictement subjectifs, par exemple la conquête des charges supérieures de l'État.”

Dans l'Addition au § 302, il est dit :

“La Constitution est essentiellement un système de médiation.”

§ 303. “La classe universelle (*allgemeine Stand*), plus précisément la classe qui se consacre au service du gouvernement, doit par définition avoir l'universel comme but de son activité essentielle. La sphère privée (*Privatstand*) acquiert une signification [ou importance : *Bedeutung*] et une efficacité politique dans les Assemblées en tant qu'élément du pouvoir législatif (*im ständischer Element der gesetzgebenden Gewalt*). Dans ces Assemblées la sphère privée ne doit pas apparaître comme une simple masse indifférenciée ni comme une foule atomisée ; elle doit apparaître telle qu'elle est *déjà* [dans la société civile], c'est-à-dire divisée en [deux classes fondamentales :] la classe qui est fondée sur le rapport substantiel [famille et agriculture] et la classe [industrielle et commerciale] qui est fondée sur les besoins particuliers et le travail en vue de leur satisfaction (*cf.* plus haut, §§ 201 sq.). C'est ainsi seulement que ce qu'il y a de réellement *particulier* dans l'État se rattache vraiment à l'universel.”

Nous avons ici la solution de l'énigme. “Dans les Assemblées en tant qu'élément du pouvoir législatif, la sphère privée acquiert une *signification* [ou *importance*] *politique*", etc. Il est précisé que la sphère privée acquiert cette "importance" d'après ce qu'elle est (réellement), c'est-à-dire telle qu'elle est dans l'organisation (*Gliederung*) de la société civile. (Hegel a déjà défini la classe universelle comme la classe qui se consacre au service du gouvernement ; la classe universelle est donc représentée dans le pouvoir législatif par le gouvernement.)

Les Assemblées sont l'importance *politique* de la sphère privée, de la sphère non politique, ce qui est une *contradictio in adjecto*. Dans l'État décrit par Hegel, la *sphère privée* (et comme nous verrons plus tard : la différenciation [en classes] de la sphère privée) possède une signification [ou importance] *politique*. La *sphère privée* fait partie de l'essence, de la politique de cet État. Il lui confère en conséquence une *signification politique*, c'est-à-dire une signification autre que sa signification réelle.

Dans la Remarque au § 303, il est dit :

"Cela va à l'encontre d'une autre conception courante : puisque, dit-on, la sphère privée est appelée à *participer* à la chose publique par le truchement du pouvoir législatif, elle doit y apparaître sous la forme d'*individus* élisant leurs représentants pour cette fonction ou directement dotés d'un droit de vote dans la législature. Cette conception atomistique, abstraite s'évanouit dès qu'on aborde la famille ou la société civile, car déjà dans ces sphères l'individu ne se manifeste que comme membre d'une universalité (*Mitglied eines Allgemeinen*). Or, l'État est essentiellement une organisation dont les membres sont des groupes *autonomes* (*für sich*) ; et aucun élément (*Moment*) dans l'État ne doit apparaître comme une masse inorganique. Sous le nom de peuple on se plaît à entendre la multitude comme multitude d'individus ; or, cette multitude peut fort bien constituer un agrégat (*ein Zusammen*), mais uniquement comme *foule*, c'est-à-dire comme une masse amorphe dont le mouvement et l'action ne peuvent être qu'élémentaires, irrationnels, sauvages et effrayants [...].

"Ces groupes [les familles et les autres groupes qui constituent la société civile] sont déjà des communautés (*Gemeinwesen*). Une conception [telle que la conception atomistique dont il a été question plus haut] qui redécompose ces communautés en une foule d'individus, et ce au moment même où elles accèdent au politique, c'est-à-dire au lieu (*Standpunkt*) de l'*universalité concrète suprême*, est une conception qui perpétue la séparation entre la vie civile et la vie politique et condamne cette dernière à planer en quelque sorte en l'air, puisqu'elle aurait pour base non pas quelque chose de *ferme* et de *légitime* en soi et pour soi, mais l'individualité abstraite de l'arbitraire et de l'opinion : le hasard.

"Les prétendues théories de ce genre impliquent l'idée que les classes (*Stände*) de la société civile et les Assemblées (*Stände*) au sens *politique* du terme constituent des réalités bien éloignées, mais la langue allemande (qui se sert du même mot : *Stand* pour les désigner) a maintenu l'union qui *existait* réellement [entre ces deux réalités] dans les temps plus *anciens* [27]."

Hegel définit la "classe universelle" comme la "*classe qui se consacre au service du gouvernement*". Il présuppose qu'elle est "au service du gouvernement". Il suppose que l'intelligence universelle est quelque chose de "*ständisch und ständig*" [28].

Il dit : "La sphère privée acquiert une importance et une efficacité politiques dans les Assemblées", etc. L'"importance et l'efficacité *politiques*" de la sphère privée est une forme *particulière* de l'importance et de l'efficacité de la sphère privée. La sphère privée ne se transforme pas en une sphère politique, mais c'est en tant que sphère privée qu'elle *acquiert* une importance et une efficacité politiques. Elle n'a pas *en elle-même* une importance et une efficacité politiques. Son importance et son efficacité politiques, ce sont l'*efficacité et l'importance politiques de la sphère privée en tant que sphère privée*. Il s'ensuit que la sphère privée ne peut accéder à la sphère politique que telle qu'elle est déterminée par les *différences de classe de la société civile*. La différenciation de classe de la société civile devient une différenciation politique.

La langue [allemande], dit Hegel, exprime déjà l'identité des *classes de la société civile* et des *Assemblées politiques* et maintenant une "union" qui "*existait* en des temps plus *anciens*" et qui, devrait-on conclure, n'existe plus aujourd'hui.

Hegel croit que "c'est ainsi que ce qu'il y a de réellement *particulier* dans l'État se rattache vraiment à l'universel". C'est de cette manière que la "*séparation entre la vie civile et la vie politique*" doit être surmontée et que leur identité doit être posée [affirmée].

Hegel s'appuie sur ceci :

"Ces groupes [les familles et la société civile] sont déjà des *communautés.*" Comment peut-on vouloir les "redécomposer en une foule d'individus" au moment où "elles accèdent au politique, c'est-à-dire au lieu de l'universalité concrète suprême" ?

Il importe de serrer de plus près son argumentation.

Comme Hegel l'avoue lui-même, le *summum* de l'identité hégélienne (de la vie civile et de la vie politique) était le *Moyen Âge.* Là les classes de la société civile et les états au sens politique du terme étaient identiques. On peut exprimer l'esprit du Moyen Âge dans la formule suivante : les classes de la société civile et les états politiques étaient identiques parce que la société civile était la société politique : parce que le principe organique de la société civile était le principe de l'État [29].

Mais Hegel part de la *séparation* de la "société civile" et de "l'État politique" qu'il considère comme deux termes fermement opposés, comme deux sphères réellement différentes. Et il est vrai que cette séparation existe *réellement* dans l'État *moderne.* L'identité des classes civiles et des états politiques était l'*expression* de l'*identité* de la société civile et de la société politique. Cette identité a disparu. Hegel la présuppose comme disparue. L'"identité" des classes civiles et des états politiques, si elle exprimait la vérité, ne *pourrait* donc être qu'une expression de la *séparation* de la société civile et de la société politique ! Ou plutôt : seule la séparation des classes [30] civiles et des états politiques exprime le *vrai* rapport entre la société civile et la société politique dans les Temps modernes.

En second lieu : les *Stände politiques* dont parle Hegel [= les Assemblées] ont un sens tout différent de celui que les états [*Stände*] politiques avaient au Moyen Âge et qui les rendait, comme il a été dit, identiques *aux classes de la société civile.*

Toute leur existence était politique ; leur être (*Dasein*) était l'être de l'État. Leur *activité législative,* leur *vote des impôts pour l'Empire* (*Reich*), ce n'était qu'une émanation *particulière* de leur "signification [ou importance] politique", de leur "efficacité politique" *générales.* [Pour les membres individuels de chaque état] leur état était leur État (*Ihr Stand war ihr Staat*). Le rapport entre les états et l'Empire n'était qu'un rapport transactionnel entre ces différents États et la nationalité, car l'État politique n'était distinct de la société civile qu'uniquement en tant que *représentation de la nationalité.* La nationalité était le *point d'honneur* *, le sens politique χατ' ἐξοχή' √[principal] de ces différentes corporations, etc., et c'est seulement en se référant à la nationalité qu'elles votaient les impôts, etc. Tel était le rapport entre ces états légiférants et l'Empire. Les états jouaient le même rôle à *l'intérieur des principautés particulières.* La principauté, la souveraineté formaient alors un état [ou condition : *Stand*] particulier jouissant de certains privilèges, mais entravés [*geniert*] par les privilèges des autres états. (Chez les Grecs la société civile était l'*esclave* de la société politique.) L'activité *législative* générale des classes de la société civile ne signifiait nullement l'accession de la *sphère privée* à la sphère de la "signification" et de "l'efficacité *politiques*" ; elle était une simple émanation de l'importance et de l'efficacité politique *générale* qu'elles possédaient dans la *réalité.* Leur entrée en scène (*Auftreten*) en tant que puissance (*Macht*) légiférante n'était que le complément de leur puissance gouvernementale (exécutive), de leur puissance souveraine. Ou mieux : elle signifiait leur accession à la sphère des affaires publiques considérées comme une affaire *privée*, leur accession à la souveraineté en tant qu'état privé (*Ihr Kommen zur Souveränität als einem Privatstand*). Les classes de la société civile au Moyen Âge étaient *en tant que telles* dotées du pouvoir législatif parce qu'elles n'étaient pas formées par des personnes *privées* (*Privatstände*). En agissant comme élément politique, les classes du Moyen Âge n'acquéraient aucun caractère nouveau. Elles ne devenaient pas des classes *politiques* (*politisch-ständisch*) parce qu'elles participaient à la législation ; elles participaient à la législation parce qu'elles étaient des classes *politiques.* Qu'y a-t-il de commun entre cela et la "sphère privée" dont parle Hegel et pour laquelle la participation au pouvoir législatif a l'air d'être un acte d'héroïsme politique, l'accession à un état extatique, à une "importance et efficacité politiques" exceptionnelles et impressionnantes ?

Dans ce développement on trouve réunies toutes les contradictions de la conception hégélienne.

1° Il présuppose le fait moderne de la séparation de la société civile et de l'État politique qu'il considère comme un stade nécessaire de l'évolution de l'Idée, comme une vérité absolue de la Raison. Il présente l'État politique dans sa forme *moderne* de la *séparation* des différents pouvoirs. À cet État réel et *agissant* il a donné un corps : la bureaucratie et, comme celle-ci est pour lui l'esprit qui sait [qui agit en connaissance de cause : *wissende Geist*], il lui a conféré la primauté (*supraordiniert*) sur le matérialisme de la société civile. Il oppose l'universalité en soi et pour soi de l'État à la particularité des intérêts et des besoins de la société civile. En un mot : il expose partout le *conflit* de la société civile et de l'État.

2° Il oppose la société civile en tant que sphère privée (*Privatstand*) à l'État politique.

3° Dans les Assemblées en tant qu'élément constitutif du pouvoir législatif il ne voit que le seul *formalisme politique* de la société civile, qu'un *reflet* (*Reflexionsverhältnis*) de la société civile sur l'État, reflet qui n'altère pas l'*essence* de l'État. En effet, ce rapport de reflet est la plus haute identité que l'on puisse imaginer entre des réalités essentiellement différentes.

Mais en même temps Hegel veut ceci :

1° Il ne veut pas que la société civile apparaisse comme une masse indifférenciée ou comme une foule atomisée au moment où elle se constitue elle-même en élément du pouvoir législatif. Il ne veut *aucune* séparation entre la vie *civile* et la vie *politique*.

2° Il oublie qu'il s'agit d'un rapport de réflexion [de la société civile sur l'État] et transforme les classes telles qu'elles sont dans la société civile en classes politiques ; mais comme ces classes n'agissent politiquement que dans le seul domaine de la législation, leur activité elle-même ne fait que confirmer la séparation [entre la vie civile et la vie politique].

Pour lui, l'élément [du pouvoir législatif] constitué par les Assemblées est l'expression de cette *séparation*, mais de l'autre côté il *doit* être le Représentant de l'identité inexistante [de la vie civile et de la vie politique]. Hegel connaît le fait de la séparation de la société civile et de l'État, mais en même temps il veut que l'unité des deux soit exprimée à l'intérieur de l'État [31], et il croit que cela pourra être obtenu grâce au fait que les classes de la société civile forment en tant que telles un élément du pouvoir législatif. *Cf.* plus haut p. XIV [= p. 97-98] et p. X [= p. 77-84].

Ce qu'il y a de profond chez Hegel, c'est qu'il ressent la séparation entre la société civile et la société politique comme une *contradiction.* Mais son erreur, c'est qu'il se contente d'une solution *illusoire* (*Schein*) de cette contradiction et tient cette illusion pour la chose même. En revanche, c'est à bon droit que les "soi-disant théories" qu'il méprise [*cf.* § 303] réclament la *séparation* des classes (*Stände*) civiles et des Assemblées (*Stände*) politiques. En effet, ces théories expriment une *conséquence* de la société moderne car en celle-ci les Assemblées en tant qu'élément politique (*das politisch-ständische Element*) ne sont rien d'autre que l'expression effective du rapport réel qui existe entre l'État et la société civile, c'est-à-dire de leur *séparation.*

Hegel n'a pas appelé de son nom connu la chose dont il s'agit ici. Car il s'agit du débat sur la Constitution *représentative* [*repräsentative Verfassung* : Constitution fondée sur la Représentation nationale] et la *ständische Verfassung* [la Constitution fondée sur les Assemblées d'ordres]. La Constitution représentative est un grand progrès parce qu'elle est l'expression *franche, non dissimulée, conséquente* de la *situation de l'État moderne.* C'est la *contradiction non déguisée.*

Avant d'examiner la question elle-même, relisons une fois de plus l'exposé hégélien.

> "La sphère privée (*Privatstand*) acquiert une importance politique dans les Assemblées en tant qu'élément du pouvoir législatif" (§ 303).

Plus haut (dans la Remarque au § 301), il était dit :

> "La fonction *spécifique*, conforme au concept des Assemblées, doit être recherchée dans le fait que dans les Assemblées [...] la *société civile* manifeste concrètement ses vues et ses volontés *concernant l'État.*"

Cela veut dire : la société civile est la sphère privée (*Privatstand*). Autrement dit : la vie privée (*Privatstand*) est la situation (*Stand*), immédiate, essentielle, concrète de la société civile. C'est seulement dans les Assemblées, "en tant qu'élément du pouvoir législatif", que la société civile acquiert “une importance et une efficacité politiques”. C’est là quelque chose de nouveau qui s’y ajoute, une fonction *particulière*, car son caractère de sphère privée exprime qu’elle est *opposée* à toute “importance et efficacité politique”, qu’elle est *privée* de tout caractère politique, bref que la société civile est en soi et pour soi *sans* “importance et efficacité politiques”. La sphère privée est la condition (*Stand*) de la société civile ; en d’autres termes : la société civile est la sphère privée. Aussi Hegel, très logiquement, n’inclut pas la classe universelle [les fonctionnaires] dans l’élément du pouvoir législatif constitué par les Assemblées. (Il dit au § 303 :)

“La classe universelle, plus précisément la classe qui se consacre au service du gouvernement, doit par définition avoir l’universel comme but de son activité essentielle.”

Cela, la société civile ou la sphère privée ne le doit pas “par définition”. Son activité essentielle ne doit pas “par définition” avoir l’universel comme but ; autrement dit, son activité essentielle n’est pas une détermination de l’universel, *n’est pas une détermination universelle* (*keine allgemeine Bestimmung*). La sphère privée (*Privatstand*) est la société civile *s’opposant* à l’État. La condition des membres de la société civile n’est pas une condition politique (*der Stand der Bürgerlichen Gesellschaft ist kein politischer Stand*).

En définissant la société civile comme la sphère privée, Hegel nous dit que les différences de classe de la société civile *ne sont pas* des différences politiques ; il montre que la vie civile et la vie politique sont hétérogènes, voire *opposées*. Or, que dit-il par la suite ? Il dit (§ 303) :

“La sphère privée ne doit pas apparaître comme une masse indifférenciée ni comme une foule atomisée ; elle doit apparaître telle qu’elle est *déjà* [dans la société civile], c’est-à-dire divisée en [deux classes fondamentales :] la classe qui est fondée sur le rapport substantiel [famille et agriculture] et la classe [commerçante et industrielle] qui est fondée sur les besoins particuliers et le travail en vue de leur satisfaction (*cf.* § 201 sq.). C’est ainsi seulement que ce qu’il y a de réellement *particulier* dans l’État se rattache vraiment à l’universel.”

Dans son activité législative, la société civile (la sphère des personnes *privées*) ne court aucun risque de paraître comme une "masse indifférenciée" car une telle masse n'existe que dans l'*imagination*, et non dans la *réalité*. Les masses qui existent réellement sont grandes ou petites (villes, bourgs, etc.), mais cette différence [quantitative] est contingente ; et ces masses, ou plutôt cette masse n'est pas seulement *en apparence* une "masse atomisée", mais elle l'est *réellement*, et c'est en tant que pur ensemble d'atomes (*Atomistik*) qu'elle doit se manifester dans l'activité politique des Assemblées (*politisch-ständische Tätigkeit*). La société civile (la sphère des personnes privées) *ne peut pas* apparaître "comme ce qu'elle est *déjà*". En effet, qu'est-ce qu'elle est "déjà" ? Une sphère *privée*, c'est-à-dire séparation et opposition à l'État. Pour acquérir une "importance et une efficacité politiques", elle doit plutôt cesser d'être ce qu'elle est "déjà", c'est-à-dire cesser d'être "privée". Ce n'est que par là qu'elle acquiert une "importance politique". Cet acte politique est une transubstantiation totale car par cet acte la société civile doit complètement renoncer à être elle-même, c'est-à-dire société civile ou sphère privée, et faire valoir une partie de son être qui non seulement n'a rien de commun avec la réalité civile [= privée] de son être, mais lui est directement opposée.

La *loi générale* se manifeste aussi au niveau de chaque individu. La société civile et l'État sont séparés ; par conséquent sont également séparés le citoyen en tant que membre de l'État et le civil en tant que membre de la société civile. Il faut donc que l'individu effectue une *scission essentielle* avec lui-même. En tant que *civil* il vit en réalité dans deux organisations : l'organisation *bureaucratique* et l'organisation *sociale*. La première est une détermination formelle et extérieure de l'État transcendant (*jenseitig*), du pouvoir gouvernemental, qui n'a aucune emprise sur l'individu et sa réalité indépendante. La seconde est l'organisation de la société civile, organisation qui n'a aucune emprise sur l'État politique comme tel et dans laquelle l'individu est une personne privée située en dehors de l'État. La première est une organisation de l'*État* pour laquelle l'individu fournit toujours la *matière*. La seconde est une organisation *civile* dont la matière n'est pas l'État. Dans la première l'État se trouve dans une opposition *formelle* avec l'individu ; dans la seconde l'individu se trouve dans une opposition *matérielle* avec l'*État*. Pour devenir donc *réellement citoyen* et acquérir "une importance et une efficacité politiques", il doit quitter sa réalité civile, s'abstraire et se retirer de toute cette organisation et se réduire à sa seule individualité. En effet, la seule réalité sur laquelle il peut s'appuyer pour devenir citoyen est son individualité pure et simple, car la réalité de l'État en tant que gouvernement a été déjà constituée sans lui et sa propre réalité dans la société civile a été constituée et achevée sans l'État. C'est seulement en s'opposant à ces communautés qui sont *les seules réellement existantes*, c'est seulement [en s'affirmant] comme *pur individu* qu'il peut être *citoyen*. Son existence comme citoyen est une existence située en dehors de toutes les *communautés* dont il fait partie et est donc purement *individuelle*. Le "pouvoir législatif" en tant que "pouvoir" est la première *organisation*, le premier *corps social* (*Gemeinkörper*) que cette pure individualité *doit* revêtir. *Avant* d'accéder au pouvoir législatif, la société civile – la sphère privée – *n'existe pas* comme *organisation étatique* ; pour devenir telle il faut que son *organisation réelle*, la vie civile telle qu'elle est en réalité, soit posée comme *non existante*, car "les Assemblées en tant qu'élément constitutif du pouvoir législatif "postulent la *non-existence* de la société civile, de la sphère des personnes privées. La séparation de la société civile et de l'État apparaît nécessairement comme un acte où le civil *politique*, le citoyen, se sépare de la société civile, de sa propre réalité empirique, car, en tant qu'idéaliste de l'État (*Staatsidealist*), il est un être *autre*, différent, distinct et opposé à ce qu'il est dans la réalité. La société civile reproduit ici dans son propre sein le rapport qui existe entre l'État et la société civile – rapport qui, d'autre part, s'est déjà matérialisé dans la *bureaucratie*. Dans les Assemblées (*Stände*) l'universel devient réellement *pour soi* ce qu'il est *en soi*, à savoir l'*opposé* du *particulier*. "Pour acquérir l'importance et l'efficacité politiques", le civil doit rejeter sa propre classe [ou condition : *Stand*], son caractère privé (*Privatstand*), bref son appartenance à la société civile, car sa classe [ou sa condition : *Stand*] s'interpose précisément entre l'*individu* et l'*État politique*.

Si Hegel oppose à l'État politique la société civile dans son ensemble, en tant que sphère privée, il va de soi que par rapport à l'État les différences de classe existant à l'intérieur de la sphère privée n'ont qu'une signification *privée*, c'est-à-dire ne possèdent *aucune* signification politique. Car les différentes classes de la société civile ne font que réaliser et concrétiser la vie privée (*Privatstand*) en tant que *principe* de la société civile. Mais puisque [pour s'élever au politique] il faut abandonner ce principe, il va de soi que les différenciations (*Diremptionen*) qui se produisent à *l'intérieur* de ce principe sont *a fortiori* tenues pour nulles et non avenues par l'État politique.

"C'est seulement ainsi, conclut Hegel, que ce qu'il y a de réellement particulier dans l'État se rattache vraiment à l'universel." Mais Hegel confond ici l'État en tant que totalité de l'existence d'un peuple et l'État politique. Ce qu'il appelle "particulier" n'est pas "ce qu'il y a de particulier *dans* l'État", mais plutôt ce qu'il y a de particulier *en dehors* de l'État, *en dehors* de l'État politique. Ce n'est pas "ce qu'il a de *réellement* particulier dans l'État" ; c'est plutôt la *non-réalité* de l'État. Hegel veut montrer que les classes de la société civile constituent les Assemblées (*Stände*) politiques, et pour le démontrer il suppose que les classes de la société civile sont la "particularisation" de l'État politique, c'est-à-dire que la société civile et la société politique sont identiques. L'expression "ce qu'il y a de particulier dans l'État" ne peut avoir de sens ici que si elle signifie "la particularisation de l'État". C'est poussé par sa mauvaise conscience que Hegel a préféré utiliser l'expression vague "ce qu'il y a de particulier dans l'État". Non seulement Hegel a montré lui-même le contraire (à savoir la non-identité de la société civile et de la société politique), mais il le confirme en outre lui-même dans ce § 303 en désignant la société civile comme la sphère privée. Il se montre également très circonspect en déclarant que le particulier "se rattache" à l'universel. On peut "rattacher" les choses les plus hétérogènes. Mais il ne s'agit pas ici d'une *transition* graduelle [du particulier à l'universel], mais d'une véritable *transubstantiation* et il ne sert à rien de ne pas vouloir voir l'abîme [qui sépare l'universel et le particulier] : son existence est démontrée par la manière dont Hegel le franchit.

Dans la Remarque au § 303, Hegel dit : "Cela va à l'encontre d'une autre conception courante", etc. Or, nous avons montré que cette "conception courante" est une conception logique et nécessaire qui correspond parfaitement à l'étape actuelle de l'évolution des peuples, et que la conception hégélienne, bien que fort courante dans certains milieux, n'en est pas moins une contre-vérité. À propos de cette "conception courante", il dit :

> "Cette conception atomistique, abstraite, s'évanouit dès qu'on aborde la famille ou la société civile, car déjà dans ces sphères l'individu se manifeste comme membre d'une universalité. Or l'État est essentiellement une organisation dont les membres sont des groupes autonomes (*für sich*) et aucun élément (*Moment*) dans l'État ne doit apparaître comme une masse inorganique."

Abstraite, cette conception l'est absolument, mais cette "abstraction" n'est que l'abstraction de l'État politique tel que Hegel lui-même l'a présenté. "Atomistique", elle l'est aussi, mais cette "atomistique" est celle de la société elle-même. Une conception ne peut pas être concrète lorsque son *objet* est "abstrait". Si [conformément à cette conception "atomistique"] la société civile se disperse en atomes au moment où elle passe à l'*acte politique* [au moment où elle désigne ses représentants], cette atomisation est une conséquence nécessaire du fait que la seule communauté (*Gemeinwesen*), le seul communisme (*kommunistische Wesen*) que connaît l'individu dans sa vie concrète (*existiert*) est la société civile dans sa séparation avec l'État ; autrement dit, du fait que l'État politique n'est qu'une abstraction de cette société.

Cette conception atomistique "s'évanouit" au niveau de la famille et peut-être (??) [32] aussi de la société civile ; elle retrouve néanmoins sa validité au niveau de l'État précisément parce que celui-ci n'est qu'une abstraction de la famille et de la société civile. La réciproque est vraie. Hegel a bien montré ce qu'il y a d'*étrange* (*Befremdliche*) dans ce phénomène, mais il n'a pas par là supprimé l'*aliénation* (*Entfremdung*).

Hegel dit aussi dans la même Remarque au § 303 :

> “Ces groupements [la famille, etc.] sont déjà des communautés [*Gemeinwesen*]. Une conception [comme la conception atomistique] qui redécompose ces communautés en une foule d’individus, et ce au moment même où elles accèdent au politique, c’est-à-dire au lieu de l’universalité concrète suprême, est une conception qui perpétue la séparation entre la vie civile et la vie politique et condamne cette dernière à planer en quelque sorte en l’air, puisqu’elle n’aurait pour base non pas quelque chose de ferme et de légitime en soi et pour soi, mais l’individualité abstraite de l’arbitraire et de l’opinion : le hasard.”

Cette conception ne “perpétue” pas la séparation entre la vie civique et la vie privée ; elle ne fait que concevoir cette séparation telle qu’elle existe *réellement*.

Cette conception ne condamne pas la vie politique à “planer dans l’air” ; c’est la vie politique elle-même qui est la vie aérienne (*Luftleben*), l’éther de la société civile.

Considérons maintenant le système où les différentes classes sont dotées de différents pouvoirs politiques (*das ständische System*) et le système *représentatif*.

C’est par un progrès historique que les classes (dotées de pouvoirs) politiques (*politische Stände ;* désormais : les états politiques) se sont transformées en classes sociales (*soziale Stände*) en sorte que les différents membres du peuple, à l’instar des chrétiens qui sont égaux au ciel et inégaux sur terre sont égaux dans le ciel de leur monde politique et inégaux dans la réalité terrestre de la société. La transformation proprement dite des états politiques en classes civiles fut réalisée dans la monarchie absolue. La bureaucratie faisait valoir l’idée de l’unité contre les différents États dans l’État. Mais la différence *sociale* des états restait encore une politique à l’intérieur et à côté de la bureaucratie du pouvoir gouvernemental absolu. C’est la Révolution française qui acheva la transformation des états *politiques* en classes *sociales* et ramena les différences d’états de la société civile à de simples différences sociales relevant de la vie privée, sans importance dans la vie politique. La séparation de la vie politique et de la société civile se trouva de la sorte achevée.

Les classes de la société civile se transformèrent, elles aussi, en même temps car la société civile, par suite de sa séparation de la société politique, était devenue autre. L'état, au sens médiéval du terme, ne subsiste plus qu'à l'intérieur de la bureaucratie où la position civile et la position politique sont immédiatement identiques. En face de lui se trouve la société civile en tant que sphère privée (*Privatstand*). La différence des classes n'est plus ici une différence du *besoin* et du *travail* en tant que corps autonomes. La seule différence générale qui existe encore ici est la différence *superficielle* et *formelle* entre la ville et la campagne. Mais à l'intérieur de la société même les groupes se différencient d'une manière mobile et fluide et le libre arbitre est le principe qui y préside. Les critères qui prévalent sont l'*argent* et l'*instruction.* (Mais ce n'est pas ici, c'est dans la critique de la théorie hégélienne de la société civile, que nous aurons à développer cela. Suffit.) Les classes de la société civile n'ont ni le besoin, donc un élément naturel, ni la politique comme principe. C'est une division en masses qui se forment d'une manière fluide et dont la formation est elle-même arbitraire et ne constitue nullement une organisation stable.

La seule caractéristique, c'est que la non-propriété et la classe du travail immédiate, du travail concret, forment moins une classe de la société civile que le terrain sur lequel reposent et se meuvent les groupes de cette société. Le seul état au sens strict du terme, l'état où position politique et position sociale coïncident, est celui des membres du pouvoir gouvernemental. L'actuelle situation de la société se montre différente de l'ancienne par le seul fait que ce n'est pas, comme jadis, la communauté, la collectivité, qui tient l'individu, mais que c'est tantôt le hasard, tantôt le travail, etc., qui décide si l'individu reste ou non dans la classe, et la classe elle-même est devenue une détermination *extérieure* à l'individu, car elle n'est plus inhérente au travail de l'individu et ne se présente plus devant l'individu comme une communauté objective, organisée d'après des lois fixes et entretenant avec l'individu des rapports stables. La classe n'a plus aucun rapport *réel* avec l'activité substantielle et la *condition réelle* de l'individu. Le médecin ne forme pas une classe particulière dans la société civile. Les commerçants peuvent appartenir à des classes différentes et occuper des positions sociales différentes. Tout comme la société civile s'est séparée de la société politique, la société civile a séparé en elle-même la classe [ou la profession : *stand*] et la position *sociale*, malgré toutes les relations qui peuvent exister entre les deux. Le principe de la condition civile ou de la société civile est la *jouissance* ou *la capacité de jouir.* Dans sa fonction politique le membre de la société civile se détache de sa classe, de sa véritable position dans la vie privée : c'est là seulement [dans la sphère politique] qu'il peut se faire valoir comme *homme.* Autrement dit, sa vocation d'être un être *humain* lui apparaît comme sa vocation d'être membre de l'État, être social. Car toutes ses autres déterminations dans la société civile *apparaissent* comme *inessentielles* pour l'homme, pour l'individu : elles apparaissent comme des déterminations *extérieures.* Celles-ci sont certes nécessaires à son existence au sein de l'ensemble en tant que liens avec l'ensemble, mais elles demeurent extérieures parce que ce lien peut être rejeté par l'individu. (La société civile actuelle est le principe de l'individualisme porté à son achèvement ; l'existence individuelle est le but dernier : activité, travail, contenu, etc., sont *seulement* des moyens.)

La Constitution fondée sur les Assemblées d'ordres (*ständische Verfassung*), quand elle n'est pas un vestige du Moyen Âge, veut amener, en quelque sorte, l'homme à retrouver la limitation de la vie privée à l'intérieur même de la sphère politique – à faire de sa particularité sa conscience substantielle. Par la consécration politique de la distinction de classe elle tend à faire de celle-ci une distinction sociale.

L'homme réel est *l'homme privé* de la Constitution actuelle de l'État.

La signification générale de l'état [*Stand*, au sens médiéval du terme] est que la *différence* et la *séparation* sont le mode d'existence de l'individu. Sa façon de vivre, d'agir, etc., au lieu de faire de l'individu un membre, une fonction de la société, en font une *exception* à la société et constituent son privilège. Le fait que ce qui est distingué-et-séparé (*Unterrchied*) de la société n'est pas simplement un individu, mais une communauté : une classe, une corporation, etc., n'en supprime nullement le caractère exclusif ; il en est plutôt l'expression. Au lieu d'être fonction de la société, la fonction impartie à l'individu devient plutôt une société autonome (*für sich*).

Non seulement l'état (*Stand*) est fondé sur la loi générale de la *séparation* de l'homme d'avec la société, mais il sépare en outre l'homme de son être universel, il en fait un animal qui coïncide immédiatement avec sa déterminité (*Bestimmtheit*). Le Moyen Âge est l'*histoire animale* de l'humanité, sa zoologie.

La modernité, la *civilisation*, commet la faute inverse. L'être *objectif* de l'homme, elle le sépare de lui comme un être purement extérieur, matériel. Elle ne prend pas le contenu de l'homme pour sa véritable réalité.

Nous exposerons le reste au chapitre sur la société civile [33]. Nous arrivons au § 304.

§ 304. "Les Assemblées en tant qu'expression politique des classes (*das politisch-ständische Element*) contiennent dans leur détermination [fonction] propre les différences de classe existant dans la société civile. Vis-à-vis du pouvoir royal et du principe monarchique en général, elles commencent par se poser comme *l'extrême de l'universalité empirique*. Cette position abstraite, où l'accord et l'opposition hostile sont également possibles, ne devient un rapport conforme à la Raison, c'est-à-dire un syllogisme [*Schluss* [34]] (*cf.* la Remarque au § 302) que si se constitue (*zur Existenz kommt*) une médiation entre ces deux extrêmes. Or, déjà du côté du pouvoir royal, c'est le gouvernement qui s'est chargé de cette fonction. Il faut donc qu'également du côté des classes [ou des Assemblées : *Stände*] se dégage un élément destiné essentiellement à assumer cette fonction médiatrice."

Nous avons déjà montré que la "différence de classe" n'a aucune importance pour la sphère politique ; elle porte uniquement sur des différences privées, donc non politiques. Mais d'après Hegel ces différences n'ont plus ici la signification qu'elles possèdent dans la société civile : d'une part, les Assemblées maintiennent et confirment l'essence de la différence de classe, mais, de l'autre côté, dans la mesure où celle-ci est introduite dans la sphère politique, elle reçoit une signification nouvelle qui n'est plus celle qu'elle possède elle-même, mais celle que lui confère l'élément politique.

Aussi longtemps que l'organisation de la société civile était encore politique, aussi longtemps que l'État politique et la société civile étaient identiques, cette séparation et ce dédoublement de la signification des classes étaient impossibles. Les classes n'avaient pas dans le monde civil une autre signification que celle qu'elles possédaient dans le monde politique. Elles n'acquéraient pas une [nouvelle] signification dans le monde politique, mais elles se signifiaient elles-mêmes. Le dualisme de la société civile et de l'État politique, que le système des Assemblées d'ordres croit résoudre par une *réminiscence*, s'y manifeste en ce sens que la différence des classes (l'autodifférenciation de la société civile) prend dans la sphère politique une autre signification que celle qu'elle possède dans la sphère civile. Apparemment, il y a ici identité : il s'agit du même sujet, mais pourvu [chaque fois] d'une détermination essentiellement différente. En vérité, il s'agit donc d'un sujet *double*, et l'identité est illusoire. (Elle l'est déjà du fait que *le sujet réel, l'homme*, reste identique à lui-même dans les différentes déterminations de son être et ne perd pas son identité ; mais ici, ce n'est pas l'homme qui est sujet, l'homme est identifié à un prédicat – la classe ; en outre, il est dit qu'il est identifié à la fois à cette détermination déterminée et à une autre détermination et que, tout en étant réduit à cette définition bornée et exclusive, il est aussi quelque chose qui ne se réduit pas à cela.) Aussi cette identité illusoire est maintenue par l'artifice intellectuel suivant : d'un côté, la différence civile des classes reçoit comme telle une détermination qui ne peut provenir que de la sphère politique, tandis que, de l'autre côté, la différence des classes telle qu'elle existe dans la sphère politique conserve une détermination qui provient non pas de la sphère politique, mais du sujet de la sphère civile. S'étant donné la tâche de présenter ce sujet borné, les classes et leur différence, comme le sujet essentiel des deux prédicats, et de démontrer l'identité des deux prédicats, Hegel est obligé de leur donner une forme mystique et mystifiante et de leur prêter une double forme illusoire et indéterminée.

Le même sujet est pris dans différentes *significations*, mais chaque signification n'est pas une détermination que le sujet possède de lui-même (inhérente au sujet lui-même), mais une détermination *allégorique* que Hegel fait glisser sous la détermination réelle. On pourrait fort bien attribuer à la même signification un autre sujet concret de même qu'on pourrait attribuer une autre signification au même sujet. La signification que la différence civile des classes reçoit dans la sphère politique ne provient pas d'elle-même, mais de la sphère politique, et elle pourrait également avoir une autre signification ici, comme ce fut du reste le cas historiquement. Et vice-versa. C'est la manière non critique, mystique, d'interpréter une conception ancienne du monde dans le sens d'une conception nouvelle – manière qui transforme l'objet de l'interprétation en quelque chose d'hybride et de raté, où la forme donne une idée fallacieuse du sens et où le sens donne une idée fallacieuse de la forme ; où ni la forme n'est perçue dans sa réalité et dans son sens propre, ni le sens n'est reconnu dans sa réalité et dans la forme qui lui est propre. Cette *non-critique*, ce *mysticisme* est le mystère des Constitutions modernes (surtout des Constitutions fondées sur le système des ordres) aussi bien que le mystère de la philosophie de Hegel et notamment de sa philosophie du Droit et de sa philosophie de la Religion.

Le meilleur moyen de se débarrasser de cette illusion, c'est de ne voir dans la signification que ce qu'elle est, à savoir la détermination qui lui est propre ; ensuite, de subjectiver cette signification et de voir, par comparaison, si le sujet qui est *censé* lui appartenir est son prédicat *réel*, s'il représente son *être* et sa véritable signification.

[Continuons la lecture du § 304 :]

> "Vis-à-vis du pouvoir royal et du principe monarchique en général, les Assemblées commencent par se poser comme l'*extrême de l'universalité empirique*. Cette position abstraite, où l'accord et l'opposition hostile sont également possibles, ne devient un rapport conforme à la Raison, c'est-à-dire un syllogisme (*cf.* la Remarque au § 302), que si se constitue une médiation entre ces deux extrêmes."

Nous avons déjà vu que ces Assemblées forment "en commun avec le pouvoir gouvernemental" le moyen terme entre le principe monarchique et le peuple, entre la volonté de l'État en tant que volonté empirique d'*un seul* et la volonté de l'État en tant que volonté empirique de la *masse*, entre l'individualité empirique et l'universalité empirique. Ayant défini la volonté de la société civile comme "*universalité empirique*", Hegel aurait dû définir la volonté du monarque comme *individualité empirique* ; mais il ne formule pas l'*opposition* dans toute sa rigueur.

Continuons la lecture du § 304 :

> "Du côté du pouvoir royal, c'est le gouvernement qui est chargé de cette fonction [médiatrice]. Il faut donc qu'également du côté des classes [ou des Assemblées : *Stände*] se dégage un élément destiné essentiellement à assumer cette fonction médiatrice."

En fait, la véritable opposition est celle entre le monarque et la société civile. Et nous avons déjà vu que les Assemblées ont par rapport au peuple la même signification que le pouvoir gouvernemental a par rapport au monarque. Si les ramifications du pouvoir gouvernemental dérivent d'un processus d'*émanation*, en revanche, dans les Assemblées, le peuple se *condense* lui-même comme dans une édition miniature de lui-même : en effet, la monarchie constitutionnelle ne peut s'entendre avec le peuple que seulement si celui-ci est réduit à l'état de miniature. Les Assemblées sont, du côté de la société civile, absolument *la même abstraction de l'État politique* que le pouvoir gouvernemental du côté du monarque. La médiation *semble* donc complète. Les deux extrêmes ont renoncé à leur rigide isolement (*Sprödigkeit*), ils ont concilié les feux de leurs particularismes (*das Feuer ihres besonderen Wesens entgegengeschickt*), si bien que le *pouvoir législatif* dont font partie aussi bien le gouvernement que les Assemblées a l'air d'être non pas l'instrument de la médiation, mais la médiation elle-même. En outre, Hegel a déjà défini les Assemblées – "qui agissent en commun avec le gouvernement" – comme un moyen terme entre le monarque et le peuple et comme un moyen terme entre la société civile et le gouvernement. Le "rapport conforme à la Raison", le "syllogisme" semble donc être présent. Le pouvoir législatif, le moyen terme, est un *mixtum compositum*, un mélange des deux extrêmes, de l'extrême du pouvoir royal et de l'extrême de la société civile, de l'individualité empirique et de l'universalité empirique, du sujet et du prédicat. En somme, Hegel considère le "syllogisme" en tant que "moyen terme", comme un *mixtum compositum.* On peut dire que c'est dans sa théorie du syllogisme qu'apparaissent au grand jour tout le caractère transcendant et le dualisme mystique de son système. Le moyen terme est le fer de bois, l'opposition masquée [*vertuschte*] entre l'universalité et l'individualité.

Remarquons aussi, à propos de tout cet exposé, que la "médiation" que Hegel veut instituer ici n'est pas une exigence découlant de l'essence même du pouvoir législatif et de sa fonction propre ; elle découle plutôt d'une (respectueuse) prise en considération (*Rücksicht*) de quelque chose (*Existenz*) qui ne fait pas partie de sa fonction essentielle. C'est une construction de la déférence (*Rücksicht*). Le pouvoir législatif est traité surtout en fonction de quelque chose d'autre. Aussi bien, c'est la théorie de son existence *formelle* qui retient surtout l'attention (de Hegel). Le pouvoir législatif est construit d'une manière fort *diplomatique.* Cela résulte de la position χατ᾽ ἐξοχήν (essentiellement) *politique* [donc] fausse et illusoire que le pouvoir législatif occupe dans l'État moderne (dont Hegel est l'interprète). Il devient ainsi évident que cet État n'est pas un *vrai État*, car en lui les fonctions étatiques (et le pouvoir législatif n'est qu'une de ses fonctions) doivent être considérées non pas telles qu'elles sont en elles-mêmes et pour elles-mêmes, non pas théoriquement mais pratiquement, non pas comme des puissances indépendantes, non pas d'après la nature de la chose, mais suivant les règles de la convention.

Ainsi donc les Assemblées devraient agir "en commun avec le gouvernement" (§ 302) comme médiateurs entre la volonté de l'individualité empirique (le monarque) et la volonté de l'universalité empirique (la société civile) ; mais *en vérité, en réalité* leur "position" est "abstraite", c'est-à-dire que, vis-à-vis du pouvoir royal et du principe monarchique en général", elles commencent par se poser "comme l'extrême de l'universalité empirique", ce qui implique la possibilité à la fois de "l'accord" et de "l'opposition hostile". Fort justement, Hegel appelle "abstraite" cette situation.

À première vue il semble bien qu'il n'y a aucune opposition entre "l'extrême de l'universalité empirique" et l'extrême de l'individualité empirique (le "principe monarchique"). En effet, les Assemblées sont *déléguées* par la société civile de la même manière que le pouvoir gouvernemental est *délégué* par le monarque. Grâce à ce pouvoir gouvernemental délégué, le principe monarchique cesse d'être l'extrême de l'individualité empirique ; il renonce à "l'absoluité" (*grundlos*) de sa volonté et s'abaisse dans la "finitude" de la responsabilité, de la pensée et du savoir ; de même, dans les Assemblées, la société civile n'apparaît plus comme une "universalité empirique", mais comme un ensemble bien défini, possédant en plus "le sens de l'État et du gouvernement aussi bien que le sens des intérêts des individus et des groupes particuliers" (*cf.* § 302). La société civile miniaturisée sous la forme des Assemblées a cessé d'être une universalité empirique. Elle s'est réduite à une délégation, à un certain nombre de gens : de même que le monarque s'est donné une universalité empirique sous la forme du gouvernement, la société civile s'est donné une individualité ou particularité empirique sous la forme des Assemblées. Tous les deux [monarque et société civile] sont devenus une particularité.

La seule opposition qui soit encore possible ici paraît être l'opposition entre les deux représentants des deux volontés étatiques, entre les deux émanations [du monarque et de la société civile], entre les deux éléments constitutifs du pouvoir législatif : le gouvernement et les Assemblées. La seule opposition encore possible apparaît donc comme une opposition à l'intérieur du pouvoir législatif lui-même. La médiation que ces deux éléments sont censés accomplir "en commun" semble du reste particulièrement bien faite pour amener des conflits. Dans le gouvernement en tant qu'élément du pouvoir législatif l'individualité empirique inaccessible du monarque *descend sur terre* (*verirdischt*) sous la forme d'un certain nombre de personnalités limitées, tangibles, responsables, tandis que, dans les Assemblées en tant qu'élément du pouvoir législatif, la société civile *monte au ciel* (*verhimmlischt*) sous la forme d'un certain nombre de politiciens. Les deux côtés ont perdu leur caractère insaisissable. Le pouvoir monarchique a cessé d'être un *Moi empirique* unique et inaccessible ; de même la société civile a cessé d'être un Tout empirique, vague et insaisissable ; le premier a perdu sa raideur ; le second sa fluidité. Assemblées et gouvernement, en tant qu'éléments du pouvoir législatif, étaient censés vouloir servir “en commun” de médiateurs entre le monarque et la société civile ; or, c'est entre eux [les Assemblées et le gouvernement] que l'*opposition* semble se transformer en une opposition ouverte, voire en une *contradiction irréconciliable.*

Ainsi que Hegel le dit fort justement (§ 303), cette “médiation” a rudement besoin de “se constituer”. Or, le pouvoir législatif est le lieu de la contradiction plutôt que de la “médiation”.

Hegel semble affirmer gratuitement que cette médiation doit être l'œuvre des Assemblées. Il dit :

> “Du côté du pouvoir royal, c'est le gouvernement qui est chargé de cette fonction [médiatrice]. Il faut donc qu'également du côté des classes [ou des Assemblées : *Stände*] se dégage un élément destiné essentiellement à assumer cette fonction médiatrice.”

Mais, nous l'avons déjà vu, c'est arbitrairement et illogiquement que Hegel oppose ici, comme deux extrêmes, le monarque et les Assemblées. Si le gouvernement exerce cette fonction médiatrice “du côté du pouvoir monarchique”, les Assemblées exercent cette même fonction médiatrice du côté de la société civile. Selon le § 302, les Assemblées [ont une double mission :] non seulement se tiennent “en commun avec le gouvernement” entre le monarque et la société civile, mais encore elles se tiennent entre le gouvernement en général et le peuple. Elles font, de la part de la société civile, plus que le gouvernement fait de la part du pouvoir monarchique, puisque celui-ci se trouve en opposition avec le peuple. Les Assemblées ont donc comblé la mesure de la médiation [35]. Mais pourquoi charger ces ânes d'un plus grand poids que les autres ? Pourquoi les Assemblées serviraient-elles partout de pont aux ânes, même entre elles-mêmes et leur adversaire ? Pourquoi sont-elles partout l'abnégation même ? Fautil qu'elles se coupent elles-mêmes *une* main pour qu'elles ne puissent pas résister *des deux* mains à leur adversaire : le gouvernement “en tant qu'élément du pouvoir législatif” ?

Il s'y ajoute encore ceci : Hegel a commencé par demander que les Assemblées émanent des corporations, des différentes classes, etc., afin qu'elles ne soient pas une "simple universalité empirique" (une "masse amorphe"), tandis que maintenant il nous dit qu'elles sont bien une "simple universalité empirique" et que pour cette raison il faut faire appel à une classe particulière (*cf.* § 305 sq.). De même que le gouvernement est le Christ médiateur entre le monarque et la société civile, les Assemblées sont les prêtres médiateurs entre la société et le monarque.

Le rôle des extrêmes, pouvoir monarchique ou individualité empirique et société civile ou universalité empirique, semble devoir être plutôt de servir de médiateurs entre leurs "médiateurs", et cela d'autant plus que, d'après la Remarque au § 302, "une des acquisitions les plus importantes de la Logique, c'est qu'elle montre qu'un élément (*Moment*) déterminé, qui, placé dans une opposition, occupe la position d'un extrême, cesse d'être un extrême et devient un élément (*Moment*) organique du fait qu'il est en même temps un moyen terme (*Mitte*)".

Or, il semble que la société civile ne peut pas assumer ce rôle puisqu'elle ne siège pas au pouvoir législatif *en tant qu'elle-même*, c'est-à-dire en tant qu'un des deux extrêmes. En revanche, l'autre extrême (le monarque), se trouve *comme tel* au centre du pouvoir législatif et semble donc faire le médiateur entre les Assemblées et le gouvernement. Il semble d'ailleurs être qualifié pour cela. D'une part, il représente en effet l'ensemble de l'État, donc aussi la société civile, et il a spécialement un trait commun avec les Assemblées, à savoir la "singularité empirique" de la volonté, car c'est seulement en tant que singularité empirique que l'universalité empirique devient réelle. En outre, ce qui l'oppose à la société civile, ce n'est pas une simple *formule*, la seule *conscience* de l'État, comme c'est le cas du gouvernement. Il *est* lui-même l'État et il contient en lui-même un élément *matériel, naturel* qui forme un autre trait commun avec la société civile. D'autre part, le monarque est à la fois la tête et le représentant du gouvernement.

(Hegel, qui inverse tout, considère le pouvoir gouvernemental comme le représentant, l'émanation du monarque. Ce qui l'intéresse dans sa philosophie de l'Idée (dont le monarque est censé être l'incarnation concrète : *Dasein*), ce n'est pas l'idée réelle du gouvernement ni gouvernement en tant qu'idée, mais le sujet de l'Idée absolue telle qu'elle s'incarne *corporellement* dans le monarque. Pour cette raison, le pouvoir gouvernemental se transforme chez lui en un *prolongement mystique de l'âme incarnée dans le corps royal.*)

Au sein du pouvoir législatif, le monarque devrait donc former le moyen terme entre le gouvernement et les Assemblées ; mais le gouvernement est déjà le médiateur entre lui et les Assemblées, et celles-ci sont déjà le médiateur entre lui et la société civile. Comment pourrait-il servir de médiateur entre les médiateurs dont il a besoin pour se maintenir dans son propre rôle de médiateur et ne pas apparaître comme un "extrême unilatéral" ? Ici se montre toute l'absurdité de ces extrêmes qui jouent alternativement tantôt le rôle d'extrême, tantôt le rôle de moyen terme. Ce sont des têtes de Janus qui se présentent tantôt de face, tantôt de derrière et dont le caractère diffère suivant le côté où ils se présentent. Ce qui était d'abord défini comme moyen terme entre les extrêmes se présente par la suite lui-même comme extrême, et l'un des deux extrêmes auquel il servait de moyen terme vis-à-vis de l'autre réapparaît comme moyen terme (à cause de sa *différence* d'avec l'autre extrême) entre l'extrême et le moyen terme de la phase précédente. On se fait réciproquement des compliments. C'est comme si un tiers s'entremettait entre deux hommes qui se disputent et que l'un de ces hommes s'entremettait à son tour entre le tiers et l'autre. C'est l'histoire du mari et de sa femme qui se disputaient et du médecin qui voulait faire le médiateur entre eux, la femme devant par la suite s'interposer entre le médecin et son mari, et le mari s'interposer entre sa femme et le médecin. C'est comme le lion qui dans *Le Songe d'une nuit d'été* s'écrie : "Je suis un lion et je ne suis pas un lion, je suis Snug." De même chaque extrême est ici tantôt le lion de l'opposition, tantôt le Snug de la médiation. Lorsqu'un des extrêmes s'écrie : "Maintenant, je suis moyen terme", les deux autres ne doivent pas le toucher, mais ils n'ont le droit que de se ruer sur celui qui était extrême l'instant d'avant. On le voit, c'est une société dont le cœur est batailleur, mais qui a trop de peur des bleus pour se battre réellement. Aussi les deux adversaires s'arrangent-ils de telle façon que le tiers qui intervient reçoive les coups ; puis l'un des deux réapparaît comme tiers, si bien qu'à force de se ménager ils n'arrivent à aucune décision. Ce système de médiation ressemble encore à un homme qui voudrait battre son adversaire, mais doit en même temps le protéger contre les coups d'autres adversaires et qui, dans ce double souci, n'arrive pas à réaliser son dessein. Il est remarquable que Hegel qui ramène toute cette absurdité de la "médiation" à son expression abstraite, logique, et lui donne par conséquent une forme qui ne tolère aucune altération, aucune nuance, la présente en même temps comme un *mystère spéculatif* de la Logique, comme le "rapport conforme à la Raison", comme le "syllogisme" de la Raison (*Vernunftschluss*). Des extrêmes réels ne peuvent pas être médiatisés, précisément parce qu'ils sont des extrêmes réels. En outre, ils n'ont pas besoin de médiation, car ils s'opposent par leur essence même. Ils n'ont rien de commun, ne se réclament pas et ne se complètent pas l'un l'autre. Aucun ne porte en lui le désir, le besoin, l'anticipation de l'autre.

(Mais c'est à cause du dualisme fondamental de sa Logique que Hegel considère l'universalité et la singularité, c'est-à-dire les éléments abstraits du syllogisme, comme des termes réellement opposés. Le reste rentre dans la critique de la Logique hégélienne.)

On peut y objecter : 1° *Les extrêmes se touchent* *. Le pôle Nord et le pôle Sud s'attirent. Le sexe féminin et le sexe masculin s'attirent également, et ce n'est que par la conjonction de leurs différences extrêmes que l'homme naît. 2° D'autre part, tout extrême *est* son propre autre extrême. Par exemple, le *spiritualisme abstrait* est un *matérialisme abstrait* ; le *matérialisme abstrait* est le *spiritualisme abstrait* de la matière [36].

En ce qui concerne la première objection, disons que le pôle Nord et le pôle Sud sont tous deux des pôles : leur être est identique. De même, le sexe *féminin* et le sexe *masculin* sont tous deux un seul *genre*, un seul *être* : l'être humain. Le Nord et le Sud sont des déterminations opposées du *même* être : ce sont des différences qui surgissent lorsque cet être atteint le plus haut point de son développement. Ils sont l'être *différencié*. Ils sont ce qu'ils sont *uniquement* en tant que déterminations *différenciées* du même être, voire une forme *précise* de détermination différenciée de cet être. Des *vrais* extrêmes *réels* seraient le pôle et le non-pôle, le sexe humain et le sexe non humain. Nous aurions alors *deux* êtres différents, tandis qu'il s'agit ici des différents modes d'existence du même être [37].

En ce qui concerne le second point, il s'agit essentiellement de ceci : quand un *concept* [existence : *Dasein*, etc.] est conçu *abstraitement*, il ne signifie pas une réalité autonome, mais il n'a de sens qu'en tant qu'*abstraction* d'autre chose et uniquement en étant cette abstraction [38]. Ainsi, par exemple, l'esprit n'est que l'*abstraction* de la matière. Il va alors de soi que précisément parce que cette forme doit se donner un contenu, l'esprit est plutôt son *contraire abstrait*, l'objet [la matière] dont il a été abstrait et [conçu lui aussi] dans sa forme abstraite. Ici [dans le cas du spiritualisme abstrait] le matérialisme abstrait est son être réel (*reales Wesen*). Si la différence entre les modes d'existence du *même* être n'avait pas été confondue avec l'*abstraction autonomisée* (non pas, cela va de soi, l'abstraction d'un autre, mais à proprement parler de soi-même), soit avec l'opposition *réelle* de deux êtres qui s'excluent mutuellement, trois erreurs eussent été évitées :

1° La première erreur consiste à tenir un extrême pour le seul vrai et donc d'ériger en vérité cette abstraction et cette unilatéralité. Le résultat en est qu'au lieu de se présenter comme une totalité en soi-même, un principe apparaît comme une simple abstraction d'un autre.

2° Devant l'*exaspération* (*Entschiedenheit*) d'une opposition *réelle*, quand elle se transforme en affrontement de deux extrêmes où [les deux adversaires] prennent conscience d'eux-mêmes et veulent provoquer la décision du combat, l'erreur consiste à considérer cela comme quelque chose de nuisible ou comme quelque chose qu'on devrait empêcher.

3° La troisième erreur consiste à essayer de médiatiser ce conflit.

En effet, bien que deux extrêmes se présentent dans leur existence comme réels et comme extrêmes, c'est pourtant l'un des deux qui est un extrême de par son *être* ; aussi n'a-t-il pas pour l'autre la *signification d'une vraie réalité*. L'un empiète sur l'autre. La position n'est pas la même. Par exemple, le christianisme (la religion en général) et la philosophie sont des extrêmes. Mais en réalité la religion ne forme pas une vraie opposition à la philosophie, car la philosophie comprend la religion dans sa réalité *illusoire*. La religion – pour autant qu'elle veut être une réalité – est, pour la philosophie, résolue en elle-même [*in sich selbst aufgelöst*]. Il n'y a aucun dualisme réel de l'*être*. Nous y reviendrons.

La question se pose de savoir comment Hegel arrive à penser qu'il faudrait une nouvelle médiation de la part des Assemblées. On se demande s'il n'a pas fait sien "le préjugé courant et fort dangereux" dont il dit dans la Remarque au § 302 qu'il consiste à "considérer les Assemblées principalement du point de vue de leur *opposition* au gouvernement, comme si c'était là leur position essentielle".

La question se ramène simplement à ceci : d'une part, ainsi que nous l'avons vu, c'est au sein du pouvoir législatif que la société civile [sous la forme des Assemblées] et le pouvoir royal [sous la forme du gouvernement] arrivent pour la première fois à s'affronter dans une opposition réelle et immédiatement pratique.

De l'autre côté, le pouvoir législatif est une totalité où nous trouvons : 1° la délégation du principe royal : le gouvernement ; 2° la délégation de la société civile : les Assemblées, mais aussi un troisième élément, *l'un des extrêmes comme tel* : le monarque, tandis que l'autre extrême, la société civile, ne s'y trouve pas en tant que tel. Par là les Assemblées deviennent l'extrême [opposé à l'extrême] du pouvoir royal – extrême qui devrait à proprement parler être la société civile elle-même. Ainsi que nous l'avons vu, c'est dans les Assemblées que la société civile commence à s'organiser et à se donner une existence *politique*. Les Assemblées constituent son existence *politique*, sa *transsubstantiation* dans l'État politique. Il s'ensuit, ainsi que nous l'avons déjà vu, que le pouvoir législatif constitue l'*État politique* proprement dit dans sa totalité. Nous y trouvons : 1° le principe monarchique ; 2° le pouvoir gouvernemental et 3° la société civile. Les Assemblées constituent *"la société civile de l'État politique"*, la société civile du pouvoir législatif. Par conséquent les Assemblées sont l'extrême que la société civile devrait constituer vis-à-vis du pouvoir monarchique. C'est pourquoi les Assemblées forment une opposition au pouvoir gouvernemental.

(Parce que la société civile [en tant que sphère privée] est la non-réalité de l'existence politique [est la sphère de l'existence apolitique], l'existence *politique* de la société civile est pour celle-ci sa propre désagrégation, sa séparation d'avec elle-même.)

C'est aussi la raison pour laquelle Hegel définit les Assemblées comme "l'extrême de l'universalité empirique", ce qui à proprement parler ne convient qu'à la société civile.

(C'est donc bien inutilement que Hegel a fait dériver les Assemblées en tant que facteur politique [*politischständische Element*] des corporations et des différentes classes. Cela n'aurait de sens que si ces différentes classes étaient appelées à légiférer comme telles, que si la différenciation, la fonction (des différentes classes de la société civile), était en fait une fonction politique. Dans ce cas, le pouvoir législatif ne serait pas celui de *l'ensemble de l'État* : il serait celui que les différentes classes, corporations et catégories sociales exerceraient sur l'ensemble de l'État. Les classes de la société civile détermineraient l'État politique sans avoir reçu une fonction politique. Leur *particularité* se transformerait en pouvoir de déterminer le tout. Ce serait le pouvoir que le particulier exercerait sur l'universel. Nous n'aurions plus *un* pouvoir législatif, mais *plusieurs* pouvoirs législatifs, qui transigeraient entre eux et avec le gouvernement. Mais Hegel ne connaît que le sens moderne du système des Assemblées en tant que réalisation du citoyen, du bourgeois. Il ne veut pas que "l'universel en soi et pour soi" (l'État politique) soit déterminé par la société civile ; bien au contraire, il veut que l'État la détermine. Il fait sienne la forme médiévale des *Stände* [où les classes sociales étaient des organes politiques], mais en même temps il leur donne la signification opposée [à la signification médiévale] en les tenant pour déterminés par l'essence de l'État politique [moderne]. Si les Assemblées étaient formées par les représentants de corporations, etc. [des classes, etc.], elles ne seraient pas "l'universalité empirique", mais la "particularité empirique", voire la particularité de l'empirie...)

Le pouvoir législatif a donc en lui-même besoin d'une *médiation*, c'est-à-dire d'une atténuation de l'opposition, et cette médiation doit provenir des Assemblées car, par leur présence au sein du pouvoir législatif, celles-ci perdent la signification qu'elles avaient auparavant – celle d'être des représentants de la société civile – et deviennent un élément *premier* [*primär* : non dérivé] ; elles sont la société civile du pouvoir législatif. Le pouvoir législatif est la totalité de l'État politique et précisément parce qu'il est cette totalité il ne fait qu'expliciter la contradiction immanente à l'État politique. Mais, en même temps, il met à l'ordre du jour la dissolution de l'État politique. Des principes totalement différents se heurtent en lui. *En apparence*, c'est l'opposition entre le principe monarchique et le principe [représentatif] des Assemblées, etc. *En vérité*, c'est l'antinomie de l'*État politique* et de la *société civile*, la *contradiction de l'État politique abstrait avec lui-même*. Le pouvoir législatif est la révolte mise à l'ordre du jour.

(L'erreur principale de Hegel, c'est de concevoir contradiction qui se manifeste dans l'ordre phénoménal [*der Widerspruch der Erscheinung*] comme unité dans l'essence, dans l'Idée, alors que cette contradiction a comme essence quelque chose de plus profond, à savoir une contradiction *essentielle*. Ainsi, par exemple, la contradiction immanente au pouvoir législatif n'est que la contradiction de l'État politique avec lui-même, donc aussi de la société civile avec elle-même.

La critique vulgaire tombe dans une erreur *dogmatique* opposée. Elle critique, par exemple, la Constitution en mettant en lumière l'opposition des pouvoirs, etc., en trouvant partout des contradictions. Cela relève de la critique encore dogmatique qui *lutte* contre son objet, tout comme on réfutait jadis le dogme de La Trinité par la contradiction de 1 et de 3. La vraie critique montre au contraire la genèse intérieure de la Sainte Trinité dans le cerveau humain. Elle en décrit l'acte de naissance. De même la critique vraiment philosophique de la Constitution actuelle de l'État ne se limite pas à montrer l'existence de contradictions, mais elle les *explique*, elle en comprend la genèse, la nécessité. Elle les prend dans leur signification *propre*. Mais cette compréhension ne consiste pas, ainsi que Hegel le pense, à redécouvrir partout les déterminations du concept logique, mais à saisir la logique spécifique de l'objet dans sa spécificité.)

Hegel exprime cela en disant (§ 304) que, “vis-à-vis du pouvoir monarchique”, les Assemblées se trouvent dans une situation “abstraite” impliquant la possibilité aussi bien de “l’accord” que de “l’opposition hostile”.

La possibilité de l’opposition se trouve partout où des volontés *différentes* se rencontrent. Hegel dit lui-même que “l’accord” est aussi possible que “l’opposition”. C’est pourquoi il veut former un élément qui soit l’*impossibilité* de l’opposition et la *réalité* de l’accord. Un tel élément serait pour lui la liberté de décision et de pensée, vis-à-vis de la volonté du monarque et du gouvernement. Il ne ferait donc pas partie des Assemblées. Ce serait plutôt un élément de la volonté du monarque et du gouvernement et se trouverait vis-à-vis des Assemblées réelles dans la même opposition que le gouvernement lui-même.

Mais ce postulat est déjà fortement affaibli par la conclusion du § 304 :

> “Du côté du pouvoir royal, c’est le gouvernement qui est chargé de cette fonction. Il faut donc qu’également du côté des classes [ou des Assemblées : *Stände*] se dégage un élément destiné essentiellement à assumer cette fonction médiatrice.”

Comme l’élément monarchique et les classes constituent des extrêmes opposés, “l’élément” qui doit être dégagé “du côté des classes” doit assumer une fonction *inverse* de celle du gouvernement. De même que le monarque *“se démocratise”* dans le pouvoir gouvernemental, les classes doivent *“se monarchiser”* dans les Assemblées qui les représentent. Ce que Hegel veut, c’est qu’un élément monarchique se manifeste du côté des classes. De même que, vu du côté du monarque, le gouvernement est un élément-proche-du-principe-représentatif (*ständisches Moment*), il faut aussi que, parmi les classes, il existe un élément-proche-du-principe-monarchique (*fürstliches Moment*) [39].

La réalité de l’accord et l’impossibilité de l’opposition se transforment en ce postulat : “Il faut que du côté des classes se dégage un élément destiné essentiellement à assumer cette fonction médiatrice.” Assumer cette fonction ! Mais, d’après le § 302, cette fonction est celle des Assemblées en général !

Au lieu de parler de "détermination" (*Bestimmung*), Hegel aurait dû employer le terme "déterminé" (*Bestimmtheit*).

Et qu'est-ce qu'en somme cette fonction "médiatrice" en tant que "destination essentielle" ? C'est d'être, d'après son "essence" même, l'âne de Buridan.

[*La noblesse comme "médiatrice" : la Chambre haute*]

§ 305. "Parmi les classes de la société civile il existe une classe dont le principe la rend apte à remplir cette fonction *politique* : c'est la classe de la communauté (*Sittlichkeit*) naturelle qui a pour base la vie familiale et, en ce qui concerne la subsistance, la possession de la terre. En outre, ce qui la distingue des autres classes (*seine Besonderheit*) est un trait qu'elle partage avec l'élément royal (*fürstliches Element*) : c'est l'autonomie de la volonté et la détermination par la nature [par la naissance]."

§ 306. "Plus précisément, l'aptitude de cette classe à prendre cette position et cette importance *politique* provient du fait que sa fortune est indépendante de la fortune publique, de l'insécurité de l'industrie, de la cupidité, de la variabilité de la propriété en général. De même, elle est indépendante de la faveur du gouvernement comme de celle de la foule ; elle est même protégée contre le libre arbitre des individus [qui la composent] parce que les membres de cette classe qui sont appelés à cette fonction politique sont dépouillés du droit que possèdent les autres citoyens de disposer librement de toute leur propriété et de la partager entre leurs enfants selon l'égalité de l'amour familial. Ainsi la fortune devient un *bien héréditaire inaliénable*, grevé du majorat."

Addition. "Cette classe de propriétaires fonciers a une volonté plus indépendante que les autres. Elle se divise en gros en deux parties : la partie éduquée et le paysannat. À ces deux espèces de propriétaires fonciers s'oppose la classe des entrepreneurs [*Gewerb* : artisans, industriels et commerçants] qui dépend des besoins et n'existe que pour leur satisfaction, et la classe universelle [fonctionnaires] qui dépend essentiellement de l'État. La stabilité et la solidité de cette classe des propriétaires fonciers peuvent être accrues par l'institution du majorat, laquelle n'est cependant souhaitable qu'au point de vue politique car seule la finalité politique justifie les sacrifices que l'on fait pour que le premier-né puisse vivre dans l'indépendance. La raison du majorat, c'est que l'État doit avoir à sa disposition une catégorie d'hommes pour lesquels le civisme n'est pas une simple possibilité mais une nécessité. Certes le civisme ne dépend pas de la fortune, mais il existe une connexion relativement nécessaire entre les deux parce que celui qui possède une fortune indépendante n'est pas limité par des circonstances extérieures et peut donc agir sans gêne pour le bien de l'État. Cependant, là où les institutions politiques manquent, l'introduction et l'encouragement du majorat ne font qu'entraver la liberté du droit privé ; alors, ou bien on sera obligé de conférer un sens politique à l'institution du majorat, ou bien elle sera condamnée à disparaître."

§ 307. "Si le droit de cette partie de la classe substantielle repose sur le *principe naturel* de la *famille*, ce principe est modifié par les durs sacrifices qu'exige la finalité politique. Comme cette classe est essentiellement destinée à l'activité politique, elle y est appelée et *habilitée* par la *naissance* sans les hasards de l'élection. Elle occupe ainsi une position ferme et substantielle entre l'arbitraire subjectif ou la contingence des deux extrêmes (dont il a été question au § 304). Mais, comme il a été dit plus haut (§ 306), cette classe a quelque ressemblance avec l'élément monarchique [la "détermination par la nature"], tandis que, en ce qui concerne tout le reste, elle ressemble à l'autre extrême [la société civile] puisqu'elle a les mêmes besoins et les mêmes droits [que les autres classes]. Elle devient ainsi le soutien à la fois du trône et de la société."

Ici Hegel a réussi le tour de force de faire sortir de l'Idée absolue ces "soutiens du trône et de la société" que sont les pairs héréditaires, les biens héréditaires, etc.

La question est tout simplement celle-ci :

Les Assemblées devraient servir de médiateur entre le monarque et le gouvernement d'une part et le peuple d'autre part, mais elles ne le sont pas ; elles sont plutôt l'opposition *politique* organisée de la société civile. Le pouvoir législatif a besoin d'une médiation à l'intérieur de lui-même et cette médiation, comme nous l'avons montré, doit être l'œuvre des Assemblées. L'accord *moral* présupposé des deux volontés – la volonté étatique comme volonté du monarque et la volonté étatique comme volonté de la société civile – ne suffit pas. Le pouvoir législatif est certes l'État politique *total* organisé, mais c'est précisément en lui que la *contradiction ouverte* de l'État politique avec lui-même atteint son paroxysme et devient manifeste. Il faut donc que soit posée l'*apparence* d'une *identité réelle* entre la volonté du monarque et la volonté des Assemblées. *Il faut* que les

Assemblées se posent [se présentent] *comme volonté royale ou que la volonté soit présente dans les Assemblées.* Les Assemblées doivent donc se poser comme la réalité d'une volonté qui n'est pas la leur. L'*unité* qui n'existe pas dans leur *essence* (autrement elle devrait s'affirmer par l'*action* et par le *mode d'être* des Assemblées) doit du moins être là comme quelque chose d'existant (*eine Existenz*). Autrement dit, une partie du pouvoir législatif [40] – une partie des Assemblées – est destinée à être *l'unité de ce qui n'est pas uni.* Cet élément est la Chambre des pairs, la Chambre haute, etc., et il constitue la plus haute *synthèse* de l'État politique dans l'organisation que nous considérons ici. Certes, le but que se propose Hegel – l'impossibilité de l'opposition et la réalité de l'accord (entre le monarque et les Assemblées) – est encore loin d'être atteint : on n'a obtenu que la "possibilité de l'accord". Mais ce n'est que *l'illusion posée de l'unité de l'État politique avec lui-même* (de l'unité de la volonté royale et de la volonté des Assemblées et, plus loin, de l'unité de ces volontés avec le principe de l'État politique et de la société civile). On s'illusionne en croyant que cette unité est un *principe matériel*, en croyant que ce ne sont pas seulement deux principes opposés qui s'unissent, mais que leur unité est fondée sur la *nature*, sur un fondement réel (*Existantialgrund*). Cet élément au sein des Assemblées [la Chambre haute] est le romantisme de l'État politique, le rêve de son essentialité (*Wesenhaftigkeit*) ou de son accord avec lui-même. La réalité (*Existenz*) [sur laquelle se fonde la Chambre haute] est une *allégorie*.

Il dépend du rapport réel des forces entre les Assemblées et le monarque que cette *illusion* soit une illusion efficace ou une *automystification consciente.* Tant que les Assemblées et le monarque sont d'accord *en fait* et s'entendent, l'*illusion* de leur unité *essentielle* est une illusion *réelle*, donc *efficace.* Dans le cas contraire, chaque fois que cette illusion cherche à prouver sa vérité, elle devient une *non-vérité consciente et ridicule.*

§ 305. "Parmi les classes de la société civile il existe une classe dont le principe la rend apte à remplir cette fonction *politique* : c'est la classe de l'éthique (*Sittlichkeit*) naturelle qui a pour base la vie familiale et, en ce qui concerne la subsistance, la possession de la terre. En outre, ce qui la distingue des autres classes est un trait qu'elle partage avec l'élément royal : c'est l'autonomie de la volonté et la détermination par la nature [par la naissance]."

Nous avons déjà montré les inconséquences de Hegel : 1° Il considère les Assemblées sous leur forme *moderne* en tant qu'abstraction de la société civile et, en même temps, il veut [conformément au modèle médiéval] que ces Assemblées émanent des corporations ; 2° Il les définit comme "l'extrême de l'universalité empirique" mais, en même temps, il veut qu'elles soient définies d'après la *différenciation de classes de la société civile.*

Ce qui serait *conséquent* serait de considérer les Assemblées pour elles-mêmes, en tant qu'élément nouveau, et d'élaborer, en partant d'elles, la médiation réclamée au § 304.

Mais voyons comment Hegel réintroduit [dans la sphère politique] la différenciation de classe de la société civile tout en créant la fausse impression non seulement que la réalité et le particularisme (*besonderes Wesen*) des différentes classes n'influenceront pas le pouvoir législatif (la sphère politique suprême), mais qu'au contraire ils seront ravalés au rang d'un simple *matériau* que la sphère politique pourra élaborer et modeler selon ses besoins immanents.

"Parmi les classes de la société civile, dit Hegel, il existe une classe dont le *principe* la rend apte à remplir cette fonction *politique* : c'est la classe de l'*éthique naturelle*..."

C'est la classe paysanne. Et en quoi consiste cette *aptitude de principe* ou *aptitude du principe* de la classe paysanne ? C'est qu'elle...

... "a pour base la vie familiale et, en ce qui concerne la subsistance, la possession de la terre. En outre, ce qui la distingue des autres classes est un trait qu'elle partage avec l'élément royal : c'est l'autonomie de la volonté et la détermination par la nature".

L'"autonomie de la volonté" (*das auf sich beruhendes Wollen*) se rapporte à la subsistance, à la "possession de la terre" ; la "détermination par la nature", qui est le trait qui l'apparente à l'élément royal, se rapporte à la "vie familiale" en tant que "base" [de la classe paysanne].

La subsistance assurée par la possession de la terre et l'autonomie de la volonté sont deux choses différentes. Au lieu de parler de la "volonté basée sur elle-même" (*auf sich beruhendes Wollen*), il faudrait plutôt parler d'une volonté "basée sur des biens-fonds" (*auf Grund und Boden ruhendes Wollen*) ! Ce qui devait être requis, c'est une volonté basée sur le *civisme* (*Staatsgesinnung*), non une volonté basée sur *elle-même*, mais une volonté basée *sur le tout*. Mais à la place du civisme, de la "possession du *sens de l'État*", se met la "possession de la *terre*".

En ce qui concerne la "vie familiale" en tant que "base", disons que l'éthique (*Sittlichkeit*) "sociale" de la société civile paraît bien supérieure à l'éthique "naturelle" [du paysannat]. En outre, la "vie familiale" est l'éthique "naturelle" de *toutes* les classes de la société civile, des citadins (*Bürgerstand*) aussi bien que des paysans. Et le fait que "la vie familiale" est pour le paysan non seulement le principe de la famille, mais la base de son existence sociale en général, le rend plutôt *inapte* à la plus haute tâche politique, car il appliquera des lois patriarcales à une sphère qui n'est pas patriarcale et il introduira dans les relations entre l'État *politique* et le *citoyen* les relations père et enfants, maître et valet [qui lui sont familières].

En ce qui concerne la "détermination par la nature" du pouvoir royal, rappelons que Hegel a en vue non pas un roi patriarcal, mais un monarque *constitutionnel moderne*. Sa "détermination par la nature" consiste en ce qu'il est le *représentant corporel de l'État* et qu'il est *né* roi, autrement dit que la royauté est un *bien héréditaire de sa famille* ; mais qu'y a-t-il de commun entre cela et la "vie familiale" en tant que "base" de la condition paysanne et qu'est-ce que l'"éthique naturelle" [du paysannat] a de commun avec la "détermination naturelle par la naissance" ? Le monarque a ceci de commun avec le cheval d'être né roi comme le cheval est né cheval.

Hegel présuppose la différenciation de classe [de la société civile]. Si [conformément à son vœu] la différenciation de classe était devenue en tant que telle une différenciation politique, alors la classe paysanne constituerait en tant que telle une partie indépendante des Assemblées et fonctionnerait *ipso facto* comme un élément de médiation avec le pouvoir royal : pourquoi exiger une *nouvelle* médiation ? Et pourquoi assigner à la classe paysanne une place séparée [la Chambre haute] de la Représentation proprement dite [la Chambre basse] alors que c'est précisément en se séparant du paysannat que la Chambre basse risque d'adopter ce que Hegel appelle une "position abstraite" envers le pouvoir royal ? En outre, Hegel a montré que les Assemblées constituent un élément particulier où a lieu *la transsubstantiation* [41] *de la sphère des personnes privées* et leur transformation en *citoyens* ; à l'en croire, si les Assemblées ont besoin d'une "médiation", c'est précisément à cause de cette transsubstantiation des personnes privées en citoyens. Or, en réintroduisant les différences de classe [au sein des Assemblées], Hegel dissout cet organisme : il transforme les citoyens en personnes privées et c'est à ces personnes privées qu'il demande d'assurer la médiation de l'État politique avec lui-même.

En somme, quelle monstruosité (*Anomalie*) que la plus haute *synthèse* de l'État politique ne soit rien d'autre que la synthèse de la propriété foncière et de la vie familiale !

En un mot : dès que les classes civiles en tant que telles deviennent des facteurs politiques, on n'a plus besoin d'une telle médiation ; et dès qu'on en éprouve le besoin, les classes civiles n'ont aucune signification politique et la médiation en question n'est pas de nature politique. Ce n'est pas en sa qualité de paysan, c'est en sa qualité de citoyen que le paysan fait partie de l'élément représentatif, tandis qu'inversement, là où il est citoyen en sa qualité de *paysan* (ou paysan en tant que citoyen), sa qualité de citoyen est identique à son *appartenance à la paysannerie* ; autrement dit, il n'est pas citoyen en sa qualité de paysan mais il est paysan en sa qualité de citoyen.

Il y a donc ici, de la part de Hegel, une inconséquence dans sa *propre* manière de voir et une telle inconséquence s'appelle *accommodation.* Les Assemblées représentatives au sens moderne du terme, au sens développé par Hegel, posent [expriment et réalisent] la *séparation totale de la société civile d'avec la sphère de la vie privée et la différenciation* [de classe] *qui lui est propre.* Comment Hegel peut-il croire que la *solution* des antinomies internes du pouvoir législatif se trouve dans la sphère privée ? Hegel veut le système médiéval des ordres, mais au sens moderne du pouvoir législatif, et il veut le pouvoir législatif moderne mais incarné dans le système médiéval des ordres ! C'est du très mauvais syncrétisme.

Au début du § 304, il est dit : "Les Assemblées maintiennent dans leur détermination [fonction] propre les différences [de classe] existant dans la société civile." Il faut dire : "dans leur détermination *propre*", les Assemblées ne contiennent cette différence qu'en l'annulant, qu'en la niant, qu'en en faisant *abstraction.*

Revenons à la classe paysanne et rappelons qu'il ne s'agit pas ici du paysannat en général, mais du paysannat *puissancié*, c'est-à-dire de l'aristocratie foncière. Si cette classe paysanne devient en tant que telle et de la manière décrite ci-dessus la médiation de l'État politique *total* [du pouvoir législatif] avec lui-même, la médiation entre les Assemblées et le pouvoir royal s'accomplit dans ce sens qu'elle signifie la *dissolution* des Assemblées en tant qu'élément politique. Ce n'est pas la classe paysanne, c'est la classe (*Stand*), l'appartenance à une sphère privée (*Privatstand*), l'analyse (réduction) des Assemblées à leurs composantes privées, qui est censée *rétablir l'unité de l'État politique avec lui-même.* (Ce qui constitue ici la médiation, ce n'est pas la classe paysanne comme telle, mais le fait que la position privée de ses membres dans la société civile (*als bürgerlicher Privatstand*) les sépare des autres membres des Assemblées, c'est-à-dire leur assigne une position à part au sein des Assemblées [Chambre haute], ce qui signifie que l'autre partie des Assemblées [la Chambre basse] se définit aussi par son mode *particulier* d'appartenance à la sphère privée et *cesse ipso facto* de représenter les membres de la société civile en tant que *citoyens.*) Avant, l'État politique se présentait comme *deux volontés opposées* ; maintenant nous avons d'un côté l'État politique (monarque et gouvernement) et de l'autre la société civile en tant qu'elle est différente de l'État (les différentes classes). Le résultat en est que l'État politique a *cessé* d'être une *totalité.*

[Envisager] le *doublement* de l'élément représentatif [le système des deux Chambres] comme [un moyen d'assurer la] médiation avec le pouvoir royal signifie immédiatement que la *scission* de cet élément avec lui-même, sa propre opposition avec lui-même, *rétablit son unité avec le pouvoir royal.* La *dualité fondamentale* entre le monarque et les Assemblées est *neutralisée* par la dualité fondamentale des Assemblées elles-mêmes. Mais chez Hegel cette neutralisation consiste uniquement en ceci que les Assemblées perdent leur caractère *politique.*

Nous reviendrons plus loin sur les correspondances qu'établit Hegel : a) entre la *propriété foncière* en tant que "subsistance" et la *souveraineté* de la volonté et la *souveraineté royale* et b) entre la "vie familiale" en tant que base du paysannat et la "détermination naturelle" du pouvoir royal. Ici, au § 305, il n'est question que du "principe" qui rend la classe paysanne "apte à remplir la fonction politique" [de la médiation].

Le § 306 nous dit en quoi consiste cette "aptitude". Elle se ramène à ceci : "La fortune devient un bien héréditaire inaliénable grevé du majorat." Le "majorat" serait donc le fondement de l'aptitude politique du paysannat.

> "La raison du majorat, est-il dit dans l'Addition au § 306...
>
> "... C'est que l'État doit avoir à sa disposition une catégorie d'hommes pour lesquels le civisme n'est pas une *simple possibilité* mais une *nécessité.* Certes, le civisme ne dépend pas de la fortune, mais il existe une connexion *relativement nécessaire* entre les deux parce que celui qui possède une fortune indépendante n'est pas limité par des circonstances extérieures et *peut* donc agir sans gêne pour le bien de l'État."

Première proposition : La "simple possibilité" du civisme ne suffit pas à l'État : il doit compter sur sa "nécessité".

Deuxième proposition : "Le civisme ne dépend pas de la fortune", autrement dit : le civisme de la fortune est une "simple possibilité".

Troisième proposition : Mais il existe une *"connexion relativement nécessaire"* entre les deux ; autrement dit : celui qui possède une fortune indépendante, etc., *peut* agir "pour le bien de l'État", c'est-à-dire la fortune donne la *possibilité* du civisme. Or, d'après la proposition n° 1, cette possibilité ne suffit pas.

En outre, Hegel n'a pas démontré que la propriété foncière est la *seule* forme de "fortune indépendante".

C'est en faisant de sa fortune une "fortune indépendante" que la classe paysanne se rend "apte" à avoir "cette position et cette importance politiques". En d'autres termes, l'indépendance de sa fortune fait sa "position et importance politiques".

Cette "indépendance" est précisée de la manière suivante : Sa fortune est "*indépendante de la fortune de l'État*", c'est-à-dire de la caisse du gouvernement. Dans cet ordre d'idées, elle est le contraire de la "classe universelle", laquelle "dépend essentiellement de l'État". Or, comme Hegel le dit dans la Préface [à la *Philosophie du Droit*] :

> "La *philosophie* n'est pas pratiquée chez nous comme un art privé, comme elle l'était par exemple chez les Grecs. Elle a une existence publique en contact avec le public, et est consacrée au service de l'État."

Par conséquent, la philosophie, elle aussi, dépend *essentiellement* de la caisse du gouvernement.

Elle est aussi "indépendante de l'insécurité de l'industrie, de la cupidité, de la variabilité de la propriété en général". À ce point de vue, elle se distingue de la classe des entrepreneurs qui "dépend des besoins et n'existe que pour leur satisfaction".

Ainsi cette fortune est indépendante "de la *faveur du gouvernement* comme de celle de la *foule*".

Enfin, la fortune de cette classe est même "protégée contre le libre arbitre des individus [qui la composent] parce que les membres de cette classe qui sont appelés à cette fonction politique sont dépouillés du droit que possèdent les autres citoyens de disposer librement de toute leur propriété et de la partager entre leurs enfants selon l'égalité de l'amour familial".

Les oppositions ont pris maintenant une forme toute nouvelle et fort matérielle que l'on ne s'attendait pas à rencontrer dans le ciel de l'État politique où nous planons.

L'opposition telle que Hegel la développe est l'expression la plus extrême de l'opposition de la *propriété privée* et de la *fortune.*

La *propriété foncière* est la *propriété privée* par excellence, la propriété privée proprement dite. Sa pure nature *privée* se manifeste dans les faits suivants :

1° Elle est *indépendante de la fortune de l'État* (et de la faveur gouvernementale) ; autrement dit, elle est indépendante de la propriété en tant que "propriété générale de l'État politique", car celle-ci, dans le système de l'État politique, n'est qu'une fortune *particulière* coexistant avec d'autres fortunes particulières.

2° Elle est *indépendante* des "besoins" de la société ; en d'autres termes elle est indépendante de la "fortune sociale" ou de la "faveur de la foule". Il est caractéristique que chez Hegel la participation à la fortune *publique* est considérée comme une "faveur du gouvernement" tout comme la participation à la fortune *sociale* est considérée comme une "faveur de la foule". La fortune de la "classe universelle" et de la classe des entrepreneurs n'est pas à proprement parler de la propriété privée parce qu'elle dépend, dans le premier cas *directement*, dans le second cas *indirectement*, de la fortune générale, de la propriété en tant que propriété sociale, y *participe* et est dans les deux cas médiatisée par la *faveur*, c'est-à-dire par la "contingence de la volonté". À ces deux formes de fortune s'oppose la propriété foncière en tant que propriété privée *souveraine* qui n'a pas encore atteint la forme de la *fortune*, c'est-à-dire d'une propriété posée par la *volonté sociale*.

La Constitution politique dans sa plus haute expression est donc la *constitution de la propriété privée*. Le civisme le plus haut est la *manière de penser (Gesinnung) de la propriété privée*. Le *majorat* est simplement la manifestation *externe* de la nature *interne* de la propriété *foncière*. Son inaliénabilité signifie que tous ses liens avec la société sont coupés, que son *isolement de la société civile* est assuré. Comme elle ne peut pas être partagée "conformément à l'égalité de l'amour familial", elle est aussi coupée et détachée de cette société en miniature qu'est la société naturelle de la famille. Elle est indépendante de sa volonté et ne subit pas ses lois ; aussi la rude nature de la propriété *privée* ne court-elle pas le risque de devenir une fortune *familiale*.

Au § 305, Hegel avait expliqué "l'aptitude" de la propriété foncière à remplir ce rôle "politique" par le fait qu'elle ait comme base la "vie familiale". Mais il a déclaré lui-même (§ 158) que "l'amour" est la base, le principe, l'*esprit* de la vie familiale [42]. À la classe qui a pour base la vie familiale manque donc la *base* même de la vie familiale : l'amour en tant que principe réel, efficace et déterminant. C'est une vie familiale où l'esprit est absent ; elle n'est donc que l'*illusion* de la vie familiale. Au moment de son épanouissement, le *principe de la propriété privée contredit le principe de la famille.* Contrairement à ce qui se passe dans la classe de "l'éthique naturelle" et de la "vie familiale", c'est seulement dans la société civile que la vie familiale devient une vraie vie familiale, une vie d'*amour.* La première est plutôt la *barbarie* que la propriété privée oppose à la vie familiale.

C'est à cette barbarie que se réduit la *grandeur souveraine de la propriété privée, de la propriété foncière* sur laquelle on a, ces temps derniers, débité tant de fadaises sentimentales et versé tant de larmes de crocodile.

C'est en vain que Hegel dit du majorat qu'il est une *exigence de la politique*, qu'il doit être considéré du point de vue de sa position et de sa signification *politiques.* Il ne lui sert de rien de dire (Addition au § 306) :

> "La stabilité et la solidité de cette classe des propriétaires fonciers peuvent être accrues par l'institution du majorat, laquelle n'est cependant souhaitable qu'au point de vue politique, car seule la finalité politique justifie les sacrifices que l'on fait pour que le premier-né puisse vivre dans l'indépendance."

Il y a chez Hegel une certaine *décence*, la *convenance de l'intelligence.* Aussi veut-il justifier et établir le majorat non pas tel qu'il est en soi et pour soi, mais tel qu'il est par rapport à quelque chose d'autre, non pas tel qu'il se définit par lui-même, mais tel qu'il est défini par quelque chose d'autre, non pas tel qu'il est dans sa propre finalité, mais tel qu'il serait s'il était un *moyen* en vue d'un autre but. En vérité, *le majorat est une conséquence de la pure propriété privée* ; il est la propriété privée *pétrifiée*, la propriété privée parvenue au plus haut degré d'indépendance et de vigueur ; et ce que Hegel présente comme le but, le facteur déterminant et la cause première du majorat, en est plutôt un effet, une conséquence. Le majorat exprime la domination (*Macht*) de la propriété privée abstraite sur l'État politique, tandis que Hegel y voit la domination de l'État politique sur la propriété privée. Hegel change la cause en effet, l'effet en cause, ce qui est déterminant en déterminé et ce qui est déterminé en déterminant.

Mais quel est le *contenu* de l'avènement politique [du paysannat] ? Quel est le *contenu* du but politique ? Quel est le but de ce but ? Quelle en est la substance ? *Le majorat, le superlatif de la propriété privée, la propriété privée souveraine.* Quel pouvoir l'État politique exerce-t-il sur la propriété privée par l'institution du majorat ? Son seul effet est de l'*isoler* de la famille et de la société, de l'amener à l'*autonomisation abstraite.* Quel est donc le pouvoir de l'État politique sur la propriété privée ? C'est *le propre pouvoir de la propriété privée*, son essence même devenue existence (*zur Existenz gebrachtes Wesen*). Pour s'opposer à cela l'État politique n'a qu'un seul moyen : l'*illusion* de déterminer alors qu'il est lui-même déterminé. Il brise, il est vrai, la *volonté de la famille et de la société*, mais uniquement pour permettre à la volonté de la propriété privée asociale et afamiliale de se donner une existence (*Dasein*) et de faire reconnaître cette existence comme l'existence suprême de l'État politique, comme l'existence sociale (*sittlich*) suprême [43].

Le majorat n'est pas, ainsi que le pense Hegel (§ 306 Add.), "une entrave à la liberté du droit privé", mais plutôt la liberté qu'acquiert le droit privé lorsqu'il se libère de toutes les entraves sociales et morales.

Le plus haut point où aboutit la théorie (*Konstruktion*) politique est ici la théorie (*Konstruktion*) de la propriété privée abstraite.

Par l'institution du majorat, dit Hegel, la fortune de la classe paysanne (la propriété foncière, la propriété privée) est "protégée contre le libre arbitre des membres de cette classe" car ceux d'entre eux "qui sont appelés à cette fonction politique sont dépouillés du droit que possèdent les autres citoyens de disposer librement de toute leur propriété".

Nous avons déjà fait remarquer que l'inaliénabilité de la propriété foncière détruit tous les liens sociaux de la propriété privée. La propriété privée (la propriété foncière) est garantie contre le libre arbitre du possesseur par le fait que la sphère où s'exerce ce libre arbitre a cessé d'être humaine et est devenue *le libre arbitre spécifique de la propriété privée* : celle-ci est devenue le *sujet* de la volonté et la volonté n'est plus que le *prédicat* de la propriété privée. La propriété n'est plus un *certain* objet du libre arbitre, mais le libre arbitre est devenu un *certain* prédicat de la propriété privée. Comparons cela avec ce que Hegel dit lui-même lorsqu'il parle de la sphère du droit privé :

> § 65. "Je puis *aliéner* ma propriété, puisqu'elle n'est à moi que pour autant que je la veux et [...] uniquement pour autant que la chose est *par sa nature* quelque chose d'*extérieur.*"
>
> § 66. "Par conséquent, certains biens ou plutôt les déterminations substantielles qui constituent ma personne même (*eigenste Person*) : l'essence universelle de ma conscience de soi, par exemple : ma personnalité en général, ma volonté libre, mon éthique, ma religion, sont *inaliénables* et mon droit à ces biens est *imprescriptible.*"

Dans le majorat, la propriété foncière, la pure propriété privée, se transforme en un bien *inaliénable*, en une *"détermination substantielle"* qui constitue la "personne même" et "l'essence universelle de la conscience de soi" de la classe des majorataires. C'est elle qui constitue sa "personnalité même", sa "volonté libre", son "éthique", sa "religion", etc. Il est donc également logique que là où la propriété privée, la propriété foncière, est *inaliénable*, la "volonté libre" dans laquelle se trouve aussi la libre disposition d'une chose "extérieure" (telle que la propriété foncière) et l'"éthique" (dont fait également partie l'*amour* en tant qu'esprit réel et loi réelle de la famille) soient *aliénables.* L'*inaliénabilité* de la propriété privée signifie l'*aliénabilité de la volonté libre et de l'éthique.* Ici, la propriété privée n'est plus une "chose" qui n'existe que "pour autant que je la veux", mais *ma* volonté n'existe que pour autant que la propriété la veut. Ici, la volonté ne possède rien ; c'est elle qui est possédée. Ce qui fait le charme *romantique* du système du majorat, c'est que la propriété privée (c'est-à-dire le libre arbitre privé sous sa forme la plus abstraite, la volonté brute, asociale, absolument bornée) apparaît comme la synthèse suprême de l'État, comme la forme suprême de l'abdication (*Entäusserung*) de la libre volonté, comme le combat le plus dur et le plus pénible contre la *faiblesse humaine*, car toute tentative d'*humaniser* la propriété privée apparaît ici comme un signe de *faiblesse* humaine. Le majorat, c'est la propriété privée déifiée, réduite à elle-même, enchantée de sa propre autonomie et souveraineté.

De même qu'il est placé hors de la sphère de l'aliénation directe, le majorat est aussi arraché à la sphère des relations contractuelles. Relisons le § 71 où Hegel expose la transition de la propriété au contrat :

§ 71. "En tant qu'être déterminé, tout être-là (*Dasein*) est essentiellement un être-pour-l'autre (*für anderes*). Un aspect de la propriété, c'est qu'elle existe comme une chose extérieure et sous ce rapport elle existe pour d'autres extériorités et est liée à leur nécessité et à leur contingence. Mais la propriété est le *Dasein* de la *volonté* ; aussi son être-pour-autrui n'est qu'être *pour la volonté* d'une autre personne. Cette relation de volonté à volonté est le terrain propre et véritable sur lequel la liberté devient *présente* (*Dasein hat*). L'accès à la propriété ne se fait plus seulement par la conjonction d'*une chose et de ma volonté subjective*. Une médiation a lieu grâce à laquelle l'accès à la propriété se fait aussi par l'intermédiaire d'une autre volonté et dérive donc d'une volonté *commune*. Cette médiation constitue la sphère du *contrat*."

Dans le majorat, on érige en loi de l'État l'accès à la propriété non pas en fonction d'une "volonté commune", mais uniquement comme "conjonction de la chose et de la volonté subjective". Quand il traite du Droit *privé*, Hegel considère l'aliénabilité de la propriété et sa soumission à la "volonté commune" comme une expression du *véritable idéalisme* [de la propriété privée ou du Droit privé] ; mais quand il traite du Droit *public*, il exalte la souveraineté imaginaire d'une propriété devenue indépendante, qu'il oppose à "l'insécurité de l'industrie", à la "cupidité", à la "variabilité de la propriété" et à la "dépendance par rapport à la fortune publique". Quel État ! qui ne peut même pas supporter l'idéalisme du droit privé ! Quelle philosophie du Droit, où l'indépendance de la propriété privée change de sens suivant qu'on passe du droit privé au droit public !

Face à la *grossière stupidité* de la propriété privée indépendante, "l'insécurité de l'industrie" est élégiaque, la "cupidité" est pathétique ou dramatique, la "variabilité de la propriété" est un grave *fatum* tragique, la "dépendance par rapport à la fortune publique" une situation conforme à la morale collective (*sittlich*). Bref, dans toutes ces formes d'existence (*Qualitätem*), le *cœur humain* se fait sentir dans la propriété : c'est partout *l'homme* qui dépend de l'homme. Quelle que soit la nature en soi et pour soi de cette dépendance, elle est toujours *humaine* face à l'esclave qui se croit libre parce que ce qui le limite n'est pas la société mais la *glèbe* : la liberté de sa volonté n'est que l'*absence* en elle de tout contenu autre que la *propriété privée*.

Voir dans une monstruosité comme le majorat un effet de la soumission de la propriété privée à l'État politique est en somme une erreur inévitable pour tous ceux qui interprètent une vieille conception du monde dans le sens d'une conception nouvelle, qui donnent à une chose (en l'occurrence : la propriété privée) deux significations différentes et opposées : l'une devant le tribunal du droit privé et l'autre dans le ciel de l'État politique.

Considérons maintenant les différents éléments qui agissent au sein du *pouvoir législatif*, dans l'État total, dans l'État devenu réel, achevé, conscient, dans l'État politique réel, et comparons cela avec la définition *idéelle*, conforme à la Logique, de ces éléments, de leur forme et de leur devoir-être [44].

Au § 257, il est dit :

> "L'État est la réalité de l'Idée [qui anime la vie] communautaire [*sittliche Idee*], l'Esprit [qui anime la vie] communautaire (*sittliche Geist*) en tant que volonté substantielle, manifeste, claire à elle-même, qui se pense et se sait et qui réalise ce qu'elle sait et en tant qu'elle le sait. Il a son existence immédiate dans les mœurs et la tradition (*Sitte*), il a son existence médiatisée dans la conscience de soi de l'individu, dans le pouvoir et l'activité de celui-ci, et l'individu, par son attachement (*Gesinnung*) à l'État, possède sa liberté substantielle en lui, car il est son être, son but et le produit de son activité."

Au § 268, il est dit :

> "Le *civisme*, le *patriotisme* en général, en tant que certitude fondée sur la vérité [...], et en tant que vouloir devenu habitude, est uniquement le résultat des institutions existant dans l'État car la raison est *effectivement* présente dans ces institutions et c'est par l'action conforme à ces institutions que sa présence est effectivement confirmée. Cette disposition [*Gesinnung*] est en somme la *confiance* [...] : j'ai conscience que mon

intérêt substantiel et mon intérêt particulier sont présents et assurés dans et par l'intérêt et le but d'un autre – ici de l'État – se trouvant vis-à-vis de moi dans un rapport personnel. Ainsi cet autre n'est pas immédiatement pour moi un autre, et je reste moi-même libre dans cette certitude."

La *réalité* de l'Idée communautaire apparaît ici comme *la religion de la propriété privée.* (En effet, dans le majorat, la propriété privée se trouve dans un rapport religieux avec elle-même. Ainsi, dans nos Temps modernes, la religion est devenue une qualité inhérente à la propriété foncière, si bien que tous les ouvrages qui traitent du système du majorat sont pleins d'onction religieuse : la religion est la plus haute manière de penser de cette brutalité.) La "volonté substantielle, manifeste, claire à elle-même", se transforme ici en une volonté obscure, enchaînée à la glèbe, grisée par le caractère incompréhensible de l'élément auquel elle est attachée. La "certitude fondée sur la vérité" (le "civisme") est la "certitude [du propriétaire foncier] de se fonder sur son propre terrain [45] ". Le "vouloir" politique devenu "habitude" n'est plus "uniquement" le "résultat des institutions existant dans l'État", mais le résultat d'une institution existant *en dehors* de l'État. Le "civisme" n'est plus la "confiance" (*Zutrauen*), etc., mais la "conviction" (*Vertrauen*), la conscience que "mon intérêt substantiel et mon intérêt particulier" sont *indépendants* "de l'intérêt et du but de l'État". C'est la conscience de ma *liberté vis-à-vis de l'État.*

Nous savons par le § 289 que la "sauvegarde de l'intérêt général de l'État est la tâche du "pouvoir gouvernemental". D'après le § 297, c'est dans l'Administration que résident "l'intelligence cultivée et la conscience juridique du peuple". D'après la Remarque au § 301 [la sagesse de] l'Administration [est telle que] les Assemblées sont à proprement parler superflues étant donné que "les hauts fonctionnaires [...] peuvent faire le bien sans le concours des Assemblées, de même que *dans* les Assemblées, ce sont eux qui ont l'obligation constante de faire le bien". Et au § 303 il est dit que "la classe universelle [les fonctionnaires] doit par définition avoir l'universel comme but de son activité essentielle".

Or, comment se présente maintenant la "classe universelle", le gouvernement ? [D'après le § 306], elle est "essentiellement dépendante de l'État" et sa fortune "dépend de la faveur du gouvernement". La même métamorphose s'est produite dans l'image de la société civile. Avant, Hegel avait montré (§ 255) que dans les corporations la société civile s'organise d'une manière conforme à l'éthique de la communauté (*ihre Sittlichkeit erreicht*). Maintenant nous apprenons que sa fortune dépend de "l'insécurité de l'industrie" et de la "faveur de la foule".

Quelle est donc la qualité prétendument spécifique des possesseurs des majorats ? Et en quoi peut consister la qualité *morale* d'une fortune *inaliénable* ? Dans l'*incorruptibilité.* L'incorruptibilité apparaît comme la *plus haute* vertu politique, une vertu abstraite. Dans l'État théorétisé par Hegel, l'incorruptibilité est quelque chose de si particulier qu'elle doit constituer un pouvoir politique *particulier.* Par là même on nous informe qu'elle n'est pas l'esprit politique, qu'elle n'est pas la règle mais l'*exception*, qu'il faut la considérer comme quelque chose d'exceptionnel. Si l'on corrompt les possesseurs des majorats par leur propriété indépendante, c'est pour les préserver de la corruptibilité.

D'après l'Idée, la *dépendance* de l'État et le sentiment de cette dépendance devraient être la liberté politique suprême, car la liberté politique consiste à considérer la personne privée comme une personne abstraite et dépendante qui ne peut et ne doit se sentir *indépendante* que dans la mesure où elle s'élève au plan du citoyen. Maintenant, c'est la *personne privée indépendante* qui devient la base de la construction. "Sa fortune est indépendante de la fortune publique aussi bien que de l'insécurité de l'industrie", etc. La classe des entrepreneurs et la "classe universelle" se trouvent dans la situation opposée puisque la première "dépend des besoins et n'existe que pour leur satisfaction" et la seconde "dépend essentiellement de l'État". [Ce qui caractérise la noblesse foncière, c'est son] *indépendance* à la fois de l'État et de la société civile, indépendance qui n'est en réalité que la plus grossière *dépendance* de la *glèbe.* Elle est abstraite [séparée] de l'État et de la société civile, et c'est cette abstraction réalisée (*verwirklichte Abstraktion*) qui est censée constituer au sein du pouvoir législatif la médiation entre l'État et la société civile et leur unité. La *fortune privée indépendante*, c'est-à-dire la fortune privée abstraite et la *personne privée* qui lui correspond sont la plus haute construction de l'État politique ! L'"indépendance" politique, c'est la propriété privée indépendante et la personne qui possède cette propriété privée indépendante. Nous verrons plus loin ce qu'il en est réellement de "l'indépendance" et de "l'incorruptibilité" [de cette classe] et qu'elle est l'attitude envers l'État qui en résulte.

Il est évident que le majorat est un bien héréditaire. (Nous y reviendrons.) Qu'il soit, comme Hegel le dit dans l'Addition au § 306, le bien du *premier-né*, c'est là un fait purement historique.

§ 307. "Si le droit de cette partie de la classe substantielle repose sur le principe naturel de la famille, ce principe est modifié par les *durs sacrifices* qu'exige la finalité politique. Du fait que cette classe est essentiellement destinée à l'activité politique, sa vocation politique est assurée et *justifiée* par la *naissance*, sans le hasard de l'élection."

Comment le droit de cette classe repose sur le *principe naturel* de la famille, cela Hegel ne nous l'a pas expliqué, à moins qu'il n'entende par principe naturel le fait que la propriété foncière est un *bien héréditaire.* Ce qu'il a exposé et expliqué, ce n'est pas le droit *politique* de cette classe, mais uniquement le droit à la propriété foncière que la naissance confère aux possesseurs des majorats. Il nous dit que le "principe naturel de la famille" est "modifié par les durs sacrifices qu'exige la finalité politique". Nous avons déjà vu [p. 166 sq.] quelle "modification" subit le "principe naturel de la famille" et nous avons vu aussi qu'il ne s'agit là d'aucun "dur sacrifice à la finalité politique", qu'il s'agit tout simplement du fait que l'abstraction de la propriété privée est devenue réalité. Nous dirons plutôt que, par cette "modification du principe naturel de la famille", c'est la finalité politique elle-même qui se trouve "modifiée" [ou pervertie : *verkehrt*], car "du fait" (de quel fait ? du fait de l'autonomisation de la propriété privée ?) "que cette classe est essentiellement destinée à l'activité politique, sa vocation politique est assurée et *justifiée* par la naissance, sans qu'intervienne le hasard de l'élection".

Ici la *participation au pouvoir législatif* apparaît comme le *droit héréditaire* de certains hommes. Nous avons ici des *législateurs-nés*, des médiateurs-nés de l'État politique avec lui-même. On a beaucoup raillé, surtout du côté de la noblesse, les droits naturels de l'homme, mais y a-t-il quelque chose de plus comique que d'attribuer à une certaine race d'hommes le droit à la dignité suprême du pouvoir législatif ? Lorsqu'il s'agit de la désignation des législateurs, des représentants des citoyens, il n'y a rien de plus ridicule que d'opposer la "naissance" au "hasard de l'élection", ainsi que le fait Hegel. Comme si l'*élection*, le résultat conscient de la confiance des citoyens, ne se trouvait pas avec la "finalité politique" dans un rapport bien autrement nécessaire que le hasard physique de la naissance ! Partout Hegel tombe de son spiritualisme politique au *matérialisme* le plus grossier. Aux sommets de l'État, c'est toujours la naissance qui fait de certains individus des incarnations des plus hautes tâches de l'État. Les plus hautes activités de l'État coïncident avec certains individus en raison de leur naissance, de la même manière que le rang, le caractère, le mode de vie des animaux découlent directement de leurs qualités innées. L'État dans ses plus hautes fonctions devient une réalité *animale*. La nature se venge sur Hegel du mépris qu'il professe à son égard. Si [dans la philosophie de Hegel] la matière n'a aucune indépendance (*für sich*) contre la volonté humaine, ici [dans la *Philosophie du Droit*] la volonté humaine ne conserve aucune autonomie en dehors de la matière.

La *fausse* identité, l'identité *fragmentaire, ponctuelle*, de la nature et de l'esprit, du corps et de l'âme, prend l'apparence de l'*incarnation*. Si la naissance ne donne à l'homme que l'existence *individuelle* et le pose d'abord comme individu *naturel*, les fonctions étatiques comme le pouvoir législatif, etc., sont au contraire des *produits sociaux* ; elles ont été engendrées par la société et non par l'individu naturel. Aussi l'identité immédiate, la coïncidence non médiatisée de la *naissance de l'individu* et l'individu en tant qu'*individuation d'une certaine position ou fonction sociale* apparaissent-elles comme un *miracle* stupéfiant. Dans ce système, la nature *produit* immédiatement des rois, des pairs de la même manière qu'elle produit des yeux, des nez, etc. Ce qu'il y a de stupéfiant, c'est de voir comme un produit immédiat de l'espèce au sens physique du terme ce qui n'est que le produit de la conscience de soi de l'espèce. Homme, je le suis par la naissance, sans le consentement de la société, mais on ne naît roi ou pair que par le consentement général. C'est le consentement social qui fait que la naissance de tel homme soit la naissance d'un roi : c'est donc le consentement et non la naissance qui fait les rois. Si la naissance seule, indépendamment de toute autre détermination, déterminait immédiatement la situation de l'homme, c'est *son corps* qui ferait de lui l'agent de telle ou telle fonction sociale. *Son corps* serait son droit *social.* Dans ce système, la *dignité corporelle* de l'homme ou la *dignité du corps humain* (on pourrait dire aussi : la dignité de l'élément physique de l'État) apparaît de telle façon que certaines dignités et plus précisément les plus hautes dignités sociales deviennent l'apanage de *certains corps prédestinés par la naissance.* Une conséquence naturelle de cette conception chez les nobles est l'orgueil du sang, la fierté pour la généalogie, bref, pour *l'histoire de la vie de leurs corps* ; et c'est tout naturellement que cette manière *zoologique* de voir le monde trouve dans la science héraldique la science qui lui correspond. Le secret de la noblesse, c'est la *zoologie.*

Il faut signaler deux éléments dans le majorat héréditaire :

1° L'élément permanent, c'est le *bien héréditaire*, la *propriété foncière.* Dans ce système, elle est l'élément durable : la *substance*, dont le possesseur du majorat n'est qu'un *accident.* La propriété foncière reçoit une représentation *anthropomorphique* à chaque génération ; elle hérite en quelque sorte chaque fois le premier-né de la maison comme si celui-ci n'était qu'un *attribut* attaché à elle. Chaque premier-né dans la série des propriétaires fonciers est *la part d'héritage*, la propriété *du bien foncier inaliénable*, qui est *la substance prédestinée de sa volonté* et de son *activité.* Le *sujet* est la *chose* et l'homme n'est que le prédicat [46]. La volonté devient une propriété de la propriété.

2° La *qualité politique* du possesseur du majorat est la qualité *politique* de son bien héréditaire, une qualité politique inhérente à celui-ci. La qualité politique apparaît donc également ici comme *une propriété de la propriété foncière*, comme une qualité qui revient immédiatement à la terre (à la nature) au sens *purement physique* du terme.

Il ressort du premier point que le possesseur du majorat est le *serf de la propriété foncière* : le servage des paysans qui lui sont assujettis apparaît simplement comme la conséquence *pratique* du rapport *théorique* où il se trouve lui-même avec la propriété foncière. La profondeur de la subjectivité germanique apparaît partout comme la barbarie d'une chose dépourvue d'esprit (*geistlose Objektivität*).

Il faut expliquer ici le rapport qui existe : 1° entre la propriété privée et l'héritage ; 2° entre la propriété privée, l'héritage et par conséquent le privilège de certaines familles de participer à la souveraineté politique ; 3° la réalité historique, autrement dit le régime [*Verhältnis*] germanique.

Nous avons vu que le majorat est l'abstraction de la propriété privée indépendante. Il s'y rattache une seconde conséquence. L'indépendance, l'autonomie au sein de l'État politique, dont nous avons suivi la construction, est la propriété privée qui, à son plus haut développement, se présente comme propriété foncière inaliénable. Il s'ensuit que l'indépendance politique ne découle pas *ex proprio sinu* (du propre sein) de l'État politique, qu'elle n'est pas un don de l'État politique à ses membres, qu'elle n'est pas l'esprit qui l'anime, mais que les membres de l'État politique reçoivent leur indépendance d'un être qui n'est pas celui de l'État politique, mais celui du droit privé abstrait : de la propriété privée abstraite. L'indépendance politique n'est pas la substance de l'État politique mais un accident de la propriété privée. Comme nous l'avons vu, l'État politique et, en lui, le pouvoir législatif est le mystère dévoilé de la véritable valeur, de l'être véritable des éléments constitutifs [*Momente*] de l'État. La signification que la propriété privée a dans l'État politique est sa signification *essentielle, véritable* ; la signification que la différence de classe a dans l'État politique est la signification *essentielle* de la différence de classe. De même, c'est l'*essence* même du pouvoir royal et du gouvernement qui sort à la lumière dans le *pouvoir législatif*. C'est ici, dans la sphère de l'État politique, que les divers moments de l'État se rapportent à soi comme à l'*être de l'espèce*, comme à "l'être générique", parce que l'État politique est la sphère où ils reçoivent une signification universelle : il est leur *sphère religieuse.* L'État politique est le *miroir de la vérité* pour les différents moments de l'État *concret.*

Si, dans l'État politique, dans le pouvoir législatif, la propriété privée indépendante signifie l'*indépendance politique*, c'est qu'elle est l'indépendance politique de l'État. La propriété privée indépendante ou la propriété privée *réelle* n'est pas seulement le "soutien de la Constitution" ; elle est la Constitution même. N'est-elle pas la Constitution des constitutions, la Constitution première, réelle ?

Dans sa théorie de la monarchie héréditaire, et comme surpris par ce qu'il appelle "le développement immanent de la science" et la "déduction de tout son contenu à partir du simple Concept" [*cf. supra* p. 66 sq.], Hegel fait la remarque suivante (§ 279 R) :

> "L'élément fondamental de la personnalité est apparu tout d'abord, dans le Droit immédiat, comme la *personnalité abstraite* ; puis il s'est développé à travers les diverses formes de la subjectivité, et maintenant, dans le Droit absolu, dans l'État qui est l'objectivation pleinement concrète de la volonté, elle se présente comme la *personnalité de l'État*, comme sa *certitude de lui-même.*"

Cela veut dire que dans l'État politique sort à la lumière le fait que la "personnalité abstraite" est la personnalité politique *suprême*, la base politique de l'État tout entier. De même, dans le majorat sort à la lumière le fait que le droit de cette personnalité abstraite, l'objet où elle s'incarne, c'est-à-dire la propriété privée abstraite, constitue l'objet suprême où s'incarne l'État, son *plus haut* droit à l'existence.

L'État est un monarque héréditaire, une personnalité abstraite : cela veut dire tout simplement que la personnalité de l'État est abstraite ou que l'État est l'État de la personnalité abstraite. Les Romains disaient la même chose lorsqu'ils traitaient du droit du monarque uniquement dans le cadre du droit privé, lorsqu'ils considéraient le droit privé comme la norme suprême du droit public. Mais les Romains sont les *rationalistes*, tandis que les Germains sont les *mystiques* de la propriété privée souveraine.

Hegel définit le droit privé comme le droit de la personnalité abstraite ou *droit abstrait.* Et, en effet, il faut considérer le droit privé comme l'*abstraction* du droit ou comme *le droit illusoire de la personnalité abstraite,* de même que la morale dont parle Hegel n'est que l'*existence illusoire de la subjectivité abstraite.* Hegel considère le droit privé et la morale (subjective) comme des abstractions de ce genre, mais il n'en déduit pas qu'un État ou une communauté (*Sittlichkeit*) qui a pour pré-suppositions des abstractions de ce genre ne peut être que la vie en commun (*die Sozietät, das soziale Leben*) de ces illusions. Il en déduit que le droit privé et la morale subjective ne sont que des éléments subalternes de la vie de la communauté (*Sittlichkeit*) (de l'État). Mais le droit privé et la morale (subjective) sont-ils autre chose que le droit et la morale des sujets de cet État ? En fait, la personne – sujet du droit privé et le sujet de la morale subjective sont la *personne* et le *sujet* de l'État. On a beaucoup attaqué Hegel au sujet de sa théorie de la morale. Il n'a fait que théoriser la morale de l'État moderne et du droit privé moderne. On a voulu séparer davantage la morale de l'État, l'émanciper davantage. Qu'a-t-on prouvé par là ? Que la séparation, entre l'État actuel et la morale est elle-même morale, que la morale est apolitique (*unstaatlich*) comme l'État est amoral (*unmoralisch*). Sans le savoir, Hegel a rendu le grand service d'avoir assigné sa vraie place à la morale moderne, mais il l'a eu ce mérite sans en être conscient puisqu'il a présenté un État qui a une telle morale comme présupposition comme l'idée réelle de la communauté (*Sittlichkeit*).

Dans une Constitution où le majorat constitue une garantie, c'est la propriété privée qui est la garantie de la Constitution politique. Dans le majorat cela apparaît sous cette forme qu'une espèce particulière de propriété privée constitue cette garantie. Le majorat n'est qu'un mode particulier d'existence du rapport général qui existe entre la propriété privée et l'État politique. Le majorat est le sens *politique* de la propriété privée ; il est la propriété privée dans sa signification *politique,* c'est-à-dire dans sa signification universelle. La Constitution est donc ici la *constitution de la propriété privée.*

Chez les peuples germaniques où nous trouvons le majorat dans sa forme classique, nous trouvons également la constitution de la propriété privée. La propriété privée est la catégorie universelle, le lien étatique fédéral. Même les fonctions générales apparaissent comme la propriété privée tantôt d'une corporation, tantôt d'une classe.

Le commerce et l'industrie sont, dans leurs nuances particulières, la propriété privée des corporations particulières. Les charges de la Cour, la juridiction, etc., sont la propriété privée de certaines classes. Les différentes provinces sont la propriété privée de certains princes, etc. Le service pour le pays, etc., est la propriété privée du souverain. L'esprit est la propriété privée du clergé. Ce que je dois faire conformément à mon devoir est la propriété d'un autre, de même que mon droit est une propriété privée particulière. La souveraineté, ici la *nationalité*, est la propriété privée de l'Empereur.

On a souvent dit qu'au Moyen Âge chaque forme du droit, de la liberté de l'existence sociale, apparaissait comme un *privilège*, comme une *exception* à la règle. On ne pouvait pas ne pas remarquer le fait empirique que ces privilèges apparaissaient tous sous la forme de la propriété privée. Quelle est la raison générale de cette coïncidence ? C'est que la propriété privée est la forme générique d'existence du *privilège*, du droit en tant qu'*exception.*

Dans les pays où, comme en France, les rois attaquaient l'*indépendance* de la propriété privée, ils portaient atteinte à la propriété des *corporations* avant de porter atteinte à la propriété des *individus.* Mais, en attaquant la propriété privée des corporations, ils attaquaient la propriété privée en tant que corporation, en tant que lien *social.*

Dans la féodalité apparaît nettement que le pouvoir *royal* est le pouvoir de la propriété privée. Or, dans le pouvoir royal, se trouve déposé le mystère de ce qui est la *puissance universelle*, la *puissance sur toutes les sphères de l'État.*

(En tant que représentant du pouvoir étatique, le roi exprime ce qui prédomine (*das Mächtige*) dans l'État. Le roi *constitutionnel* exprime donc l'idée de l'État constitutionnel dans son abstraction la plus aiguë. D'une part, il est l'*idée* de l'État, la majesté sanctifiée de l'État, et cela en tant que personne *singulière.* Mais, en même temps, il est un être *purement* imaginaire : comme personne et comme roi il n'a ni pouvoir réel ni activité réelle. Ici la séparation entre la personne politique et la personne réelle, entre la personne formelle et la personne matérielle, entre la personne universelle et la personne individuelle, entre l'homme et l'homme social est exprimée sous la forme d'une contradiction suprême.)

La propriété privée a une tête *romaine* et un cœur *germanique*. Il serait instructif d'établir ici une comparaison entre ces deux attitudes opposées. Cela nous aidera à résoudre le problème politique en discussion.

À proprement parler, les Romains ont été les premiers à développer le droit de la propriété privée, le droit abstrait, le droit privé, le droit de la personne abstraite. Le droit privé romain est le droit privé dans son développement *classique*. Mais jamais chez les Romains le droit de la propriété privée n'a pris une forme mystique comme chez les Germains. Nulle part il ne devint droit *public*.

Le droit de la propriété privée, c'est le *droit d'user et d'abuser*, le droit du libre arbitre sur la chose. Ce qui a intéressé principalement les Romains, ce fut de développer et de définir les *rapports* qui apparaissent comme les rapports *abstraits* de la propriété privée. Le véritable fondement de la propriété privée, la *possession*, est pour eux un *fatum*, un fait *inexplicable ; ce n'est pas un droit.* C'est après avoir été élaborée juridiquement par la société que la possession de fait a pris la qualité de possession de droit, de *propriété privée*.

En ce qui concerne le rapport qui existait, chez les Romains, entre la Constitution politique et la propriété privée, remarquons que :

1° *L'homme* (en tant qu'esclave) apparaît, ainsi que chez les peuples antiques en général, comme un objet de la propriété privée. Il n'y a là rien de spécifique.

2° Les pays conquis sont traités comme une propriété privée : le droit d'user et d'abuser y règne.

3° Dans l'histoire romaine se montre la lutte entre pauvres et riches (patriciens et plébéiens), etc.

Pour le reste, la propriété privée s'affirme en somme, comme chez les peuples de l'Antiquité classique, comme *propriété publique*, ou bien, comme à la bonne époque, comme dépenses somptuaires de la République, ou bien comme bienfaisance collective de luxe (thermes, etc.) à l'usage de la masse.

On explique l'esclavage par le *droit de la guerre*, le droit de l'occupation : c'est précisément parce que leur existence politique est anéantie que les esclaves sont esclaves.

Voici les deux rapports principaux qui distinguent les Romains des Germains :

1° Le pouvoir impérial n'était pas le pouvoir de la propriété privée, mais la souveraineté de la *volonté empirique* comme telle. Bien loin de considérer la propriété privée comme un lien entre elle et ses sujets, la souveraineté impériale disposait au contraire de la propriété privée de la même manière dont elle se comportait envers tous les autres biens sociaux. Par conséquent, le pouvoir impérial n'était *héréditaire* qu'*en fait*. L'épanouissement du droit de la propriété privée, du droit privé, coïncide, il est vrai, avec l'époque impériale, mais ce fut une conséquence de la décomposition politique [tandis que dans les pays germaniques] la décomposition politique sera une conséquence de la propriété privée. Ajoutons que, lorsque le droit privé a atteint à Rome son plein développement, le droit public a cessé d'exister et est entré en décomposition, alors qu'en Allemagne les choses se sont passées en ordre inverse.

2° Les dignités publiques n'ont jamais été héréditaires à Rome, autrement dit la propriété privée n'a pas été la catégorie prédominante dans l'État.

3° Contrairement à ce qui se passe dans le majorat germanique, etc., la *liberté de tester* apparaît chez les Romains comme une émanation de la propriété privée. C'est dans cette opposition-là que réside *toute* la différence entre la conception romaine et la conception germanique de la propriété privée.

(Dans le majorat le fait que la propriété privée est liée à la fonction publique signifie que l'État n'existe que comme une qualité inhérente, comme un accident de la propriété privée *immédiate*, de la *propriété foncière*. Aux sommets les plus hauts l'État apparaît ainsi comme propriété privée, tandis que, sur ce plan-là, la propriété privée devait apparaître comme propriété publique. Au lieu de présenter la propriété privée comme une des qualités du citoyen, Hegel présente la citoyenneté, la présence de l'État (*Staatsdasein*) et le civisme comme des qualités de la propriété privée.)

[*La société bourgeoise et sa représentation : la Chambre basse*]

§ 308. “La deuxième partie des Assemblées comprend l'élément mobile de la société civile. Cet élément ne peut intervenir [dans la vie politique] que par ses députés, extérieurement à cause du grand nombre de ses membres, mais essentiellement en raison de son caractère spécifique et de la nature de ses activités. Comme les députés sont délégués par la société civile, il est évident que leur désignation doit se faire par la société civile *telle qu'elle est* [telle qu'elle s'est organisée elle-même]. Cela veut dire que ces députés sont les délégués de la *société* et non d'une foule d'atomes isolés qui ne se réunissent que pour un moment et pour accomplir un acte isolé et temporaire sans autre consistance. Les députés sont les délégués de la société civile telle qu'elle est articulée dans ses associations, communes et corporations. Celles-ci sont *déjà* constituées [indépendamment de l'État et de toute finalité politique] mais elles acquièrent de la sorte une cohésion (*Zusammenhang*) politique. L'existence des Assemblées et de leur réunion est garantie constitutionnellement (*konstituierte Garantie*) par le fait que ces associations, communes et corporations ont le *droit* à une telle députation convoquée par le pouvoir royal, de même, ainsi que nous l'avons vu au § 307, les membres de l'autre classe de la société civile ont également le *droit de se manifester* politiquement” (dans la Chambre haute).

Nous trouvons ici une *nouvelle* opposition à l'intérieur de la société civile et entre les classes. C'est tout d'abord l'opposition entre la partie *mobile* et la partie *immobile* (constituée par la propriété foncière) de la société civile. On a aussi présenté cette opposition comme l'opposition entre l'*espace* et le *temps*, entre l'élément conservateur et l'élément progressif, etc. (Voir à ce sujet le paragraphe précédent.) En outre [n'oublions pas que] Hegel lui-même a montré (§§ 250-256) que grâce aux corporations la partie mobile de la société civile devient quelque chose de *stable*.

La deuxième opposition consiste en ceci : la première partie de l'élément représentatif : les possesseurs des majorats (dont nous avons déjà parlé) sont législateurs. Le pouvoir législatif est un attribut de leur personne empirique ; ils participent individuellement au pouvoir législatif et non par l'intermédiaire des députés, alors que pour la seconde partie il y a *élection* et *délégation.*

Hegel donne deux raisons pour expliquer pourquoi cette partie "mobile" de la société civile ne peut accéder à l'État politique, au pouvoir législatif, que par l'intermédiaire de ses délégués. La première, le *grand nombre* des membres de cette classe, il la qualifie lui-même "d'extérieure" et nous épargne donc la peine de le répéter. Mais la raison *essentielle* serait d'après lui "le caractère spécifique et la nature de ses activités". L'activité *politique* serait donc quelque chose d'*étranger* à la "nature de ses activités".

Et Hegel de reprendre aussitôt sa vieille rengaine sur les Assemblées en tant que "*délégués*-de-la-société-civile [47]". Il faut, dit-il, que la "désignation des députés" se fasse "par la société civile *telle qu'elle est*". Or, la société civile doit plutôt agir comme ce qu'elle *n'est pas*, car elle est une société *non politique* ; elle doit maintenant accomplir un *acte politique* et doit l'accomplir comme un acte *essentiel pour elle-même* et émanant [spontanément] d'elle-même (*aus ihr hervorgehenden Akt*). Par là même elle se trouve réduite à une "foule d'atomes isolés qui ne se réunissent que pour un moment et pour accomplir un acte isolé et temporaire sans autre consistance". Tout d'abord, son acte *politique* est un "acte *isolé* et *temporaire*" et ne peut donc qu'apparaître comme tel dans son accomplissement. C'est un acte *d'éclat* [*Eklat machend*] de la société politique [48], une *extase* de cette société, et c'est comme tel qu'il doit *apparaître*. En second lieu, Hegel n'a pas hésité – et a même vu en cela une nécessité – à établir que [dans son acte politique] la société civile se sépare *matériellement* de sa réalité civile (se présente uniquement sous la forme d'une *seconde société* constituée par les *délégués* de la *première*) et se pose elle-même comme étant *ce qu'elle n'est pas*. Comment peut-il maintenant se renier *formellement* ?

Du fait que la désignation des délégués de la société [civile] se fait par les corporations, etc. [= associations, communes, etc.], Hegel pense que ces associations [communes, corporations, etc.], qui sont *déjà constituées* [indépendamment de l'État et de toute finalité politique] "*acquièrent* de la sorte une cohésion *politique*". En fait, ou bien ces associations, etc., acquièrent une signification qui *n'est pas* la leur, ou bien leur "cohésion" comme telle *est* politique, et, en ce cas, ce n'est pas maintenant qu'elle *acquiert* sa teinture politique, comme il a été dit plus haut. Il faudrait plutôt dire que c'est grâce à cette "cohésion" des associations, corporations, etc., que la "politique" acquiert sa propre cohésion.

En disant que seule la deuxième Chambre est constituée par des députés, Hegel a, sans s'en douter, désigné l'essence du système de deux Chambres (là où elles ont vraiment entre elles le rapport qu'il indique). La Chambre des députés et la Chambre des pairs (ou de quelque nom qu'on les désigne) ne sont pas ici des modes d'existence différents du même principe, mais expriment [ou relèvent de : *angehörig*] *deux principes*, [de] *deux* situations sociales, essentiellement *différents.* La Chambre des députés est ici la *constitution politique* de la société civile *au sens moderne* [au sens où la sphère politique ignore, "fait abstraction" de la distinction de classe], et la Chambre des pairs est la Constitution politique de la société civile [*im ständischen Sinn* : au sens médiéval où les différentes classes étaient directement dotées de pouvoirs politiques, *cf. supra*, p. 136-137]. La Chambre des pairs et la Chambre des députés s'opposent ici, [la première] comme la représentation de la *nature de classe* (*ständische* Repräsentation) et [la seconde] comme la représentation politique (*politische* Repräsentation) de la société civile. L'une est [*das existierende* ständische Prinzip der bürgerlichen Gesellschaft : l'*incarnation* du principe de classe de la société civile] ; l'autre est la réalisation de son existence *politique abstraite.* Alors il est évident que la Chambre des députés ne peut pas [être comme la Chambre des pairs, c'est-à-dire] *être* (da sein) une seconde (*wieder*) représentation des classes, des corporations, etc., parce que ce qu'elle représente n'est pas la nature de classe (*ständische Dasein*), mais l'existence politique (*politische Dasein*) de la société civile. De même, il est évident qu'à la première Chambre ne peut siéger que le *ständische Teil der bürgerlichen Gesellschaft*, la partie de la société civile où s'exprime sa nature de classe [autre traduction possible : où la classe garde encore le sens médiéval et s'identifie avec le pouvoir politique], savoir : la propriété foncière souveraine, la noblesse héréditaire, car celle-ci n'est pas *une* classe (*Stand*) parmi les autres classes, elle est *la* classe même (*Er ist* der *Stand*). C'est *seulement en elle* que le principe de classe (*ständische Prinzip*) de la société civile existe *encore* comme principe social, réel, et donc politique. La société civile a alors dans la Chambre constituée par *la classe* [*ständische* Kammer : la Chambre des pairs] le représentant de son existence médiévale, et dans la Chambre des députés le représentant de son existence *politique* (moderne). Le seul progrès qu'il y ait ici sur le Moyen Âge, c'est que la *politique de classe* (*ständische Politik*) est réduite à être une réalité (*Existenz*) politique particulière *à côté* de la *politique des citoyens* (*staatsbürgerliche Politik*). La réalité (*Existenz*) politique *empirique* que Hegel a en vue (*l'Angleterre*) a donc un sens tout autre que celui qu'il lui prête.

Ici aussi, la Constitution française marque un progrès. Elle a, il est vrai, ravalé la Chambre des pairs au rang d'une pure nullité mais, à l'intérieur du principe de la monarchie constitutionnelle, telle que Hegel prétendait la développer, cette Chambre ne peut, de par sa nature, être qu'une *nullité* : elle est la *fiction* que l'harmonie entre le monarque et la société civile, entre le pouvoir législatif et lui-même, entre l'État politique et lui-même, s'incarne dans un élément particulier alors que, du fait même qu'il est *particulier*, cet élément ne fait que reproduire l'opposition (*wieder gegensätzlich*).

Les Français ont laissé subsister l'*inamovibilité* des pairs pour indiquer qu'ils sont indépendants aussi bien de la désignation par le gouvernement que de l'élection par le peuple. Mais ils ont supprimé la forme *médiévale* : l'*hérédité*. Le progrès consiste en ce que la Chambre des pairs n'est plus une émanation de la société civile *réelle* ; elle est créée [la pairie est conférée par l'État] en faisant abstraction de la société civile. Les pairs sont choisis par le monarque en tant qu'*incarnation* de l'État politique (existierende *politische Staat*), et ce choix n'est lié à aucune qualité civile. Dans cette Constitution, ceux qui sont élevés à la pairie forment réellement une classe de la société civile qui est purement politique, et qui est créée en fonction de l'abstraction de l'État politique. Mais cette classe apparaît beaucoup plus comme un *décor politique* que comme un ordre (*Stand*) pourvu de droits particuliers. Sous la restauration la Chambre des pairs était une réminiscence ; depuis la révolution de Juillet elle est une vraie créature de la monarchie constitutionnelle.

L'idée de l'État ne pouvait, dans les temps modernes, se manifester autrement que sous la forme de l'abstraction de l'État "*exclusivement* [*nur*] politique", sous la forme de l'*abstraction de la société civile d'elle-même*, de sa situation réelle. Cela étant, le mérite des Français est d'avoir assumé (*festgehalten*) cette *réalité abstraite*, de l'avoir produite et d'avoir de la sorte produit le principe *politique* lui-même [49]. Les "abstractions" qu'on leur reproche [50] sont donc la conséquence véritable et le produit du fait qu'ils ont *retrouvé le sens de l'État* (*wiedergefundene Staatsgesinnung*), bien qu'ils l'aient retrouvé dans une opposition, mais dans une opposition nécessaire. Ici, le mérite des Français est d'avoir fait de la Chambre des pairs un produit *spécifique* de l'État politique ; en d'autres termes, d'avoir en somme fait du principe politique *dans sa spécificité* un élément déterminant et efficace.

Dans sa théorie de la députation, Hegel fait observer que "l'*existence* des Assemblées et de leur réunion est garantie constitutionnellement par le fait que les associations, communes et corporations ont le *droit* à une députation". La *garantie d'existence* des Assemblées, leur vraie existence *primitive* devient donc le *privilège* des corporations, etc. Ainsi Hegel retombe complètement dans la conception médiévale et abandonne complètement son abstraction de l'État politique défini comme "la sphère de l'État en tant qu'État" ou comme "l'universel en soi et pour soi".

Au sens moderne, l'existence de cette assemblée est l'existence *politique* de la société civile, la garantie de son existence politique. Mettre son existence en doute, c'est contester l'existence de l'État. De même que précédemment le "sens de l'État", considéré comme l'essence du pouvoir législatif, trouvait sa garantie dans la "propriété privée indépendante" [de la noblesse], de même l'existence [de la Chambre basse] est garantie par les privilèges des corporations.

L'un des deux éléments représentatifs [*das eine ständische Element* : la Chambre basse] est plutôt le *privilège politique* de la société civile, *son privilège d'être politique*. Il ne peut donc absolument pas être le privilège [des corporations, c'est-à-dire] d'un élément particulier de son existence en tant que société *civile* [51], et encore moins y trouver sa garantie, puisqu'il *doit* être plutôt la garantie générale.

Partout Hegel en est réduit à présenter l'"État politique" non pas comme la réalité la plus haute, existant en soi et pour soi, de la vie sociale, mais comme une réalité précaire, *subordonnée à quelque chose d'autre*. Il est réduit à la présenter non pas comme la vraie existence de l'autre sphère [de la sphère civile, privée], mais au contraire à chercher sa vraie existence dans l'autre sphère. L'État politique a partout le besoin d'être garanti par les sphères qui sont *en dehors de lui*. Il n'est pas la puissance qui se réalise (*verwirklichte Macht*) mais l'impuissance qui a besoin d'appuis (*gestützte Ohnmacht*). Il n'a aucun pouvoir sur les éléments sur lesquels il s'appuie (*über diese Stütze*), mais c'est plutôt leur force qui est sa force. Ce sont eux qui ont le pouvoir (*Die Stütze ist das Mächtige*).

Ainsi donc [l'État politique] se présente comme une réalité supérieure (*hohes Dasein*) qui, pour exister, a besoin d'une garantie se trouvant [non en elle-même, mais] en dehors d'elle-même, mais en même temps il doit être le fondement général (*allgemeines Dasein*) de cette garantie, voire la véritable garantie de cette garantie ! Drôle de situation [52] ! Dans sa théorie du pouvoir législatif, Hegel tombe constamment du point de vue philosophique à un point de vue autre qui ne considère pas la chose en elle-même.

Si l'existence des Assemblées représentatives a besoin d'une garantie, c'est qu'elle n'est pas une *vraie réalité publique* (*wirkliche Staatsexistenz* [53]), mais une réalité *fictive*. Dans les États constitutionnels, ce qui garantit l'existence des Assemblées est la *loi*. Leur existence est donc une existence *légale*, dépendante de l'être général de l'État et non pas de la puissance ou de l'impuissance de telle ou telle corporation ou association particulières. Leur existence est donc garantie par le fait qu'elles sont la *réalité* de l'*association qu'est l'État* (*Wirklichkeit der Genossenschaft des Staats*). C'est ici [au niveau de l'État] que les corporations, etc., les différentes sphères (*Kreise*) de la société civile acquièrent leur être universel (*ihr allgemeines Dasein*). Et pourtant, une fois de plus, Hegel présente le privilège, l'être de ces particularités, comme la forme anticipée de cet être universel [54].

Le droit politique considéré comme le droit des corporations, etc., est en contradiction avec le droit politique en tant que droit *politique*, en tant que droit de l'État et des citoyens ; car il ne doit pas être le droit de telle ou telle catégorie particulière (*dieses Daseins als besonderen Daseins*), il ne peut pas être le droit en tant qu'être d'une catégorie particulière (*das Recht als dies besondere Dasein*).

Avant d'aborder le concept de l'élection considérée comme l'acte politique par lequel la société civile se condense (*sezerniert*) en une députation politique, voyons comment Hegel précise sa pensée dans la Remarque au § 308 :

> "On dit que *tous* les individus doivent participer aux délibérations et aux décisions relatives aux affaires générales de l'État parce que tous sont membres de l'État et que ses affaires sont les affaires de *tous* et qu'ils ont donc le *droit* de s'en occuper en apportant leur savoir et leur vouloir. Cette conception veut introduire l'élément *démocratique sans aucune forme rationnelle* dans l'organisme de l'État. Or l'État n'est organique que par cette forme rationnelle. Si cette conception [démocratique] s'impose si facilement à l'esprit, c'est parce qu'elle s'en tient à la détermination *abstraite* : 'être membre de l'État', et que la pensée superficielle aime les abstractions."

Tout d'abord Hegel dit qu'"être membre de l'État" est une "détermination *abstraite*". Or, d'après sa propre *idée*, d'après l'*opinion* qui est à la base de toute sa théorie, "être membre de l'État" est la destination sociale la plus haute et *la plus concrète* de la personne [aussi bien morale que] juridique. S'en tenir à la "détermination d'être membre de l'État" et considérer l'individu dans cette détermination, cela ne paraît pas du tout relever d'une "pensée superficielle", "aimant les abstractions". Si maintenant la "détermination d'être membre de l'État" est une "détermination *abstraite*", ce n'est pas la faute de la pensée "abstraite" [ou de cette conception "démocratique"] ; c'est la faute de la théorie hégélienne et de la situation réelle du monde moderne qui présupposent la séparation entre la vie réelle et la vie de l'État et font de l'appartenance à l'État (*Staatsqualität*) une "détermination abstraite" des membres réels de l'État.

À en croire Hegel, la participation directe de *tous* aux délibérations et aux décisions relatives aux affaires générales de l'État introduit "l'élément *démocratique sans aucune forme rationnelle* dans l'organisme de l'État. Or, l'État n'est organique que par cette forme rationnelle". En d'autres termes : un "organisme étatique" qui n'est que le formalisme de l'État ne peut admettre l'élément démocratique qu'uniquement en tant qu'élément *formel*. Or, l'élément démocratique doit être au contraire l'élément réel qui se donne [développe] sa *forme rationnelle* dans [en imprégnant] la *totalité* de l'organisme de l'État. Mais s'il est introduit dans l'organisme – ou le formalisme – de l'État comme un élément "*particulier*" [coexistant avec d'autres éléments non démocratiques], alors la "forme rationnelle" de son existence signifie ou bien dressage et accommodation, et dans ce cas la "forme rationnelle" est une forme qui l'empêche de manifester la spécificité de son être ; ou bien elle signifie qu'il y est introduit uniquement en tant que *principe formel*.

Nous avons déjà indiqué que Hegel n'a fait que la théorie du *formalisme de l'État*. Pour lui, le principe *matériel* proprement dit, c'est l'Idée, la *forme* intellectuelle abstraite de l'État en tant que sujet, l'Idée absolue qui ne contient en elle-même aucun élément passif, aucun élément *matériel*. Face à l'abstraction de cette Idée, les caractéristiques (*Bestimmungen*) du formalisme de l'État tel qu'il est dans la réalité empirique apparaissent comme le *contenu*, et le contenu *réel* (ici : l'homme réel, la société réelle) apparaît en conséquence comme une matière informe et inorganique.

D'après Hegel l'essence des Assemblées représentatives est qu'en elles l'"universalité empirique" (§ 301) [55] devient le sujet de l'universel existant en soi et pour soi. Cela ne veut-il pas dire tout simplement que "les affaires de l'État sont les affaires de *tous*" ? Que "*tous* ont le droit de s'en occuper en apportant leur savoir et leur vouloir" ? Cela ne veut-il pas dire tout simplement que les Assemblées doivent être précisément ce *droit* réalisé ? Est-il étonnant que "tous" veuillent voir se réaliser ce droit qui leur appartient ?

> "On dit que *tous* les individus (*Alle einzeln*) doivent participer aux délibérations et aux décisions relatives aux affaires générales de l'État."

Dans un État réellement rationnel on pourrait répondre : "*Tous les individus ne doivent pas* participer aux délibérations et aux décisions relatives aux affaires générales de l'État."

En effet, les “individus” en tant que “tous”, c’est-à-dire dans la société et comme membres de la société, *participent* aux délibérations et aux décisions relatives aux *affaires générales.* Tous participent mais non en tant qu’individus et les individus n’y participent qu’en tant que tous (*Nicht Alle einzeln, sondern die Einzelnen als Alle*).

Hegel se pose lui-même le dilemme : ou bien la société civile (la “multitude”, la “foule”) participe, par ses délégués, aux délibérations et aux décisions relatives aux affaires générales de l’État, ou bien *tous* le font en tant qu’*individus.* Ce n’est pas là une opposition à l’intérieur de l’*être*, ainsi que Hegel tâchera de le montrer par la suite, mais une opposition entre les modes d’*existence* [du même être] tels qu’ils se manifestent sous leur forme la plus extérieure : la forme *numérique.* Aussi l’argument qui se réfère au “grand nombre des membres de la société civile” – argument que Hegel qualifie lui-même d’“*extérieur*” (§ 308) – reste le meilleur argument contre la participation directe de tous. Mais la question de savoir si la société civile doit participer au pouvoir législatif par l’intermédiaire de *délégués, ou bien* par la participation directe de “tous les individus”, est elle-même une question posée à l’intérieur de l’*abstraction de l’État politique*, à l’intérieur de l’*État politique abstrait* ; c’est une question politique *abstraite.*

La question qui se pose dans les deux cas, c’est, comme Hegel l’a développé lui-même, la signification politique de “l’universalité empirique”.

L’opposition, dans sa forme véritable, est celle-ci : les *individus* participent en tant que *tous*, ou les *individus* le font en tant que *quelques-uns*, en tant que “*pas tous*”. Dans les deux cas la totalité (*Allheit*) n’est qu’*extérieure* [numérique] : pluralité extérieure (*Vielheit*) ou totalité (*Totalität*) extérieure des individus. La totalité (*Allheit*) n’est pas une *qualité* essentielle, spirituelle, réelle de l’individu ; elle n’est pas quelque chose par laquelle l’individu cesserait d’être déterminé comme individualité abstraite ; la totalité (*Allheit*) n’est que le nombre *total* de l’*individualité. Une* individualité, *plusieurs* individualités, *toutes* les individualités. Être *un*, être *plusieurs*, être *tous* : aucune de ces déterminations ne modifie l’*être* du sujet, l’être de l’individualité.

"Tous" doivent "participer individuellement (*einzeln*) aux délibérations et aux décisions relatives aux affaires générales de l'État". Cela veut dire : *tous* doivent y participer non pas comme tous, mais comme "individus".

La question semble contradictoire à un double point de vue.

Les affaires générales de l'État sont les affaires publiques, l'État en tant qu'*affaire réelle*. La délibération et la décision sont ce par quoi l'État devient effectivement *affaire réelle*. Il semble donc aller de soi que tous les membres de l'État ont un *rapport* avec l'État considéré comme *leur affaire réelle*. La notion *membre de l'État* implique déjà qu'ils sont des *membres* de l'État, des *parties* de l'État, et que celui-ci les considère pour *ses* parties. Comme ils sont une *part* de l'État, il est évident que leur *existence sociale* est déjà leur *participation réelle* à l'État. Ils ne sont pas seulement une part de l'État, mais l'État est leur part. Être une part consciente de quelque chose, c'est en prendre consciemment une part, y prendre une part consciente. Sans cette conscience les membres de l'État seraient des *bêtes*.

Quand on dit "les affaires générales de l'État", on crée la fausse impression que les "affaires générales" et "l'État" sont des choses *différentes*. Mais l'État *est* "l'affaire générale", donc en réalité "les affaires générales".

Participer aux affaires générales de l'État et participer à l'État sont des expressions identiques. C'est donc une *tautologie* que de dire qu'un membre de l'État, une part de l'État, participe à l'État ; que cette participation ne peut se manifester que sous la forme de la *délibération* et de la *décision* (ou sous des formes analogues) ; que par conséquent (et dans la mesure où la délibération et la décision sont des fonctions de la *participation réelle* à l'État) chaque membre de l'État participe à la délibération et à la décision concernant les affaires générales de l'État. Si nous parlons des *vrais* membres de l'État, leur participation n'est pas une question de "*devoir*". Si nous parlons de sujets qui *doivent* et *veulent* être membres de l'État, c'est qu'ils ne le *sont* pas réellement.

De l'autre côté : lorsqu'il s'agit de *certaines* affaires générales, de tel ou tel acte isolé de l'État, il est encore évident que *tous* ne l'accomplissent pas *individuellement*. S'il en était ainsi, l'individu serait la *vraie* société et rendrait la société superflue. L'individu devrait tout faire à la fois, alors que la société le laisse agir pour les autres de la même manière qu'elle laisse les autres agir pour lui.

La question de savoir si "tous les individus" doivent participer "aux délibérations et aux décisions relatives aux affaires générales de l'État" est une question qui découle de la séparation de l'État politique et de la société civile.

Nous avons vu que l'État existe *uniquement* comme État politique et que la totalité de l'État politique est le pouvoir législatif. Participer au pouvoir législatif, c'est donc participer à l'État politique, c'est affirmer et réaliser l'existence du citoyen comme membre de l'État politique, comme membre de l'État. Que *tous* veulent participer *individuellement* au pouvoir législatif, ce n'est rien d'autre que la volonté de *tous* d'être des membres *réels* (actifs) de l'État : c'est leur volonté de se donner une *existence politique* ou d'affirmer et de réaliser leur existence en tant qu'existence *politique*.

Nous avons vu en outre que l'élément représentatif [les Assemblées] est la société civile en tant que pouvoir législatif, l'existence politique de la société civile. Que la société civile pénètre *massivement* et si possible *totalement* dans le pouvoir législatif, que la société civile *réelle* veuille donc se substituer à la société civile *fictive* du pouvoir législatif, cela n'est autre chose que l'aspiration (*Streben*) de la société civile à se donner une existence *politique*, à faire de l'existence politique son existence réelle. L'aspiration de la *société civile* à se transformer en *société politique*, autrement dit, à faire de la société *politique* la société *réelle*, apparaît comme l'aspiration à une participation aussi générale que possible au pouvoir législatif.

Le *nombre* n'est pas sans importance ici. Si l'accroissement numérique des membres des Assemblées est déjà un accroissement matériel et intellectuel de la force des combattants – et nous avons déjà vu que les différents éléments du pouvoir législatif [le monarque, le gouvernement et les Assemblées] s'opposent en forces ennemies –, la question de savoir si tous doivent être individuellement membres du pouvoir législatif ou intervenir par des délégués est par contre la mise en question du principe *représentatif* à l'intérieur du principe représentatif, à l'intérieur de la conception de l'État politique qui correspond à la monarchie constitutionnelle. 1° Tout d'abord, l'idée que le pouvoir législatif est la *totalité* de l'État politique est une représentation qui correspond à l'abstraction de l'État politique. Parce que [la désignation des délégués à l'Assemblée] est le *seul* acte politique de la société civile, *tous* doivent et veulent y participer d'un coup. 2° *Tous* doivent et veulent y participer comme *individus.* Dans l'élément représentatif [les Assemblées] l'activité législative n'est pas considérée comme une activité *sociale*, comme une fonction de la *socialité* (*Sozialität*), mais comme un acte où les individus accèdent pour la première fois (*erst*) à une fonction réellement et *consciemment* sociale, c'est-à-dire à une fonction politique. Le pouvoir législatif n'est pas ici une émanation, une fonction de la société (*Sozietät*), mais seulement son *éducation* (*Bildung*). L'éducation en vue [de la participation au] pouvoir législatif (*Die Bildung zur gesetzgebenden Gewalt*) exige que *tous* les membres de la société civile se considèrent comme *individus* ; vis-à-vis les uns des autres ils sont réellement des individus. La détermination “être membre de l'État” est leur “détermination abstraite” – une détermination qui n'est pas réalisée dans la réalité vivante.

Ou bien il y a séparation de l'État politique et de la société civile, et alors *tous* ne peuvent participer *individuellement* au pouvoir législatif, car l'État politique est une existence *séparée* de la société civile. D'une part, la société civile cesserait d'être elle-même si tous étaient législateurs ; de l'autre côté, l'État politique qui lui fait face ne peut la supporter que sous une forme conforme à sa propre *norme.* Ou bien la participation de la société civile à l'État politique se fait par l'intermédiaire des délégués, et alors elle est précisément l'expression de leur séparation et du caractère purement dualiste de leur unité.

Ou inversement. [Supposons que] la société civile est une société politique *réelle.* Dans ce cas, il est absurde de formuler une réclamation qui découle uniquement de la représentation qu'on se fait de l'État politique en tant qu'existence séparée de la société civile, qui découle donc uniquement de la conception *théologique* de l'État politique. Dans cette situation [dans l'hypothèse où la société civile est devenue une société politique réelle], la signification du pouvoir législatif en tant que pouvoir *représentatif* disparaît totalement. Le pouvoir législatif est ici représentatif dans le sens où *toute* fonction (sociale) est représentative. Dans ce sens, par exemple, le cordonnier, en tant qu'il accomplit une fonction sociale, est mon représentant ; de même, toute activité sociale déterminée est, en tant qu'activité générique, représentative du genre (*Gattung*), c'est-à-dire d'une détermination de mon propre être. Dans le même sens tout homme est le représentant de l'autre. Il est ici représentant non point parce qu'il représente un autre, mais par ce qu'il *est* et *fait.*

On aspire au pouvoir *législatif* non pas à cause de son *contenu*, mais en raison de sa signification politique *formelle.* Par exemple, le *pouvoir gouvernemental* [la participation au pouvoir gouvernemental] devrait être, par sa nature même (*an und für sich*), le but des revendications populaires, bien plus que la participation au pouvoir législatif qui n'est que la fonction *métaphysique* de l'État. La fonction législative est la volonté non pas dans son énergie pratique, mais dans son énergie théorique. La *volonté* ne doit pas valoir ici *en lieu et place de la loi*, mais il s'agit de *découvrir* et de *formuler* la loi *réelle.*

Dans le pouvoir gouvernemental [aussi] nous avons toujours *deux* éléments : d'une part, l'action réelle et, de l'autre côté, la raison étatique de cette action – raison qui se présente comme une autre conscience réelle (*als ein andres wirkliches Bewusstsein*), laquelle, dans sa structure totale, est la bureaucratie.

De cette nature dualiste du pouvoir législatif, qui est à la fois fonction *législative* réelle et fonction *représentative abstraite et politique*, découlent certains traits spécifiques (*eine Eigentümlichkeit*) qui se sont manifestés surtout en France, pays de la culture politique [par excellence].

[En France] le contenu proprement dit du pouvoir législatif est traité comme une chose *à part* *, comme quelque chose d'accessoire (à condition bien entendu que les *intérêts* particuliers dominants n'entrent pas dans un conflit significatif avec ce qui constitue le fond du débat). Une question ne suscite d'attention particulière qu'en devenant une question *politique* : elle n'éveille l'intérêt qu'à partir du moment où elle se trouve liée à une question ministérielle, c'est-à-dire à la question de l'autorité du pouvoir législatif sur le pouvoir gouvernemental ; ou bien à partir du moment où il s'agit en général de droits qui se rattachent au formalisme politique. Quelle est l'origine de ce phénomène ? C'est que le pouvoir législatif est en même temps la représentation politique de la société civile ; c'est qu'en somme l'essence politique d'une question [ne réside que dans le contenu de la question elle-même, mais] réside dans le rapport où elle se trouve avec les différents pouvoirs de l'État politique ; c'est enfin que le pouvoir législatif représente la conscience politique et que celle-ci ne peut manifester son caractère *politique* que dans le conflit avec le pouvoir gouvernemental. C'est une exigence essentielle [une exigence découlant de l'essence de l'homme] que tout besoin social, toute loi, etc., doit être considéré (*eruiert*) *politiquement*, c'est-à-dire tenu pour *déterminé par l'ensemble de l'État* (*als bestimmt durch das Staatsganze*) considéré dans son sens *social.* Or, à l'intérieur de l'État de l'abstraction politique, cette exigence essentielle change de nature [*nimmt... die Wendung*] est détournée en ce sens qu'elle devient extérieure à son véritable contenu et se change en une opposition *formelle* contre une autre puissance (et un autre contenu) [56]. Chez les Français, cela n'est nullement une abstraction ; c'est plutôt une conséquence nécessaire car l'État réel n'existe que comme ce que nous avons considéré comme le *formalisme politique de l'État.* L'*Opposition* est à l'intérieur du système représentatif la position *politique* par excellence du pouvoir représentatif. Mais dans le cadre de cette Constitution représentative la question que nous examinons prend une tournure autre que celle dans laquelle Hegel l'a examinée. Il ne s'agit pas ici de savoir si c'est par des délégués que la société civile doit exercer le pouvoir législatif ou si tous doivent y participer individuellement, mais il s'agit de l'*extension* et de la *généralisation maxima* de l'*élection*, du droit de suffrage *actif* aussi bien que *passif.* C'est là le point litigieux proprement dit de la *réforme* politique, en France comme en Angleterre.

On ne considère pas la question de l'*élection* du point de vue philosophique, c'est-à-dire dans son essence propre, quand on la considère tout de suite sous l'angle de ses rapports avec le pouvoir royal ou avec le pouvoir gouvernemental. L'*élection* est le *rapport réel de la société civile réelle à la société civile* [fictive] *du pouvoir législatif, à l'élément représentatif.* En d'autres termes, l'élection est le *rapport immédiat, direct, non imaginé, réellement existant* de la société civile à l'État politique. Il est évident que l'élection constitue l'intérêt politique principal de la société civile réelle. Ce n'est que dans l'élection *illimitée*, active aussi bien que passive, que la société civile s'élève *réellement* à l'abstraction d'elle-même, à l'existence *politique* devenue son existence véritable, universelle, essentielle. Or, l'achèvement (*Vollendung*) de cette abstraction est en même temps la suppression de l'aliénation. Du fait que la société civile a réellement posé son existence *politique* comme sa *vraie* existence, elle a, en même temps, posé son existence civile [privée], dans sa différence avec son existence politique, comme *inessentielle* ; et la disparition de l'un des [deux] éléments séparés entraîne la disparition de l'autre, son contraire. La *réforme électorale* est donc, à l'intérieur de l'*État politique abstrait*, l'exigence de sa *dissolution* aussi bien que de la *dissolution de la société civile.*

Nous retrouverons la question de la réforme électorale plus loin (§ 311) sous une autre forme, c'est-à-dire au point de vue [de la représentation ?] des intérêts. De même, nous discuterons plus tard les autres conflits qui découlent de la double définition du pouvoir législatif (qui est, d'une part, d'être le député, le mandataire de la société civile, d'autre part, d'être son existence *politique* et de constituer une réalité *particulière*, au sein du formalisme politique de l'État).

Nous revenons en attendant à la Remarque à notre § 308 :

"La considération rationnelle, la conscience de l'Idée est *concrète*, et en ce sens elle coïncide avec le véritable sens *pratique*, qui, si on ne le confond pas avec la simple routine des affaires et l'horizon d'une sphère limitée, est au fond le même que le sens du rationnel, le sens de l'Idée. L'État concret est le tout divisé organiquement en groupes (*Kreise*) particuliers ; être membre de l'État, c'est être membre de telle ou telle profession [ou classe : *Stand*] : c'est seulement en tant que pourvu d'un caractère objectif que le membre de l'État peut entrer en ligne de compte dans l'État."

Plus haut, nous avons déjà dit ce qui était nécessaire à ce sujet.

"La détermination générale (du membre de l'État) contient deux éléments : il est une *personne privée* et, en même temps, il est, comme être pensant, la conscience et la volonté de l'*universel.* Mais, pour ne pas être vides, acquérir leur plein *contenu* et devenir réellement vivantes, cette conscience et cette volonté doivent être remplies d'un convenu particulier qui ne peut être que la profession (*Stand*) et la vocation (*Bestimmung*) particulières. En d'autres termes, l'individu est le genre, mais il n'atteint sa *réalité immanente* générale qu'en se définissant par son appartenance à un genre plus concret (*als nächste Gattung*) [57]."

Tout ce que dit Hegel est exact, avec cette restriction. 1° Il pose comme identiques la profession particulière [ou classe : *Stand*] et la vocation ; et 2° il aurait dû dire que ce "genre plus concret", donc cette "espèce" doit *réellement*, non seulement en soi mais aussi pour soi, être posée comme une *espèce du genre général*, comme *sa* particularisation. Mais, tout en présentant l'État comme l'existence consciente d'elle-même de l'esprit de la communauté (*sittliche Geist*), Hegel se contente [de peu de chose : à savoir] du fait que dans l'État [actuel], cet esprit communautaire n'est l'élément déterminant (*das Bestimmende*) qu'uniquement *en soi*, uniquement d'après l'Idée générale. S'il ne voit pas dans la société (*Sozietät*) l'élément réellement déterminant, c'est qu'il serait obligé de penser à un sujet *réel*, tandis qu'il ne connaît qu'un sujet abstrait, imaginé [l'Idée].

§ 309. "Les députés sont élus pour délibérer et décider sur les affaires *publiques.* Cela signifie tout d'abord que la confiance désigne pour ce rôle des individus qui s'entendent mieux à ces affaires que leurs mandants ; ensuite, que ceux-ci doivent faire valoir non pas l'intérêt particulier d'une commune ou d'une corporation au détriment de l'intérêt général, mais essentiellement celui-ci. Par rapport à leurs électeurs, leur situation n'est donc pas celle de commis ou de mandataires chargés d'exécuter des instructions ; et cela d'autant moins que leur réunion doit être une Assemblée vivante dont les membres s'instruisent et se persuadent réciproquement et où l'on délibère en commun."

1° Les députés ne doivent pas être des "commis" ou des "mandataires chargés d'exécuter des instructions" parce qu'ils "doivent faire valoir non pas l'intérêt particulier d'une commune ou d'une corporation au détriment de l'intérêt général, mais essentiellement celui-ci". Hegel a commencé par définir les représentants comme représentants des corporations, etc., et voilà maintenant qu'il introduit une nouvelle définition, *politique*, en disant qu'ils n'ont pas à faire valoir l'*intérêt particulier* de la corporation, etc. Il supprime ainsi sa propre définition, car dans sa définition *essentielle* comme représentant, celui-ci est complètement séparé de son existence corporative (*Korporationsdasein*). Ce faisant, Hegel sépare la corporation de son véritable contenu, de son être même, car, d'après lui, celle-ci doit élire ses députés non pas conformément à *son* point de vue, mais conformément au point de vue *de l'État*, autrement dit, elle doit élire ses députés en niant sa propre existence en tant que corporation. En donnant une telle définition du contenu *matériel* de la corporation, Hegel reconnaît un fait qu'il a complètement occulté dans la définition *formelle* qu'il en donne [In der *materiellen* Bestimmung erkennt er also an, was in ihrer *formellen* verkehrte] : le fait que dans son acte politique la société civile s'abstrait d'elle-même et son existence politique n'est que cette abstraction. Hegel donne comme raison que les députés sont élus pour s'occuper (*Betätigung*) des "affaires publiques", mais les corporations ne sont pas des incarnations (*Existenzen*) des affaires publiques.

2° La députation, dit Hegel, signifie que "la confiance désigne pour ce rôle des individus qui s'entendent mieux à ses affaires que leurs mandants", et il en conclut en disant que les députés ne se trouvent pas dans la situation de "mandataires".

En disant qu'ils s'entendent "mieux" à ces affaires, au lieu de dire qu'ils s'entendent tout court à ces affaires, Hegel fait un sophisme. En effet, on ne pourrait arriver à cette conclusion que si les mandants avaient le choix [la possibilité] de délibérer et de décider *eux-mêmes* relativement aux affaires publiques *ou* de déléguer à cet effet des individus déterminés ; c'est-à-dire si précisément la *députation*, la *représentation* n'étaient pas essentiellement confinées au *pouvoir législatif* de la société civile, ce qui, comme nous venons de le montrer, constitue précisément leur essence particulière dans l'État théorétisé par Hegel.

Cet exemple montre de façon très caractéristique comment Hegel renonce presque intentionnellement à voir la chose dans sa spécificité : non seulement il la considère sous sa forme la plus étriquée, mais encore il donne à cette forme étriquée (*diese Borniertheit*) un sens qui s'est opposé à son vrai sens.

La vraie raison, Hegel ne la donne qu'à la fin. Les délégués de la société civile se constituent, dit-il, en une "Assemblée", et c'est cette Assemblée qui est la seule existence politique réelle, la seule volonté politique réelle de la société civile. La séparation entre l'État politique et la société civile apparaît comme la séparation entre les députés et leurs mandants. La société ne fait que déléguer les éléments de son existence politique.

La contradiction apparaît double, aussi bien *formelle* que *matérielle*.

1° Elle est *formelle*. Les délégués de la société civile forment une société et ne sont pas en rapport avec leurs commettants sous forme "d'instructions", de mandat. Ils sont commis formellement, mais dès qu'ils sont *réels* [dès qu'ils deviennent députés] ils ne sont *plus commis*. Ils *doivent être délégués*, mais ils ne *le* sont *pas*.

2° La contradiction apparaît sur le plan *matériel*, en ce qui concerne les intérêts. Nous en parlerons plus loin. Ici c'est le contraire qui se produit. Ils sont commis comme représentants des affaires publiques, mais représentent en réalité des affaires particulières.

Il est significatif que Hegel présente ici la confiance comme la substance de la députation, comme le rapport substantiel entre mandants et délégués. Dans l'Addition au § 309, il dit :

"L'introduction de la représentation implique que le consentement doit être donné non par tous mais par des plénipotentiaires, car dans ce système l'individu en tant que personne infinie n'entre pas en ligne de compte. La représentation se fonde sur la confiance. Mais faire confiance à quelqu'un c'est autre chose que donner sa voix à titre personnel. Le vote par majorité contredit le principe d'après lequel je dois être personnellement présent dans la définition de ce qui sera obligatoire pour moi. Nous avons confiance en quelqu'un quand nous admettons qu'il a l'intelligence nécessaire pour traiter nos affaires avec compétence et conscience, comme si c'étaient ses propres affaires."

§ 310. "À cette fin, des qualités et des dispositions sont nécessaires. Si, dans la Chambre haute, l'indépendance de la fortune réclame (et obtient) son droit, dans la Chambre basse, qui émane des éléments mobiles et fluctuants de la société civile, la *garantie* [que les députés possèdent les qualités et dispositions nécessaires] est avant tout la connaissance de l'organisation et des intérêts de l'État et de la société, la manière de penser (*Gesinnung*) et la qualification acquises par l'expérience, confirmée par l'action, de la gestion *effective* des affaires dans l'exercice des fonctions *directoriales* ou des fonctions *publiques*. Car c'est là que se forment et se confirment le *sens de l'autorité* et le *sens de l'État*."

Dans la théorie hégélienne, la première Chambre, *la Chambre de la propriété privée indépendante*, a déjà pour mission de fournir au roi et au gouvernement une garantie contre les dispositions de la deuxième Chambre en tant qu'existence *politique* de l'"universalité empirique". Voilà maintenant que Hegel redemande une *nouvelle garantie* qui doit assurer [le roi et le gouvernement] en ce qui concerne la "mentalité", etc., de la seconde Chambre elle-même.

Au début, c'était la confiance – garantie des mandants – qui était la garantie des députés. Maintenant, c'est la confiance elle-même qui réclame la garantie qu'elle est bien méritée.

Hegel aurait bien envie de faire de la seconde Chambre la Chambre des fonctionnaires *pensionnés*. Il ne réclame pas seulement le *sens de l'État*, mais encore le *sens de l'"autorité"*, le sens bureaucratique.

Ce qu'il réclame réellement ici, c'est que le *pouvoir législatif* soit un pouvoir réellement gouvernant (*regierende*). Il exprime son désir sous cette forme qu'il réclame la bureaucratie *deux fois*, la première fois, il réclame la bureaucratie comme représentation du monarque, la seconde fois, il la réclame comme représentante du peuple.

Si, dans les États constitutionnels, des fonctionnaires peuvent également être élus députés, c'est uniquement parce qu'il est fait abstraction de la *classe*, de la qualité *civile* et que l'élément qui y prédomine est l'abstraction de la *citoyenneté*.

Hegel oublie ici qu'il a fait émaner la représentation des *corporations* et que le pouvoir gouvernemental s'oppose directement à celles-ci. Il pousse cet oubli jusqu'à postuler – quitte à ne pas se le rappeler dans les paragraphes suivants – une distinction *essentielle* entre les députés [en tant que députés] des corporations et les députés en tant que membres des Assemblées (*ständische Abgeordnete*).

Dans la Remarque au § 310 il est dit :

> "Comme chacun a subjectivement une [bonne] opinion de soi-même, on trouve facilement superflu, voire blessant de réclamer de telles garanties quand cela concerne ce qu'on appelle 'le peuple'. Mais l'État se caractérise par l'objectivité et non pas par l'opinion subjective et la confiance que celle-ci a en elle-même. L'État ne connaît les individus que par leurs qualités objectivement reconnaissables et éprouvées. En ce qui concerne la seconde Chambre, l'État doit d'autant plus veiller à cela que cette partie de l'élément représentatif a sa racine dans les intérêts et les occupations orientées vers le particulier, c'est-à-dire dans une sphère où la contingence, la versatilité (*Veränderlichkeit*) et l'arbitraire ont le droit de se donner libre cours."

Ici, le vide intellectuel (*gendankenlos*), l'incohérence et le sens "autoritaire" de Hegel deviennent *vraiment écœurants.* À la fin de l'Addition au § 309, il était dit : "Il faut que les *électeurs* aient la garantie que leur député accomplira cela" [c'est-à-dire la tâche exposée plus haut].

Cette garantie *pour les électeurs* s'est transformée subrepticement en garantie *contre les électeurs*, contre la "*confiance qu'ils ont en eux-mêmes*". D'après le § 301, l'"universalité empirique" devait se manifester dans les Assemblées comme "l'élément de la liberté subjective formelle". La "conscience publique" devait s'y concrétiser "comme l'universalité empirique des opinions et des pensées de la multitude". Et maintenant, ces "opinions et pensées" doivent donner *à l'avance* au gouvernement la preuve qu'elles sont *ses* opinions et *ses* pensées. Hegel commet en effet la bévue de parler comme si l'État était une chose *toute faite et achevée* (*fertige Existenz*) alors qu'il est précisément en train de montrer comment la construction de l'État se parachève dans l'élément représentatif. Il parle comme si l'État était un sujet concret qui ne se heurte pas à l'"opinion subjective" et à la "confiance que celle-ci a en elle-même" et qui ne connaît les individus que pour autant que ceux-ci se sont *déjà* empressés de devenir "reconnaissables" et de fournir leurs "preuves". Il ne manque plus à Hegel que d'astreindre les membres des Assemblées à subir un *examen* devant Son

Excellence le Gouvernement. Ici Hegel va presque jusqu'à la *servilité*. On le voit totalement contaminé par la misérable arrogance du fonctionnariat *prussien*, qui, dans son étroitesse bureaucratique, regarde de haut la "confiance en soi-même" de "l'opinion subjective" du peuple. Partout ici, Hegel identifie "l'État" avec le "gouvernement".

De toute façon, pour tout État réel la simple "confiance", "l'opinion subjective", ne suffit pas. Mais si, dans l'État théorétisé par Hegel, la conviction *politique* de la société civile n'est qu'une simple *opinion*, c'est précisément parce que son existence politique est une *abstraction* de son existence réelle, c'est précisément parce que l'ensemble de l'État n'est pas l'*objectivation de la conviction politique* (*politische Gesinnung*). S'il voulait être conséquent avec lui-même, Hegel devrait s'efforcer de faire la théorie de l'élément représentatif en partant de ce qu'il a lui-même défini comme sa "mission" (§ 301) *essentielle*, et de montrer comment "l'intérêt général" acquiert son "être pour soi" dans les "pensées", etc., de la "multitude", c'est-à-dire indépendamment des autres présupposés de l'État politique.

Hegel a dit précédemment (§ 301 R) [58] que c'est "adopter l'opinion de la populace" que d'"attribuer *a priori* au gouvernement une mauvaise volonté". Mais attribuer *a priori* une mauvaise volonté au peuple lui-même, ce n'est pas seulement "adopter l'opinion de la populace" ; c'est bien pire encore. Et Hegel ne doit donc considérer ni comme "superflu" ni comme "offensant" le fait que les théoriciens qu'il méprise [protestent] quand le gouvernement, par respect pour le soi-disant État, demande des garanties et exige comme garantie que la mentalité de la bureaucratie soit la mentalité de l'État.

§ 311. "Comme la Chambre est l'émanation de la société civile, la députation a *encore* comme condition que les députés soient au courant des besoins spéciaux, des difficultés, des intérêts particuliers de la société civile et y participent. À cause de la nature de la société civile, ses députés sont les députés des différentes corporations, etc. (*cf.* § 308), et la simplicité de ce mode de désignation permet d'éviter les perturbations causées par la conception abstraite et atomistique de l'électorat. Il s'ensuit que les députés donnent immédiatement satisfaction à la condition que nous venons d'énoncer, et les élections sont quelque chose de superflu ou se réduisent au simple jeu de l'opinion et de l'arbitraire."

Disons, tout d'abord, que c'est en écrivant le simple mot "encore" que Hegel relie les deux définitions de la députation : sa définition comme "pouvoir législatif" (§§ 309, 310) et sa définition comme "émanation de la société civile", c'est-à-dire sa mission représentative. Les énormes contradictions que renferme ce simple mot "encore", il les énonce de la même manière irréfléchie (*gedankenlos*).

D'après le § 309, les mandants ne doivent pas "faire valoir l'intérêt particulier d'une commune ou d'une corporation au détriment de l'intérêt général, mais doivent faire valoir *essentiellement* celui-ci".

D'après le § 311, les députés sont les députés des corporations, représentent donc ces mêmes "intérêts particuliers". En outre, ils ne sont pas "perturbés" par des "abstractions", comme si l'"intérêt général" n'était pas une telle abstraction, comme s'il ne signifie pas, plus précisément, [qu'ils sont tenus à faire] *abstraction* de leurs intérêts corporatifs, etc.

Le § 310 demande que, "par la gestion effective des affaires", etc., les députés aient acquis le "sens de l'autorité" et le "sens de l'État". Maintenant, le § 311 exige qu'ils aient l'esprit corporatif et l'esprit civil [le sens des affaires privées].

Dans l'Addition au § 309, il est dit que "la représentation se fonde sur la confiance". D'après le § 311, l'élection – cette réalisation, manifestation et affirmation de la confiance – est "ou bien superflue, ou bien se réduit au simple jeu de l'opinion et de l'arbitraire".

Ainsi donc, le fondement de la représentation, son essence, est pour la représentation "ou bien superflu, ou bien, etc.". D'une seule traite, Hegel montre les contradictions absolues : la représentation se fonde sur la confiance, sur la confiance de l'homme en l'homme, et elle ne se fonde pas sur la confiance. C'est plutôt un simple jeu formel.

Ce qui est visé [*Objekt*] par la représentation, ce n'est pas l'intérêt particulier, mais l'intérêt général, l'homme et sa qualité de citoyen. D'autre part, l'intérêt particulier est la matière [*Stoff*] de la représentation et l'esprit de cet intérêt particulier est l'esprit des représentants.

Dans la Remarque au § 311 ces contradictions sont exposées d'une manière encore plus voyante. La représentation est tantôt la représentation de l'homme, tantôt la représentation de l'intérêt particulier, de la matière particulière.

"On comprend aisément l'intérêt qu'il y ait parmi les députés des personnes qui connaissent à fond et font eux-mêmes partie des principales branches de l'activité sociale, comme par exemple le commerce et l'industrie. (Remarquons au passage qu'une élection libre (*lose*) non restreinte (*unbestimmt*) livrerait cette importante circonstance au hasard.) Toutes ces branches de l'activité ont un droit égal à être représentées. On considère les députés comme *représentants*, mais cette épithète n'a qu'un seul sens raisonnable et conforme à la structure organique de la société : les députés représentent non pas une masse d'individus isolés, mais les sphères principales de la société et leurs intérêts majeurs. Par suite, le terme 'représentant' ne signifie pas que *quelqu'un est à la place d'un autre*. Il signifie, d'une part, que l'intérêt lui-même est réellement présent en la personne de son représentant ; d'autre part, que le représentant n'est là que pour représenter l'élément objectif qui lui est propre (*für sein eigenes objektives Element*).

"En ce qui concerne l'élection par la majorité (*durch die vielen Einzelnen*), mentionons le fait de l'absentéisme qui se manifeste nécessairement dans les grands États en particulier : l'individu devient *indifférent* à ses devoirs électoraux parce qu'il estime que sa voix, une voix parmi tant d'autres, n'a plus aucune importance. Bien que le droit de vote soit hautement estimé et apprécié par ceux qui le détiennent, ceux-ci ne participent pas au scrutin. Ce système électoral aboutit le plus souvent à un résultat contraire à son but et les élections sont contrôlées dès lors par une minorité, par un parti, et deviennent ainsi la proie des intérêts particuliers et fortuits qui, justement, devaient être neutralisés."

Les deux §§ 312 et 313 ont déjà été discutés et ne valent pas la peine d'un commentaire spécial :

§ 312. "Chacune des deux parties constitutives de l'élément représentatif (§§ 305-308) apporte dans la délibération une modalité particulière. Nous avons vu que l'un de ces éléments a la fonction spéciale de servir de médiateur à l'intérieur de la sphère politique. Comme cette médiation s'effectue entre deux réalités existantes [*zwischen Existierenden* : entre le gouvernement et la Chambre basse], il faut que cet élément médiateur ait une existence séparée. L'Assemblée des ordres se divise donc en deux Chambres."

Quelle misère !

§ 313. “Cette division, par la multiplicité des instances qui en résulte, constitue une importante garantie d’une plus grande maturité de la décision, d’abord parce qu’elle écarte le hasard d’un vote dû à l’impression du moment, puis, parce qu’elle écarte le hasard qui s’attache aux décisions par majorité. Mais son plus grand avantage est que grâce à elle l’élément représentatif a moins de chances de s’opposer directement au gouvernement et, au cas où l’élément médiateur se trouverait du même côté que la Chambre basse, son avis aura d’autant plus de poids qu’il paraîtra impartial et l’opinion adverse semblera neutralisée.”

[*Ici s’arrête le manuscrit de Marx.*]

Pour ne pas laisser le lecteur sur sa faim, rappelons la suite du raisonnement hégélien et tâchons d'imaginer le commentaire de Marx.

Dans le § 313, on trouve une importante précision sur le sens du § 301, qui constitue une réponse indirecte à la critique marxienne : la mission des Assemblées n'est pas de définir l'intérêt de l'État (*Angelegenheit des Staats*) tel qu'il est en lui-même (*an sich*) "car de ce point de vue, leur contribution n'est qu'un appoint" (*Zuwachs*).

> "Leur mission spécifique est que, par l'échange des informations (*Mitwissen*), la délibération et la décision en commun sur les affaires publiques, les Assemblées font de sorte que, par rapport aux membres de la société civile qui ne participent pas au gouvernement, l'élément de la liberté formelle obtient son droit. Aussi, l'élément [essentiel de l'État :] la connaissance des affaires publiques se diffuse-t-elle grâce à la publicité des débats parlementaires.

Dans le long paragraphe (§ 315) qui suit, la publicité des débats parlementaires est célébrée comme "un des plus importants moyens d'éducation politique" :

> "C'est ainsi seulement que l'opinion publique s'élève à la *pensée véritable* et à l'intelligence de la situation et du concept de l'État et de ses affaires ; c'est ainsi seulement qu'elle apprend la capacité de juger rationnellement là-dessus..."

En ce temps où d'immenses États, "marxistes-léninistes" de surcroît, condamnent leurs innombrables sujets à ignorer non seulement leur histoire ancienne ou récente, mais aussi les données les plus élémentaires de leur existence (entre autres choses : le chiffre de la population, les statistiques des salaires réels, le coût des programmes militaires et parfois le nom même de leurs dirigeants), il n'est pas sans intérêt de rappeler la formule magistrale de Marx : "*L'esprit de la bureaucratie est le secret.*"

Les §§ 316, 317, 318 contiennent un long développement mi-respectueux mi-ironique sur l'*opinion publique* qui "mérite aussi bien d'être appréciée que d'être méprisée" (§ 318). On y trouve une remarque savoureuse sur la France :

§ 317 Add. "En France, la liberté d'expression s'est révélée moins dangereuse que le mutisme, car le silence fait craindre qu'on ne manifeste pas ses objections, tandis que la confrontation des arguments offre aux objections un exutoire et permet une certaine satisfaction, ce qui, dans des situations difficiles, facilite le cours des choses."

§ 318 Add. "Dans l'opinion publique se mêlent le vrai et le faux. Y retrouver le vrai est l'affaire du grand homme. Celui qui exprime ce que veut son temps et le lui dit et l'accomplit est le grand homme de ce temps. Il met en action ce qui est l'intériorité et l'essence de son temps, il le réalise. Mais celui qui ne sait pas mépriser l'opinion publique, c'est-à-dire détester les racontars, ne parviendra jamais à la grandeur."

Rappelons que dans la Préface du *Capital* Marx a fait sienne la devise du grand Florentin : *Segui il tuo corso, e lascia dir le genti.*

Le § 319 concerne la *liberté de la presse* et contient une critique très autocensurée de la censure. Sur ce point, il ne s'agit pas d'*imaginer* la position de Marx. On la connaît par les admirables articles qu'il avait publiés en 1832 dans la *Rheinische Zeitung (Notes sur la nouvelle réglementation de la censure prussienne* et *Débats sur la liberté de la presse*). En voici l'essentiel :

"Dans l'essence même de la censure, il y a un vice fondamental que nulle loi ne peut corriger. C'est que nul ne peut combattre la liberté ; il combat tout au plus la liberté des autres. La liberté est l'essence de l'homme, à un point tel que même ses adversaires la réalisent, bien qu'ils en combattent la réalité ; ils veulent s'approprier comme la parure la plus précieuse ce qu'ils ont rejeté comme la parure de la nature humaine. La liberté a toujours existé, mais tantôt comme privilège de quelques-uns, tantôt comme droit de tous [...]. Il ne s'agit donc pas de savoir si la liberté de la presse doit exister, puisqu'elle existe de toute façon. Il s'agit de savoir si la liberté de la presse est le privilège de quelques individus ou le droit de l'esprit humain [59]."

"En l'absence de la liberté de la presse, toutes les autres libertés ne sont que des mirages. Une forme de liberté en détermine une autre, comme un membre du corps est dépendant de l'autre. Chaque fois qu'une liberté est mise en cause, la liberté tout entière est en jeu. En rejetant une forme de liberté, on condamne la liberté en soi – on la voue à une existence fantomatique [...]. L'absence de liberté devient la règle et la liberté l'exception qui confirme la règle [60]."

NOTES DU TRADUCTEUR

1. Hegel renvoie au § 155 où il définit la différence entre le "droit abstrait", la "morale" et l'"éthique de la communauté" (*Sittlichkeit*).

2. Hegel renvoie au § 3 : "Montesquieu a défini la vraie conception historique, le véritable point de vue philosophique : la législation en général et ses déterminations particulières doivent être considérées non pas abstraitement et isolément, mais comme des moments subordonnés d'une totalité, en corrélation avec les autres déterminations qui constituent le caractère d'une nation et d'une époque ; c'est seulement dans leur relation avec ce tout qu'elles reçoivent leur véritable siginification et par suite leur justification."

3. Hegel parle de l'*Idée* : toute cette critique repose sur un malentendu.

4. Chez Hegel : de l'Idée.

5. Chez Hegel : les individus et leur masse.

6. Hegel renvoie au § 184. *Cf. supra*, p. 15.

7. Il s'agit de la section qui traite de la société civile.

8. L'amour est le principe de la famille. – Dans l'Addition au § 158, Hegel donne une belle définition "dialectique" de l'amour : "L'amour signifie d'une façon générale la conscience de mon unité avec un autre ; si bien que je ne suis pas isolé pour moi, mais que je conquiers ma conscience seulement en renonçant à mon être pour soi et en sachant mon unité avec l'autre et de l'autre avec moi. [...] Le premier moment dans l'amour, c'est que je ne veux plus être pour moi une personne indépendante et que si je l'étais, je me sentirais déficient et incomplet. Le second moment, c'est que je me trouve dans une autre personne, que je n'ai de la valeur qu'en elle cependant qu'elle de son côté parvient au même état vis-à-vis de moi. C'est pourquoi l'amour est la plus énorme contradiction ; l'entendement ne peut la résoudre, puisqu'il n'y a rien de plus résistant que cette unicité (*Punktualität*) de la conscience de soi qui est niée et que pourtant je dois éprouver comme affirmative. L'amour est à la fois la production et la solution de cette contradiction..."

9. Pour Hegel la science n'est que le dévoilement de l'Idée immanente à la réalité : la réalité n'est réalité que dans la mesure où elle est idée.

10. Marx n'a pas réalisé ce projet.

11. Marx ne commente pas la suite de ce paragraphe.

12. Marx n'a pas réalisé ce projet.

13. Marx ne commente pas la suite de ce paragraphe.

14. Pour rendre intelligible ce paragraphe très important, nous avons reproduit certains passages [mis entre crochets] non cités par Marx.

15. C'est le principe fondamental de la méthodologie du jeune Marx.

16. C'est ici qu'apparaît pour la première fois ce concept fondamental du marxisme.

17. Sur "ces Français modernes", *cf.* mon Introduction, *supra*, p.37, et la citation de Victor Considérant.

18. Par "État matériel" Marx entend la société civile (que Hegel appelait aussi *äussere Staat* : "État extérieur"). Celle-ci constitue le *contenu* de la vie sociale et s'oppose à l'État politique qui n'en est que la "forme". L'"abstraction de l'État moderne" créé l'opposition "abstraite" entre le "matérialisme de la société civile" et le "formalisme de l'État".

19. Marx exagère manifestement : dans les cités antiques, les non-citoyens n'étaient pas nécessairement esclaves, et l'homme privé – citoyen, métèque, affranchi ou esclave en voie d'affranchissement – a connu un certain épanouissement.

20. Hegel renvoie au § 8 de la *Philosophie du droit*.

21. Hegel ajoute (§ 280 Add.) : "le monarque n'a qu'à dire 'oui' et à mettre le point sur le I" [*hat nur Ja zu sagen und den Punkt auf das I zu setzen*].

22. Remarque de Marx.

23. La représentation nationale comprend deux Chambres : la Chambre haute où siège l'aristocratie foncière (*cf.* §§ 305-307) et la Chambre basse où siègent les représentants de la société bourgeoise proprement dite (*cf.* §§ 308-311).

24. Ici se trouve une phrase dont le sens m'échappe : "*Hegel kann das wirkliche öffentliche Bewusstsein sehr à part behandeln, eben weil er das à part Bewusstsein als das öffentliche behandelt hat.*" Traduction possible: Si Hegel traite la conscience publique *réelle* d'une aussi singulière façon, c'est parce qu'il a considéré la conscience singulière [de la bureaucratie ?] comme la [vraie] conscience publique.

25. Comme pouvoir législatif.

26. "*Das vorgestellte Volk oder die Stände, das sich als eine* besondre Gewalt *sogleich in der Trennung vom wirklichen Volk befindet.*"

27. Cette double signification du mot *Stände* (classes sociales et Assemblées d'ordres) est un véritable casse-tête pour le traducteur.

28. Jeu de mots intraduisible.

29. À partir de ce moment, nous traduisons *Stände* par *états*.

30. Marx écrit : *Gesellschaft* (société). C'est manifestement une erreur. Il faut lire : *Stände* (classes).

31. "*Hegel weiss die Trennung der bürgerlichen Gesellschaft und des politischen Staats, aber er will, dass innerhalb des Staats die Einheit desselben ausgedrückt sei.*" Il est évident que le mot *desselben* (de l'État) a été mis par erreur à la place de *derselben* (= de l'État et de la société civile).

32. Les deux points d'interrogation figurent dans le manuscrit.

33. Marx n'a pas réalisé ce projet.

34. Sur le syllogisme (*Schluss*) spéculatif. Hegel ne conçoit pas le syllogisme à la manière aristotélicienne comme un rassemblement de réalités différentes et fixes les unes par rapport aux autres (ce qui serait indigne de la pensée spéculative !), mais comme l'acte par lequel un tout se médiatise avec lui-même ou se rassemble avec lui-même à travers ses moments. En ce sens, l'univers tout entier, tout ce qui *est* syllogisme. En ce qui concerne le syllogisme que constitue l'État *cf. Encyclopédie*, § 198.

35. Marx écrit : "*Sie hat also das Mass der Vermittlung vollgemacht.*" Comme le sujet de *Sie hat* ne peut être que *die fürstlich Gewalt*, il faut lire : "le pouvoir monarchique a donc comblé la mesure de la médiation", ce qui est contraire à ce que Marx veut dire. Il faut donc lire : *Sie* (c'est-à-dire : *Die Stände*) *haben also das Mass*, etc.

36. Dans son Introduction aux *Œuvres choisies* de Saint-Simon (*La Physiologie sociale*, Paris, P.U.F., 1965, p. 55), Georges Gurvitch affirme que Marx n'a fait que "reproduire littéralement" un passage de *Travail sur la gravitation* de Saint-Simon. Or, ce *Travail* a été publié pour la première fois en 1859 dans les *Œuvres choisies* de Lemonnier. Notre texte – dont l'inspiration feuerbachienne est évidente – n'a aucun rapport avec la pensée de Saint-Simon.

37. Ce passage – parfaitement banal – a donné naissance à un commentaire dont on chercherait en vain l'équivalent dans la vaste littérature marxologique. À en croire Gilles Deleuze et Félix Guattari, lorsque Marx parle de "sexe non humain", "il ne s'agit évidemment pas des bêtes, de la sexualité animale. Il s'agit de tout autre chose... Sexe non humain, ce sont les machines désirantes, les éléments machiniques moléculaires, leurs agencements et leurs synthèses, sans lesquels il n'y aurait ni sexe humain spécifié dans les grands ensembles, ni sexualité humaine capable d'investir ces ensembles. En quelques phrases, Marx, pourtant si avare et si réticent quand il s'agit de sexualité, a fait sauter ce dont Freud et toute la psychanalyse resteront au contraire à jamais prisonniers : l*a représentation anthropomorphique du sexe*" ! (*Anti-Œdipe*, p. 350.)

38. "... *das er* [der Begriff] *nicht als selbständig, sondern als eine Abstraktion von einem anderen und nur als diese Abstraktion Bedeutung hat.*"

39. Allusion au *fürstliches Element* dont il est question au § 305.

40. Marx écrit : "*eine* Existenz *gesetzgebenden Gewalt*" (une existence du pouvoir législatif, etc.), ce qui n'a pas de sens – même en allemand jeune-hégélien.

41. *Cf. supra*, p. 140 sq.

42. *Cf. supra*, note 8, p. 217.

43. À cet endroit se trouve une phrase que pour des raisons évidentes nous avons rapportée à la page 176.

44. Nous avons placé ici, à sa place naturelle, la phrase isolée que nous avons rencontrée à la page 173 (*cf.* note 43).

45. "*Auf eigenem Boden*" : jeu de mots intraduisible.

46. Intéressante préfiguration de la théorie de la réification.

47. *Cf. supra*, p. 135-136, 140 sq.

48. Il faut lire plutôt : société *civile* (Marx ne fait que répéter ce qu'il a dit plus haut, note 47, sur la "transsubstantiation" et "l'extase" de la société *civile*).

49. Pour Marx, la France est le pays *politique* par excellence.

50. Allusion aux remarques peu respectueuses de Hegel sur les *französische Abstraktionen*.

51. "Das *Privilegium einer besondern*, bürgerlichen *Weise ihres Daseins* !" Cette phrase est une véritable torture – même en allemand jeune-hégélien.

52. "*Was ist das für ein hobes Dasein, dessen Existenz einer Garantie ausser sich selbst bedarf, und dabei soll es das* allgemeine *Dasein dieser Garantie selbst sein ; also ihre wirkliche Garantie.*" Cette phrase est une pure impossibilité – même en jargon jeune-hégélien.

53. Ce terme est une monstruosité – même en jargon jeune-hégélien.

54. "*Und nun antizipiert Hegel wieder dies allgemeine Dasein als Privilegium, als das Dasein dieser Besonder-heiten...*"

55. *Cf. supra*, p. 119.

56. "... *Die Wendung, dass ihr eine* formelle *Wendung gegen eine andere Macht* [Inhalt] *ausser ihrem wirklichen Inhalt gegeben werde.*"

57. Hegel ajoute : "Sa vocation réelle et vivante pour l'universel, l'individu la réalise tout d'abord dans sa propre sphère, dans les corporations, les communes, etc. Tous ces domaines – y compris la classe universelle – lui sont ouverts, à condition qu'il se rende capable d'y accéder."

58. *Cf. supra*, p. 122-123.

59. Marx : *Débats sur la liberté de la presse*, avril-mai 1842. Dans *MEW*, I, p. 51.

60. *Ibid.*, p.76-77.

TABLE

ACHEVÉ D'IMPRIMER
DANS L'UNION EUROPÉENNE
POUR LE COMPTE DES ÉDITIONS ALLIA
EN SEPTEMBRE 2010

ISBN : 978-2-84485-362-2
DÉPÔT LÉGAL : SEPTEMBRE 2010